中国特色高水平高职学校项目建设成果系列教材
高等职业教育教学改革特色教材 · 现代物流管理专业



# Smart Transportation Operations

# 智慧运输运营

姜湄 主编

东北财经大学出版社
Dongbei University of Finance & Economics Press
大连

**图书在版编目（CIP）数据**

智慧运输运营 / 姜湄主编. —大连：东北财经大学出版社，2025.9.—（高等职业教育教学改革特色教材·现代物流管理专业）. —ISBN 978-7-5654-5420-2

Ⅰ. F252.1

中国国家版本馆CIP数据核字第2025YP7179号

**智慧运输运营**

ZHIHUI YUNSHU YUNYING

东北财经大学出版社出版发行

大连市黑石礁尖山街217号　邮政编码　116025

网　　址：http://www.dufep.cn

读者信箱：dufep@dufe.edu.cn

大连天骄彩色印刷有限公司印刷

幅面尺寸：185mm×260mm　字数：265千字　印张：16.25

2025年9月第1版　2025年9月第1次印刷

责任编辑：张晓鹏　刘东威　责任校对：何　群

封面设计：原　皓　版式设计：原　皓

书号：ISBN 978-7-5654-5420-2　定价：45.00元

教学支持　售后服务　联系电话：（0411）84710309

如有印装质量问题，请联系营销部：（0411）84710711

# 中国特色高水平高职学校项目建设成果系列教材
# 编审委员会

# 本书编写说明

中国特色高水平高职学校和专业建设计划（简称“双高计划”）指党中央、国务院为建设一批引领改革、支撑发展、中国特色、世界水平的高等职业学校和骨干专业(群)而实施的重大决策建设工程。哈尔滨职业技术大学（原哈尔滨职业技术学院）入选“双高计划”建设单位，学校对中国特色高水平高职学校建设项目进行顶层设计，编制了定位高端、理念领先的建设方案和任务书，并扎实地推进人才培养高地、特色专业群、高水平师资队伍与校企合作等项目建设，借鉴国际先进的教育教学理念，开发具有中国特色、国际标准的专业标准与规范，深入推动“三教改革”，组建模块化教学创新团队，推进“课程思政”实施，开展“课堂革命”，出版校企双元开发的活页式、工作手册式新形态教材。为适应智能时代先进教学手段的应用，学校加大力度进行优质在线资源的建设，丰富教材的载体，为开发以工作过程为导向的优质特色教材奠定基础。按照教育部发布的《职业院校教材管理办法》的要求，教材编写的总体思路是：依据学校“双高”建设方案中的教材建设规划、国家相关专业教学标准、专业相关职业标准及职业技能等级标准，服务学生成长成才和就业创业，以立德树人为根本任务，融入课程思政，对接相关产业发展需求，将企业应用的新技术、新工艺和新规范融入教材中。教材编写遵循技术技能人才成长规律和学生认知特点，适应相关专业人才培养模式创新和优化课程体系的需要，注重以真实生产项目、典型工作任务、生产流程及典型工作案例等为载体开发教材内容，将理论与实践有机融合，满足“做中学、做中教”的需要。

本系列教材是哈尔滨职业技术大学中国特色高水平高职学校项目建设的重要成果之一，也是哈尔滨职业技术大学教材改革和教法改革成效的集中体现。教材体例新颖，具有以下特色：

第一，教材研发团队组建创新。按照学校教材建设的统一要求，遴选教学经验丰富、课程改革成效突出的专业教师担任主编，邀请相关企业作为联合建设单位，形成了一支由学校、行业、企业和教育领域高水平专业人才组成的开发团队，共同参与教材编写。

第二，教材内容整体构建创新。精准对接国家专业教学标准、职业标准、职业技能等级标准，确定教材内容体系，参照行业企业标准，有机融入新技术、新工艺、新规范，构建基于职业岗位工作需要的、体现真实工作任务与流程的内容体系。

第三，教材编写模式形式创新。与课程改革相配套，按照“工作过程系统化”“项目+任务式”“任务驱动式”“CDIO式”四类课程改革需要设计四种教材编写模式，形成新型活页式或工作手册式教材编写形式。

第四，教材编写实施载体创新。依据专业教学标准和人才培养方案要求，在深入企业调研岗位工作任务和职业能力分析的基础上，按照“做中学、做中教”的编写思路，以企业典型工作任务为载体进行教学内容设计，将企业真实工作任务、真实业务流程、真实生产过程纳入教材之中，并开发与教学内容配套的教学资源，以满足教师线上线下混合式教学的需要。本套教材配套资源同时在相关平台上线，以满足学生在线自主学习的需要。

第五，教材评价体系构建创新。从培养学生良好的职业道德、综合职业能力、创新创业能力等角度出发，设计并构建评价体系，注重过程考核和学生、教师、企业、行业、社会参与的多元评价；在学生技能评价上，借助社会评价组织的“1+X”考核评价标准和成绩认定结果进行学分认定，每部教材根据专业特点设计综合评价标准。为确保教材质量，哈尔滨职业技术大学组建了“中国特色高水平高职学校项目建设成果系列教材编审委员会”。教材编审委员会由职业教育专家组成，同时聘用企业技术专家指导。学校组建了专业与课程专题研究组，对教材编写持续提供培训、指导、回访等服务，同时制定常态化质量监控机制，能够为修订完善教材提供稳定支持，确保教材的质量。

本系列教材是在国家骨干高职院校教材开发的基础上，经过几轮修改，融入课程思政内容和课堂革命理念编写而成的，既具教学积累之深厚，又具教学改革之创新，凝聚了校企合作编写团队的集体智慧。本系列教材充分展示了课程改革成果，力争为更好地推进中国特色高水平高职学校和专业建设及课程改革做出积极贡献！

**哈尔滨职业技术大学**

中国特色高水平高职学校项目建设成果系列教材编审委员会

2025年

# 前言

党的二十大报告提出“加快建设交通强国”，在全球数字化浪潮与“双循环”新发展格局的推动下，智慧运输已成为现代物流体系的核心支柱。本教材立足产业变革前沿，融合运输工程技术与管理科学、智能信息技术，旨在为职业院校物流类专业学生及行业从业者构建“技术 + 运营 + 管理”的复合型知识体系。

本教材将“岗课赛证”融通理念贯穿始终。教材以运输方式选择、公路、铁路、水路、航空运输组织及集装箱多式联运六大项目为框架，每个项目下设任务模块，形成“任务描述—任务解析—知识链接—任务实施—任务测评”的闭环教学体系。

本教材特色鲜明：其一，突出智能技术赋能，每个任务均介绍了人工智能技术在运输中的应用，详细阐述了智能调度、预测性维护等前沿技术；其二，强调多式联运协同，通过中欧班列、海铁联运等案例，解析智慧枢纽建设与多式联运组织流程；其三，注重实践操作，每个任务均配备真实业务单证（如商业发票、托运单等），以及配套的数字化模拟实训项目（如智能集装箱管理等）。

随着 5G、数字孪生技术等在港口、机场的深度应用，运输行业正朝着“全程可视、智能决策、绿色低碳”的方向转型。本教材紧跟《“十四五”现代综合交通运输体系发展规划》的要求，既涵盖公路货运智能配载、铁路货运智能安检等传统运输智能化升级内容，又融入区块链电子提单、无人码头作业等新兴业态知识，帮助学习者掌握智慧运输全链条运营逻辑。

本教材适用于高职现代物流管理、供应链运营等专业教学，亦可为物流企业开展智慧化转型培训提供参考。通过理论讲授、案例分析、仿真操作等多元教学手段，助力学习者构建从运输基础设施认知到智慧化运营管理的完整能力图谱，培养适应智慧物流时代需求的高素质技术技能人才。

本教材由哈尔滨职业技术大学姜湄担任主编，湖北交通职业技术学院夏秋、哈尔滨职业技术大学邵滢宇、柳泽瑞、崔洋、申佳玉、任莹等参编。其具体编写分工如下：邵滢宇编写项目一；姜湄编写项目二、项目三，并负责全书大纲的拟定、统稿和撰写工作；申佳玉编写项目四的任务一、任务四；柳泽瑞编写项目四的任务二、任务三；崔洋编写项目五的任务一；任莹编写项目五的任务二；夏秋编写项目六。此外，感谢黑龙江龙运集团张振威等企业专家在编写过程中给予的悉心指导。

由于编者水平和时间有限，书中疏漏之处在所难免，敬请广大读者批评指正。

编 者

2025 年 6 月

# 目　录

# 项目一　运输方式选择与运输企业初识

【学习目标】

知识目标

（1）能够阐述运输在国民经济中的地位。

（2）能够说出运输的概念、分类和作用。

（3）能够分别列举5种运输方式的3个以上特点。

（4）能够列举3个以上运输合理化的要素并举例说明。

（5）能够列举5个以上运输型物流企业的评估指标。

能力目标

（1）能辨别出不合理运输方式。

（2）能结合运输企业实际需求，编制合理化运输方案。

（3）能进行运输企业的界定。

（4）能运用所学知识分析运输市场。

素养目标

（1）具有良好的沟通能力、独立操作的能力和严谨负责的工作态度。

（2）具有良好的物流职业道德，遵守物流法律法规。

（3）具有良好的亲和力，服务热情周到。

【项目导入】

1.粤西（如云浮市的郁南、云安）、粤西北（如肇庆市的广宁、四会）、粤北（如清远市的佛冈、清新）等地盛产砂糖橘，当地农民主要以种橘为生，许多农户根本没有种其他农作物。某年初的雪灾中断了交通，许多果农直接把橘子拉到东莞等地去卖，运气好的以每斤一块多甚至几毛钱的价格卖掉，运气不好的，找不到愿意收购的贩子，只得又拉回家。

2.据报道，某年初由于南方雪灾，广东、广西等地的砂糖橘运输受阻，三四月份时，成都市面砂糖橘的价格一度飙升到每千克16元至18元。

作为一个物流从业者，运输的重要性不言而喻。请思考：

1.导致粤西、粤西北以及粤北地区农民砂糖橘滞销的原因是什么？说明什么问题？

2.导致成都市面砂糖橘物价上涨的原因又是什么？说明什么问题？

# 任务一　选择合适的运输方式

## 【任务描述】

广州鹤都货运公司（以下简称“鹤都货运”）注册资本人民币300万元，并通过ISO9001：2015质量管理体系认证。公司拥有4家全资子公司，20家分公司，5家合资企业。鹤都货运作为专业的货物运输公司，实际运输业务涉及多种运输方式。

小李毕业后即入职鹤都货运，成为一名实习生。今天，农户张三正在办理20个纸箱（纸箱尺寸：25cm×18cm×16cm，每箱毛重：2.5kg）的新鲜荔枝托运，要求36小时内由广州送达目的地山东济南。

经理将该笔业务交由实习生小李来办理。那么，应农户张三的要求，小李应选择哪种运输方式更为合适呢？如何来规避运输过程中可能出现的不合理情形呢？

## 【任务解析】

本任务主要是认识运输的基本功能及原理，识别运输与物流的关系，了解运输的分类及合理化运输方式，能够根据给定情境，正确选择运输方式。

## 【知识链接】

### 一、什么是运输

运输指用专用运输设备将物品从一个地点向另一个地点运送，其中包括集货、分配、搬运、中转、装入、卸下、分散等一系列操作。运输是在不同的地域范围内，以改变“物”的空间位置为目的的活动，对物进行“空间位移”。虽然运输过程中不产生新的物质产品，但它可以实现物流的“空间效用”。

### 二、了解运输的功能

微课1–1

了解运输的功能与原理

#### (一) 物品移动

无论产品处于哪种形式，是材料、零部件、装配件、在制品，还是制成品，也不管是在制造过程中将被转移到下一阶段，还是更接近最终的顾客，运输都是必不可少的。运输的主要功能就是产品在价值链中的来回移动。既然运输利用的是时间资源、财务资源和环境资源，那么只有当它确实提高产品价值时，该产品的移动才是重要的。

运输之所以涉及利用时间资源，是因为产品在运输过程中是不易存取的。这种产品通常是指转移中的存货，是各种供应链战略，如准时化和快速响应等业务所要考虑的一个因素，以减少制造和配送中心的存货。

运输之所以要使用财务资源，是因为运输会产生驾驶员劳动报酬、运输工具的运行费用，以及一般杂费和行政管理费用分摊。此外，还要考虑因产品灭失损坏而必须弥补的费用。

运输直接和间接地使用环境资源。在直接使用环境资源方面，运输是能源的主要消费者之一；在间接使用环境资源方面，由于运输造成拥挤、空气污染和噪声污染而产生环境费用。

运输的主要目的就是要以最少的时间、财务和环境资源成本，将产品从原产地转移到指定地点。此外，产品灭失损坏的费用也必须是最低的；同时，产品转移所采用的方式必须能满足顾客有关交付履行和装运信息的可得性等方面的要求。

（二）临时储存

对产品进行临时储存是一个不太寻常的运输功能，也即将运输车辆临时作为储存设施。然而，如果转移中的产品需要储存，但在短时间内（例如几天后）又将重新转移的话，那么该产品在仓库卸下来和再装上去的成本也许会超过储存在运输工具中每天支付的费用。

在仓库空间有限的情况下，利用运输车辆储存也许不失为一种可行的选择。可以采取的一种方法是，将产品装到运输车辆上去，然后采用迂回线路或间接线路运往其目的地。对于迂回线路来说，转移时间将大于比较直接的线路。当起始地或目的地仓库的储存能力受到限制时，这样做是合情合理的。在本质上，这种运输车辆被用作一种临时储存设施，但它是移动的，而不是处于闲置状态。

## 三、了解运输的原理

（一）规模经济

规模经济的特点是随着装运规模的扩大，每单位重量的运输成本下降。例如，整车运输（指单一货主的发货量可以装满整车）的成本低于零担运输（零担运输是指单一货主的发货量不足整车，由承运人将多个货主的货物拼凑后再以整车运输）；铁路或水路之类运输能力较大的运输工具，其每单位重量的费用要低于诸如汽车或飞机之类的运输能力较小的运输工具。运输规模经济之所以存在，是因为相关的固定费用可以按整批货物的重量分摊。有关的固定费用包括运输订单的行政管理费用、运输工具投资和装卸费用、管理费用以及设备费用等。规模经济使得货物的批量运输更为合理。

（二）距离经济

距离经济是每单位距离的运输成本随运输距离的延长而降低。距离经济本质上就是购买运输服务距离上的规模经济，尤其体现在运输装卸费用上的分摊。距离越长，可使固定费用分摊后的值越小，从而使每单位距离支付的总费用很低。距离经济是对同一种运输方式而言，且必须限定在该运输方式的经济运距范围内，一旦超过经济运距，有可能出现距离不经济及运距越长越不经济的情况，如利用公路进行长距离运输。

## 四、识别运输与物流的关系

（一）运输与物流的联系

1.运输是物流系统的基础功能之一。

2.运输合理化是物流系统合理化的关键。

3.运输影响着物流的其他构成因素。

（二）运输与物流的区别

1.物流是超出运输范畴的系统化管理。

2.物流不同于运输只注重实物的流动，它还同时关注着信息流和增值流的同步联动。信息流不仅通过电子或纸质媒介反映产品的运送、收取，更重要的是反映市场对物流质量作出的评价。增值流是指物流所创造的形态效用（通过生产、制造或组装过程实现商品的增值）、地点效用（原材料、半成品或成品从供方到需方的位置转移）和时间效用（商品或服务在客户需要的时间准确地送到）。

3.物流的出发点是以生产和流通企业的利益为中心，而运输只是物流管理控制的必要环节，处于从属地位。有物流必然有运输，而再完善的运输也远不是物流。

4.物流的管理理念比运输更先进。现代物流追求对用户服务的高质量无极限，即在服务过程中，凡是用户不满意的地方都进行改进完善，凡是用户嫌麻烦的事情都尽量去做，一切以满足用户的需要为服务目标，主动开展物流市场调查、市场预测，并积极做好推销、宣传工作，而且在不断改进服务质量的附加工作中，寻求并发现新的服务项目或服务产品，为企业带来更多的商机和更高的回报。因此，从服务理念上来说，物流也突破了运输的服务理念，再高质量的运输也不可能具备服务的延伸性，因而物流获取的附加值也远大于运输的回报。

5.物流比运输更重视先进技术的应用。因为现代物流追求的是服务质量的不断提高，物流系统综合功能的不断完善，总成本的不断降低和服务的网络化、规模化，因此，建立GPS（全球卫星定位系统）对物流的全过程进行适时监控、适时货物跟踪和实时调度是很有必要的。为了与用户特别是与长期合作的主要用户保持密切联系，建立EDI（电子数据交换）联系系统也是现代物流向专业化方向发展的必备条件；而自动装卸机械、自动化立体仓库、自动堆垛机和先进适用的信息系统更是现代物流朝着专业化、一体化、规模化、网络化发展的必然趋势，这些是无论怎样完善的运输都无法相比的。

## 五、运输的分类

微课 1-2

了解运输的分类

### （一）按运输设备及运输工具分类

#### 1. 铁路运输

铁路运输是使用铁路列车运送货物的一种运输方式。其优点是：运行速度快；运输能力强；准确性和连续性好；运输成本低；能耗较少。缺点在于：投资大；建设周期长；货损较高；营运缺乏弹性；近距离运输费用高。铁路运输适用于内陆地区大宗低值货物的中、长距离运输，也较适合散装货物（如煤炭、金属、矿石、谷物等）和罐装货物（如化工产品、石油产品等）的运输。

#### 2. 公路运输

公路运输是主要使用汽车，也使用其他车辆（人力车、畜力车、拖拉机等）在公路上进行货物运输的一种运输方式。其优点是：机动灵活，适应性强；可实现“门到门”直达运输；在中、短途运输中，运送速度较快；原始投资少，资金周转快；车辆驾驶技术较容易掌握。缺点在于：运力有限；运输成本高；运输能耗高；劳动生产率低；安全性较差，环境污染较大。公路运输适用于内陆地区中短途的货物运输，可以与铁路、水路联运，为铁路、港口集（疏）运物资，也可以深入山区及偏僻的农村进行货物运输，在远离铁路、水路的区域从事干线运输。

#### 3. 水路运输

水路运输是使用船舶、排筏和其他浮运工具，在江河、湖泊、海洋以及人工水道运送货物的运输方式。其优点是：运输能力强；运输成本低；建设投资省；劳动生产率高；平均运距长。缺点在于：受自然条件影响较大，内河航道和某些港口受季节影响较大，冬季结冰，枯水期水位变低，难以保证全年通航；运送速度慢；安全性和准时性较差；装卸搬运成本较高。水路运输综合优势较为突出，适宜于运距长、运量大、时间性不太强的各种大宗物资的运输。

4.航空运输

航空运输是使用飞机或其他航空器进行货物运输的一种运输方式。其优点在于运行速度快；直达机动性能好；安全性能高；运输货物包装要求低，节省包装费用；基本建设周期短，投资小。缺点是运力有限；运输成本高；能耗大；受气候条件影响较大；可达性差。航空运输主要适用于时间性强的鲜活易腐货物、体积小价值高的物资、邮政快件以及紧急物资的中长距离运输。

5.管道运输

管道运输是利用管道输送气体、液体和粉状固体的一种运输方式。其优点是：运量大；占地少；建设周期短、费用低；安全可靠、连续性强；能耗少、成本低、效益好。缺点是专用性强；灵活性差；固定投资大；专营性强。管道运输非常适合大量连续不断的气体、液体、固体浆料等物资的运送。

（二）按运输的范围分类

1.干线运输。利用铁路、公路干线和大型船舶的固定航线进行的长距离、大批量的运输，是进行远距离空间位置转移的重要运输形式。

2.支线运输。与干线相接的分支线路上的运输。其路程较短，运输量相对较小。

3.二次运输。经过干线、支线运输到站后，站与用户仓库或指定地点之间的运输。

4.厂内运输。大型工业企业范围内，直接为生产过程服务的运输（小企业内称之为“搬运”）。

（三）按运输的协作程度分类

1.一般运输，即指孤立地采用不同运输工具或同类运输工具而没有形成有机协作关系的运输，如汽车运输、火车运输等。

2.联合运输，简称联运，即指使用统一运送凭证，用不同运输方式或不同运输企业进行有机衔接来接运货物，如陆空联运、陆海联运等。

（四）按运输中途是否换载分类

1.直达运输，即指利用一种运输工具从起运站（港）一直到到达站（港），中途不经换载，不入库储存的运输形式。

2. 中转运输，即在组织货物运输时，在货物运往目的地的过程中，在途中的车站、港口、仓库进行转运换装的运输。

（五）按运输过程有无媒介分类

1. 散装运输，即指产品不带包装的运输。

2. 托盘运输，即指货物按一定的要求组装在一个标准托盘上组合成为一个运输单位的运输。

3. 集装箱运输，即指采用集装箱运输货物的方式。

微课1-3

了解运输合理化

## 六、运输合理化

（一）运输合理化要素

影响运输合理化的因素有很多，起决定性作用的有如下五个方面的因素，见表1-1。

表1-1 运输合理化因素

| 影响因素 | 具体解析 | 举例说明 |
|---|---|---|
| 运输距离 | 在运输过程中，运输时间、运输货损、运输费用、车辆或船舶周转等运输的若干技术经济指标，都与运距有一定比例关系，运距是衡量运输是否合理的一个最基本因素 | 如迂回运输与过远运输都会拉长运输距离，浪费运力，占用运力时间，使运输工具周转慢，物资占压资金时间长，又易出现货损，增加了费用支出 |
| 运输环节 | 每增加一次运输，不但会增加起运的运费和总运费，而且必须增加运输的附属活动。所以，减少运输环节，尤其是同类运输工具的环节，对合理运输有促进作用 | 如每增加一次运输，会增加装卸、搬运、包装等作业，各项技术经济指标也会相应变化 |
| 运输工具 | 各种运输工具都有其适用的优势领域，对运输工具进行优化选择，按运输工具特点进行装卸运输作业，充分发挥运输工具的作用，是运输合理化的重要一环 | 如集装箱将货物集合组装成集装单元，在现代流通领域内运用大型装卸机械和大型运载车辆进行装卸、搬运作业和完成运输任务，能高效率和高效益地实现门到门运输 |

续表

| 影响因素 | 具体解析 | 举例说明 |
|---|---|---|
| 运输时间 | 运输是物流过程中需要花较多时间的环节，尤其是远程运输，在全部物流时间中，运输时间占绝大部分，运输时间的长短对整个流通时间的缩短有决定性作用 | 如青岛啤酒的新鲜度管理，像送鲜花一样送啤酒，让消费者品尝到最新鲜的啤酒 |
| 运输费用 | 运费高低在很大程度上决定整个物流系统的竞争力。运输费用的降低，无论对货主企业来讲，还是对物流经营企业来讲，都是运输合理化的一个重要目标 | 如给定的一项运输服务第一次用时2天，而第二次用时10天，这无疑要设置安全存货储备线，以防预料不到的物流服务滞后给供需双方带来的运输义务和有关风险 |

（二）不合理运输的表现形式

微课 1-4

了解不合理运输的表现形式

1.返程或起程空驶。空车无货载行驶，可以说是最严重的不合理运输形式。在实际运输组织中，有时候必须调运空车，从管理上不能将其看成不合理运输。但是，因调运不当、货源计划不周，未采用社会化运输而形成的空驶，是不合理运输的表现。造成空驶的不合理运输主要有以下几种原因：

（1）能利用社会化的运输体系而不利用，却依靠自备车送货提货，这往往出现单程实车、单程空驶的不合理运输。

（2）由于工作失误或计划不周，造成货源不实，车辆空去空回，形成双程空驶。

（3）由于车辆过分专用，无法搭运回程货，只能单程实车，单程空驶。

2.对流运输。其亦称“相向运输”“交错运输”，指同一种货物，或彼此间可以互相代用而又不影响管理、技术及效益的货物，在同一线路上或平行线路上作相对方向的运送，而与对方运程的全部或一部分发生重叠交错的运输称对流运输。已经制定了合理流向图的产品，一般必须按合理流向图的方向运输，如果与合理流向图指定的方向相反，也属对流运输。

在判断对流运输时需注意的是，有的对流运输是不很明显的隐蔽对流，如不同时间的相向运输，从发生运输的那个时间看，并未出现对流，可能作出错误的判断，所以要注意隐蔽的对流运输。

3.迂回运输。它是一种舍近取远的运输。可以选取短距离运输而未选，却选择路程较长的路线进行运输的一种不合理形式。迂回运输有一定的复杂性，不能简单判断，只有当计划不周、路况不熟、组织不当而发生的迂回，才属于不合理运输，如果最短距离有交通阻塞、路况不好或有对噪声、排气等特殊限制而不能使用时发生的迂回，不能称为不合理运输。

4.重复运输。本来可以直接将货物运到目的地，但是在未达目的地之处，或目的地之外的其他场所将货卸下，再重复装运送达目的地，这是重复运输的一种形式。另一种形式是，同品种货物在同一地点一面运进，同时又向外运出。重复运输的最大问题是增加了非必要的中间环节，这就延缓了流通速度，增加了费用，加大了货损。

5.倒流运输。它是指货物从销售地或中转地向产地或起运地回流的一种运输现象。其不合理程度要甚于对流运输，其原因在于往返程的运输都是不必要的，形成了双程的浪费。倒流运输也可以视为隐蔽对流的一种特殊形式。

6.过远运输。它是指调运物资舍近求远，近处有资源不调而从远处调，这就造成可采取近程运输而未采取，拉长了货物运距的浪费现象。过远运输占用运力时间长、运输工具周转慢、物资占压资金时间长。远距离自然条件相差大，又易出现货损，因而增加了费用支出。

7.运力选择不当。它是指未利用各种运输工具的优势而不正确地选择运输工具造成的不合理现象，常见有以下若干形式：

（1）弃水走陆。在同时可以利用水运及陆运时，不利用成本较低的水运或水陆联运，而选择成本较高的铁路运输或汽车运输，使水运优势不能发挥。

（2）铁路、大型船舶的过近运输。不是铁路及大型船舶的经济运行里程却利用这些运力进行运输的不合理做法。主要不合理之处在于火车及大型船舶起运及到达目的地的准备、装卸时间长，且机动灵活性不足，在过近距离中利用，发挥不了运速快的优势。相反，由于装卸时间长，反而会延长运输时间。另外，和小型运输设备比较，火车及大型船舶装卸难度大、费用也较高。

（3）运输工具承载能力选择不当。未根据承运货物数量及重量选择，而盲目选用运输工具，造成严重超载、损坏车辆及货物不满载、浪费运力的现象。尤其是“大马拉小车”现象发生较多。由于装货量小，单位货物运输成本必然增加。

8.托运方式选择不当。对于货主而言，本来可以选择更好的托运方式而未选择，造成运力浪费及费用支出加大的一种不合理运输。例如，应当选择整车运输反而采取零担托运，应当选择直达运输反而选择中转运输，应当选择中转运输反而选择直达运输等，都属于这一类型的不合理运输。

（三）合理化运输措施

1.合理选择运输方式。各种运输方式都有各自的使用范围和不同的技术经济特征，选择时应进行比较和综合分析。首先，要考虑运输成本的高低和运行速度的快慢，甚至还要考虑商品的性质、数量的大小、运距的远近、货主需要的缓急及风险程度。

2.合理选择运输工具。根据不同货物的性质、数量选择不同类型、额定吨位的运输车辆，对温度、湿度等有特殊要求的货物选择专用运输车辆。

3.正确选择运输线路。运输线路的选择，一般应尽量安排直达、快速运输，尽可能缩短运输时间，否则可安排沿路和循环运输，以提高车辆的容积利用率和车辆的里程利用率，从而达到节省运输费用、节约运力的目的。

4.提高货物包装质量，并改进商品的包装方法。货物运输线路的长短、装卸次数的多少都会影响到商品的完好程度，所以，应合理地选择包装物料，以提高包装质量。另外，有些商品的运输线路较短，且要采取特殊放置方法（如烫好的衣服应垂挂），则应改变相应的包装，货物包装的改进对减少货物损失、降低运费支出、降低商品成本有明显的效果。

5.提高货物实载率。实载率的含义有两个：一是单车实际载重与运距之乘积和标定载重与行驶里程之乘积的比率，在安排单车、单船运输时，它是判断装载合理与否的重要指标；二是车船的统计指标，即在一定时期内实际完成的货物周转量（吨·千米）占载重吨位与行驶千米乘积的百分比。

提高实载率（如进行配载运输等），可以充分利用运输工具的额定能力，减少空驶和不满载行驶的时间，减少浪费，从而求得运输的合理化。

6.减少劳动力投入，提高运输能力。运输的投入主要是能耗和基础设施的建设，在运输设施固定的情况下，尽量减少能源动力投入，从而大大节约运费，降低单位货物的运输成本，达到合理化的目的。如在铁路运输中，在机车能力允许的情况下，多加挂车皮；在内河运输中，将驳船编组成船队，由推轮顶推前进；在公路运输中，实行汽车挂车运输，以提高运输能力等。

7. 发展社会化的运输体系。运输社会化的含义是发展运输的大生产优势，实行专业化分工，打破物流企业自成运输体系的状况。单个物流公司车辆自有，自我服务，不断形成规模，但运量需求有限，难以自我调剂，因而经常容易出现车辆空驶、运力选择不当、不能满载等浪费现象，且配套的接（发）货设施、装卸搬运设施也很难有效地运行，所以浪费颇大。实行运输社会化，可以统一安排运输工具，避免对流、迂回、倒流、空驶、运力选择不当等多种不合理形式，不但可以追求组织效益，而且可以追求规模效益。所以，发展社会化的运输体系是运输合理化非常重要的措施。

8. 开展中短距离铁路公路分流，发挥公路运输优势。在公路运输经济里程范围内，应利用公路运输。这种运输合理化的表现主要有两点：一是对于比较紧张的铁路运输，用公路分流后，可以得到一定程度的缓解，从而加大这一区段的运输通过能力；二是充分利用公路门到门运输和中转运输速度快且灵活机动的优势，实现铁路运输难以达到的水平。目前在杂货、日用百货及煤炭等货物运输中，公路运输较为普遍。一般认为，目前的公路经济里程为 200 千米 ~ 500 千米。随着高速公路的发展、高速公路网的形成，以及新型与特殊货车的出现，公路的经济里程有时可达 1 000 千米以上。

9. 大力开展直达运输。直达运输，就是在组织货物运输过程中，越过商业、物资仓库环节或交通中转环节，把货物从产地或起运地直接运到销售地或用户那里，以减少中间环节。直达运输的优势，尤其是在一次运输批量和用户一次需求量达到了一整车时表现得最为突出。此外，在生产资料、生活资料运输中，通过直达运输，建立稳定的产销关系和运输系统，有利于提高运输的计划水平。

近年来，直达运输的比重逐步增加，它为减少物流中间环节创造了条件。特别值得一提的是，如同其他合理化运输一样，直达运输的合理性也是在一定条件下才会有所表现，如果从用户需求来看，批量大到一定程度，直达是合理的，批量较小时中转是合理的。

10. 进行必要的流通加工。有不少产品由于产品本身形态及特性问题，很难实现运输的合理化，如果针对货物本身的特性进行适当的加工，就能够有效解决合理运输的问题，如将造纸材料在产地先加工成纸浆，可压缩体积。

## 七、大数据与人工智能在运输方式选择中的应用

在运输方式选择中，传统做法主要依赖经验、静态数据和定性分析。随着信息技术的发展，大数据和人工智能已成为提升运输决策智能化、精准化和效率化的关键工具。它们在运输方式选择中的应用主要体现在以下几个方面：

1.海量数据支撑决策

（1）数据来源

人工智能（Artificial Intelligence，AI）系统可以整合分析来自多方面的海量数据，包括：

① 历史运输数据：不同路线、不同运输方式的历史成本、时效、货损率、准点率。

② 实时动态数据：当前交通路况（如拥堵、事故、施工等）、天气状况（如台风、暴雨、大雾等）、港口（或机场或车站）作业状态（如拥堵、延误等）。

③ 市场供需数据：不同运输方式、不同航线的实时运价、舱位、车皮、箱源情况。

④ 货物特性数据：货物价值、易腐性、危险性、尺寸重量包装要求。

⑤ 客户需求数据：客户对时效、成本、安全、可追踪性的具体要求等级。

⑥ 政策法规数据：限行政策、环保要求、特殊货物运输规定。

⑦ 基础设施数据：不同运输网络的覆盖密度、节点能力。

（2）数据价值

海量数据为决策提供远超人工处理能力的全面、实时、多维度的信息。

2.智能预测与分析

（1）需求预测

AI模型（如时间序列分析、机器学习等）可基于历史数据和市场趋势，预测特定时段、特定流向的货运量，帮助企业提前规划运力需求，选择更经济的运输方式。例如，预测到旺季空运成本飙升，可提前锁定海运舱位。

（2）时效预测

结合实时路况、天气、历史运行数据，AI能更精准地预测不同运输方式的在途时间及其波动范围，而不仅仅是理论时间，为选择满足时效要求的可靠方式提供依据。

（3）成本预测

AI可综合计算显性成本（如运费、燃油附加费、过路费等）和隐性成本（如库存持有成本、货损成本、延迟成本、碳排放成本等），提供更全面的总成本分析（TCO）。

（4）风险评估

AI可分析历史事故数据、天气模式、区域安全状况等，预测不同运输路线和方式的风险概率，辅助选择更稳妥的方案。

3. 多目标优化与智能推荐

（1）核心功能

这是AI在运输方式选择中最直接的应用。优化算法可以在满足多种约束条件的前提下，在众多可能的运输方式组合中，找到最优或接近最优的方案。

（2）优化目标

① 成本最小化：在满足基本要求下选择总成本最小的方案。

② 时效最快化：在预算范围内选择最快到达的方案。

③ 可靠性最高化：选择准点率和安全性最高的方案。

④ 绿色环保化：选择碳排放量最低或符合特定环保标准的方案。

⑤ 多目标平衡：根据客户或企业的优先级，在成本、时效、可靠性、环保等多个目标间进行权衡，找到最佳平衡点。

（3）应用实例

大型物流公司或货代使用的智能运输管理系统（TMS）通常内置此类优化引擎。用户可输入货物信息、起讫点、要求和优先级，系统即可自动推荐最佳运输方式、承运商和路线。

4. 动态调整与持续学习

（1）实时响应

在运输执行过程中，如果发生突发严重拥堵、恶劣天气、口岸关闭等意外事件，AI系统能基于实时数据快速重新计算，评估影响，并动态推荐替代方案。例如，原计划陆运受阻，系统可能建议紧急切换为空运或调整路线。

（2）机器学习

AI系统会持续学习历史决策的结果，不断优化其预测模型和决策规则，使未来的推荐更加精准。

## 【任务实施】

全班每5~6人为一组，设1名组长，由组长带领本组同学担任小李的角色，按下述步骤分别来完成运输方式的选择。

步骤一：比较货物运输方式

请比较铁路、公路、水路、航空四种运输方式的优缺点，以列表的方式进行说明。

步骤二：选择合适的运输方式

请根据农户张三的要求，为他选择合适的运输方式并说明理由。

步骤三：避免不合理运输

请谈谈如何避免这次货运可能会发生的不合理运输情形。

步骤四：利用人工智能作出更科学的决策

请谈谈如何利用大数据和AI的工具进行更科学的决策。

步骤五：任务实施完成

# 【任务测评】

## 一、选择题

任务测评 1-1

1.运输的主要功能有（　　）。

A.物品移动　　B.短时存储

C.瞬时移动　　D.长期存储

2.运输的合理化要素包括（　　）。

A.运输距离　　B.运输环节　　C.运输工具

D.运输时间　　E.运输费用

3.不合理运输表现形式有（　　）。

A.空载　　B.对流运输　　C.过远运输

D.重复运输　　E.迂回运输

4.按运输的协作程度分为（　　）。

A.一般运输　　B.自营运输　　C.联合运输

D.公共运输　　E.干线运输

## 二、判断题

1.物流就是运输。（　　）

2.运输作为一种现代的流通方式，集经营、服务、社会集中库存、分拣、装卸搬运于一身，应被视为独立物流功能要素。（　　）

3.空驶是最严重的不合理运输形式。（　　）

## 三、综合题

请为下列物品选择合适的运输方式（见表1-2）。

表1-2　货物运输方式选择

| 货物种类 | 起点至终点 | 运输方式 |
| --- | --- | --- |
| 1 000吨石油 | 大庆—大连 | |
| 500 000吨石油 | 伊朗—日本 | |
| 两箱急救药品 | 上海—南昌 | |
| 1吨河鱼 | 郊区—市区 | |
| 8 000吨煤 | 大同—杭州 | |
| 1 000吨大米 | 武汉—南京 | |
| 5万立方米木材 | 阿斯塔纳—北京 | |
| 20吨日用品 | 合肥—安庆 | |

# 任务二　认识运输企业

## 【任务描述】

小李在鹤都货运实习了3个月，终于有机会转正，成为一名正式员工。经理问小李打算去什么部门（岗位），小李一脸茫然：难道不同的运输方式，在公司岗位上也有区别吗？那么接下来我们就带着小李，一起到鹤都货运公司各个部门去转转吧！

## 【任务解析】

本任务主要是认识运输型物流企业，了解运输岗位职责，能够根据企业的实际业务及规格，对物流企业进行评估。

# 【知识链接】

## 一、认识运输型物流企业

在《物流企业分类与评估指标》（GB/T 19680—2013）中，根据物流企业以某项服务功能为主要特征，并向物流服务其他功能延伸的不同状况，将物流企业分为运输型物流企业、仓储型物流企业和综合服务型物流企业三类。

运输型物流企业是指以营利为目的，使用汽车、火车、轮船、民用航空器等交通工具运送旅客、行李、邮件或货物的企业法人。

运输型物流企业应同时符合以下要求：

1. 以从事货物运输业务为主，包括货物快递服务或运输代理服务，具备一定规模。

2. 可以提供门到门运输、门到站运输、站到门运输、站到站运输服务和其他增值服务。

3. 企业自有一定数量的运输工具和设备。

4. 具备网络化信息服务功能，应用信息系统可对运输货物进行状态查询、监控。

对于具备一定综合水平的运输型物流企业，按照不同评估指标分为AAAAA、AAAA、AAA、AA、A五个等级。其中AAAAA级最高，然后依次降低。物流企业评估工作可由全国性物流行业组织设立评估机构具体实施。运输型物流企业评估指标见表1-3。

表1-3　运输型物流企业评估指标

| 评估指标 | | 级别 | | | | |
| --- | --- | --- | --- | --- | --- | --- |
| | | AAAAA级 | AAAA级 | AAA级 | AA级 | A级 |
| 经营状况 | 1. 年物流营业收入（元） | 16.5亿以上 | 3亿以上 | 6 000万以上 | 1 000万以上 | 300万以上 |
| | 2.营业时间 | 5年以上 | 3年以上 | | 2年以上 | |
| 资产 | 3.资产总额（元） | 11亿以上 | 2亿以上 | 4 000万以上 | 800万以上 | 300万以上 |
| | 4.资产负债率 | 不高于70% | | | | |

续表

| 评估指标 | | 级别 | | | | |
|---|---|---|---|---|---|---|
| | | AAAAA级 | AAAA级 | AAA级 | AA级 | A级 |
| 设备设施 | 5.自有货运车辆（辆）（或总载重量（t）） | 1 500以上（7 500以上） | 400以上（2 000以上） | 150以上（750以上） | 80以上（400以上） | 30以上（150以上） |
| | 6.运营网点（个） | 50以上 | 30以上 | 15以上 | 10以上 | 5以上 |
| 管理及服务 | 7.管理制度 | 有健全的经营、作业、财务、统计、安全、技术等机构和相应的管理制度 | | | | |
| | 8.质量管理 | 通过国家或行业相关认证 | | | 具有规范的质量管理体系 | |
| | 9.业务辐射面 | 跨省区以上 | | | — | |
| | 10.物流服务方案与实施 | 提供物流系统规划、资源整合、方案设计、业务流程重组、供应链优化、物流信息化等方面服务 | | | 提供整合物流资源、方案设计等方面的咨询服务 | |
| | 11.客户投诉率（或客户满意度） | ≤0.05%（≥98%） | ≤0.1%（≥95%） | | ≤0.5%（≥90%） | |
| 人员管理 | 12.中高层管理人员 | 80%以上具有大专及以上学历，或全国性行业组织物流师认证 | 60%以上具有大专及以上学历，或全国性行业组织物流师认证 | | 30%以上具有大专及以上学历，或全国性行业组织物流师认证 | |
| | 13.基层物流业务人员 | 60%以上具有中等及以上学历或物流职业资格 | 50%以上具有中等及以上学历，或物流职业资格 | | 30%以上具有中等及以上学历或物流职业资格 | |
| 信息化水平 | 14.信息系统 | 物流经营业务信息全部信息化管理 | | | 物流经营业务信息部分信息化管理 | |
| | 15.电子单证管理 | 90%以上 | 70%以上 | | 50%以上 | |
| | 16.货物物流状态跟踪 | 90%以上 | 70%以上 | | 50%以上 | |
| | 17.客户查询 | 建立自动查询和人工查询系统 | | | 建立人工查询系统 | |

## 二、运输岗位职责

### （一）公路运输岗位

公路运输岗位包括驾驶员、调度员、运输经理等。

1.驾驶员

（1）负责确保车辆的操作和货物的运输安全；

（2）负责货物准时、准点及无损无差运抵客户所托付的目的地；

（3）负责所承运货物集装箱坏、污的检查；

（4）负责所承运货物向客户准确安全交接；

（5）负责车辆日常安全参数的检查和养护，确保车辆运营安全；

（6）负责车辆在运营途中一般故障的排除；

（7）负责配合交警及公司对所发生事故的处理；

（8）负责向技术部提交所驾驶车辆的修理申请；

（9）负责各类业务单证的交接与费用报销；

（10）负责完成领导交办的其他事宜。

2.调度员

（1）调度员在运输经理领导下，负责车队的车辆调度，按照《车队车辆管理制度》，合理调配车辆，保证公司领导的工作用车、生产用车、接待和会议用车的需要。

（2）熟悉车队各车辆及驾驶员的技术状况。协助运输经理把好安全关，坚持做到不派带故障车辆出车。

（3）负责开具各驾驶员出车时的派车单，做到一车一单。派车中要做到公平、公正、公开。

（4）负责告知司机到期车辆的年审及二级维护，负责保险证的办理工作。

（5）负责开具车队每月差旅费单，初审驾驶员报销的油料、材料费、过桥过路费、停车费，发现问题及时上报，互相沟通。

（6）搞好车队各项活动的组织工作。

（7）协助运输经理做好驾驶员安全教育工作并做好安全记录。

（8）调度员要有全局观念，大公无私，严格执行行车的有关规定，每周四车队工作会议上公告司机一周的行车次数。

（9）调度员要机动灵活，准确无误地进行调度，千方百计提高车辆周转率，确保各单位用车。

（10）负责车队的消防工作，做好消防器材的保管工作。

（11）坚守工作岗位，服务热情，做好耐心解释说服工作。

3.运输经理

（1）负责运输部门的人事、安全、客户服务等日常管理工作。

（2）负责贯彻国家有关法律、法规、政策及公司各项规章制度的执行。

（3）负责对上下、内外及各部门间的工作协调与配合。

（4）负责组织对本部门员工的技术业务培训和政治理论的学习。

（5）负责指导建立健全驾驶员的档案与管理。

（6）负责安排对营运证的年审及危险品证、养路费等证的办理。

（7）负责对班组建设及驾驶员的月度业绩考评与奖惩。

（8）负责安排对重大事故的调查处理及上报与理赔。

（9）负责对安全工作的预控管理，制定预控防范措施。

（10）完成领导交办的其他工作。

（二）铁路运输岗位

铁路运输岗位主要有调度员、车站值班员、调车员、检车员等。

1.调度员

（1）在值班站长的领导下，按时收集有关资料，参加编制班计划，及时下达阶段计划。

（2）服从调度指挥，合理组织车流，按编组计划编车，按运输方案办事，按运行图行车，保证列车安全正点和班生产指标的完成。

（3）正确及时填记技术作用表，做到填记及时、清楚，推算车流准确，资料完整。

（4）正确及时地转移屏幕显示车，标明代号、编挂限制，按时取送检修车和装卸作业车。

（5）抓好交班基础，搞好联劳协作。

（6）密切与军代、部队、公安及有关单位的联系，组织领导本班职工迅速、安全、保密地完成军事运输任务。

2.车站值班员

（1）在值班站长的领导下，负责本小组管理，接受局调度统一指挥，确保安全正点和运输生产任务的完成。

（2）负责车站接发列车的办理和组织指挥工作，督促小组人员按章作业，按接发列车作业标准接发列车。

（3）合理运用到发线路，组织机车出入库和列车技术作业，不间断地接发列车，严格执行车机联控用语。

（4）合理运用技术设备，组织有关人员密切配合，提高作业效率。

（5）检查有关行车设备，保管好工具、备品，严格执行现场对号交接班制度，禁止闲杂人员在岗位逗留。

（6）严格按上级指示和要求，安全、迅速、保密地完成军运任务。

3.调车员

（1）调车员应根据作业计划及时、准确、圆满地完成各项调车任务。

（2）接到计划后要认真核对，正确拟定调车作业方法，及时布置调车作业计划。

（3）准确无误地显示信号，正确指挥吊车的行动。

（4）负责检查线路、道岔、车辆停留位置及连挂状态和止轮措施。

（5）在推进调车作业时，负责前方引导。

4.检车员

检车员是维修货车车辆的工作人员。检车员对货车车辆进行全面检查，采用“一钻、一跨、三蹲、三敲、四伏、五确认、一试验”的检查方法。一钻指从转向架外端钻入检查；一跨指从转向架内端跨轨检查；三蹲指蹲身定点检查车体中部、转向架内外端核心部件；三敲是针对性锤敲车钩、走行部、制动系统的关键螺栓与销轴，通过音判和手感确认状态；四伏指对车轮踏面底部，闸瓦处伏身检查；五确认指确认各缸、阀、拉杆、支管吊架及安装座螺母和关门车是否完好；一试验指试验列车制动机是否正常。

（三）水路运输岗位

水路运输岗位包括船长、轮机长、大副、二副、三副、引水员（引航员）等。

1.船长

（1）船长是船舶领导人，对船舶安全营运和环境保护全面负责；

（2）执行公司安全和环境保护方针，熟悉和掌握相关的强制性规定和标准，以及建议性的规则、指南和标准，并贯彻执行。

（3）充分行使公司赋予的权力，以身作则，管理、教育、激励船员遵守公司安全和环境保护方针，切实履行岗位职责。

（4）按照安全管理体系（Safety Management System，SMS）文件的规定和公司对船舶安全营运和防污染管理的要求，以简明方式发布相应的命令或指令，并要求船员执行。

（5）负责对本船船员进行SMS的熟悉和培训。

（6）针对船上关键设备的操作、可能出现的紧急情况制定相应的安全措施，并组织实施。

（7）船长是船舶应急反应、训练和演习的总指挥，并按SMS文件规定组织实施。

（8）负责船上不符合规定的情况、险情和事故的报告和处理。

（9）负责对船舶及设备维护计划的检查，报告缺陷，采取纠正措施并验证。

（10）认真审阅并签署航海日志，监督相关人员正确记载航海日志、轮机日志、电台日志和油类记录簿等。负责保管船舶公章、安全管理文件；督促各部门有关负责人认真对待海事部门、边防及有关方面代表对船舶进行的各项检查。

（11）监控公司船舶的营运情况，组织自查，消除缺陷，接受审核，对不符合规定的情况制定和实施纠正措施。

（12）负责船舶复查的组织实施，并将实施结果向公司管理层报告。

（13）负责和落实新聘及转岗人员知悉自己的岗位职责工作。

（14）严格执行载重线与干舷规定，审查和批准大副编制的货物配载计划，拒绝装运违反运输规则的货物，装卸重大件或贵重货物时，应责成大副监督装卸，必要时亲临现场监督。

（15）根据公司指令，及时通知各部门负责人做好各项开航准备。督促和检查全体船员严格执行值班与联系制度，确保航行安全。

（16）在船舶进出港口，靠离移泊，通过危险航道、狭窄水道和船舶密集海域，航进冰区、礁区，以及遇恶劣天气、能见度不良和意外等情况时，上驾驶台亲自指挥或指导。

（17）掌握潮汐、海流、风向风力变化和对航行的影响，以及助航仪器的误差。经常检查和监督各驾驶员充分运用各种方法正确测定船位，及时修改航向，使船舶保持在计划航线上航行，必要时应亲自做好这项工作。

（18）发现值班驾驶员采取的避让措施或变换航向不当时，应立即纠正或亲自指挥，直至确认本船已避离危险为止。

（19）密切注意气象变化，及早采取防避台风和暴风措施，督促电台按时收录气象预报，组织并督促全体船员切实做好抗风浪准备。

（20）能见度不良时，严格遵守雾航规则，应利用一切可行手段特别加强瞭望，使用适合当时环境和情况的安全航速并采取安全防范措施。

（21）夜间航行时，应将航行指示和注意事项或者其他重要布置明确记入《船长夜航命令簿》。无论任何时候当值班驾驶员唤请时应尽快到驾驶台。

（22）督促大副按时检查所载货物情况，及时采取通风、加固等有效措施以保护货物安全。发现货损，应组织船员抢救，防止损失扩大。

（23）有责任保证引航员登、离船时的安全，认真监督引航员的引领操作，不可放弃指挥责任。如引航员操作不当，应立即纠正，必要时可以中止他的引领工作，要求更换引航员。

（24）在停泊期间，根据停泊的具体情况，布置值班注意事项，督促检查值班船员认真履行值班职责，做好各项工作，并且不能与大副同时离船。

（25）在本船遇有紧急情况或救助他船时，应按应急反应程序的规定执行。

（26）在修船时应认真审批各部门修理计划，汇总厂修工程单，确定自修项目，一并报送公司。组织船员做好监修和自修工作。

（27）进坞后会同大副、轮机长对船体水线以下部分进行全面检查。

（28）完成公司交办的其他工作。

（29）离任前应认真全面做好移交工作。

（30）不设三副的船舶，兼负三副航行、停泊、值班责任。

2.轮机长

（1）轮机长是全船机、电（通信、导航设备除外）、炉设备的技术负责人，轮机部的部门负责人，主管轮机部安全和防污染管理工作，接受船长领导，并对船长负责。

（2）执行公司安全和环境保护方针，熟悉和掌握相关的强制性规定和标准，以及建议性的规则、指南和标准，并贯彻执行。

（3）负责制订部门安全管理工作计划和措施，发布相应指令并报告执行情况。

（4）负责按《船舶安全检查实施办法》自查，接受海事机构对本部门的检查，及时报告缺陷，制定相应的纠正措施，并实施纠正。

（5）发现、报告不符合规定的情况、事故和险情，提出纠正措施，并组织实施纠正，做好记录。

（6）负责保管安全管理文件及相关文件、图纸、技术资料、设备证书等。

（7）负责汇编机、电、炉等设备及系统的年度预防检修计划、备件申请计划、循环检验计划；审定月度计划，督促有关人员执行；保证所有设备处于适航状态。

（8）妥善保管测量、损坏修理记录和各种技术资料；建立和完善各种台账，按要求报公司机务主管。

（9）负责本部门的防火防爆工作，监督部门落实防火防爆安全措施，填写《明火作业记录簿》报船长审批后执行。

（10）督促有关人员严格执行防污染公约、规则和规定，认真做好防污染管理工作，负责指导有关人员填写《油类记录簿》报船长签署。

（11）审签《轮机日志》《辅机日志》等各种值班记录簿及技术报表。

（12）审核材料、润滑油料、物料、工具、备件的申领计划，申请燃料时，正确填写燃料消耗报表，督促所属人员做好燃料、润滑油料、物料等申领、验收、保管、使用、统计工作。

（13）调动交接时，将全船机、电、炉设备及其系统的技术状况，预防检修工作计划及执行情况，部门人员的思想技术概况及其他必须移交的问题等交清接明，在《轮机日志》上签字并填写“轮机长交接证明书”。

（14）负责轮机部新聘和转岗人员熟悉岗位职责。

（15）航行中经常到机、炉舱检查机、电、炉等设备及其系统的工况，督促值班人员坚守岗位，加强巡回检查，保证正常运转，就寝前巡视机、炉舱与舵机房，确认正常后，在《轮机日志》上向值班轮机员布置安全注意事项。

（16）遇下列情况轮机长应亲临机舱指挥工作：港内航行（包括移泊）；靠、离泊位（不用主机除外）；驶往船闸或江河桥梁；船舶正在遭遇紧急情况或进行应急演练；船长提出特别要求时；在雾航或长时间在运河或狭水道航行时，应随时下机舱检查工作或根据当时情况指派专人加强值班。

（17）参加船舶应急演练和应急反应，当船舶遇海事或其他紧急事故时，应在机舱执行船长命令，指挥机舱人员按应急部署表实施抢救；当接到弃船命令时，应做好机（炉）舱善后工作，携带《轮机日志》《车钟记录簿》最后离开机舱。

（18）离船时，向轮机员交代工作及安全事项。

（19）进厂修理前，编制好修理项目单，审核自修计划，送船长审核后转报公司机务主管审批。进厂前，督促有关人员控制燃油存量，按规定清理油箱沉积物，做好进厂前的其他准备工作。

（20）进厂后，根据厂（自）修内容组织落实防火、防爆、防工伤、防污染、防进水及防冻等安全措施。

（21）在修船期间，组织有关人员对修船质量和进度进行监督检查，按规定的技术标准进行验收，审签修理账单，主动配合船检部门搞好船舶检验发证工作。

（22）进坞维修时，亲自检查水下部分的螺旋桨、尾轴、通海阀等维修工程。协助大副检查舵系装置，出坞前向厂方索取测量记录。

（23）接船时根据买（造）船合同、技术资料和试航大纲，组织有关人员检查施工质量，参加对各种设备的试验和验收，清点备（配）件、工具和有关技术资料；交船时，组织有关人员介绍各种设备的技术状况和操作管理方法，燃（润）料、备（配）件的存量，各种技术资料和证书，确认交接清楚后，应立即报告船长，并记入《轮机日记》。

（24）负责对机损事故和污染事故的处理。

（25）协助甲板部进行安全管理工作。

（26）完成船长交办的其他工作。

（27）不设三管轮的船舶，兼负三管轮的航行、停泊、值班职责。

3. 大副

（1）大副是船舶甲板部的负责人，接受船长领导，并对船长负责，履行航行和停泊所规定的值班职责，主管甲板部日常工作，协助船长做好船舶安全营运及环境保护工作。

（2）执行公司安全和环境保护方针，熟悉和掌握相关的强制性规定和标准，以及建议性的规则、指南和标准，并贯彻执行。

（3）负责制订甲板部各项工作计划，管理全船的生活和甲板部的行政、技术工作。

（4）负责管理甲板部新聘及转岗船员，使其熟悉相关职责规定，并安排他们进行实际操作和现场指导。

（5）负责货物的配载、装卸、交接和运输管理。

（6）督促值班驾驶员和水手经常注意装卸工人是否正确操作，如因操作不当而造成损坏，应及时要求港方修复或赔偿。

（7）负责编制甲板部的年度、月度预防检查和维修保养计划，经船长审批后，组织甲板部船员按计划做好船体、货舱、舱面建筑、救生消防堵漏设备、帆缆索具以及和它们有关的各种附属装置等的维修保养工作，使之处于良好技术状态，定期检查，做好测量和损坏记录。

（8）负责汇总和编制甲板部的计划修理工程和修理单，经船长审批后上报公司；修理期间，制定并落实各项安全措施，组织好监修、验收和自修工作，做好各种测量记录；进坞后和出坞前，应会同船长和轮机长检查船壳和水线以下各种装置并做好测量记录。

（9）开航前，做好以下检查：装卸单证是否齐备、人员到否、淡水储量、货舱是否封好、甲板货物是否已稳固等安全复核。

（10）船舶航行、停泊值班时，严格遵守值班规则，并督促检查各岗位执行情况，遇有疑难情况及时报告船长。

（11）大风浪侵袭前督促水手长认真检查锚、舷梯、救生艇、货物、易移动物件并予以加固，把缆绳贮放入库，亲自检查舱口的水密性和牢固情况，发现不符合要求时应立即采取措施予以加强，督促有关人员认真关闭货舱通风口和外侧水密门窗以及疏通甲板排水孔道。

（12）进出港口、靠离移泊和抛起锚时，应在船首瞭望，将现场情况和周围环境及时报告驾驶台，并按船长指示指挥现场工作。

（13）每日检查淡水舱、压载水舱、污水沟（井）的测量记录并记入航海日志；发现异常情况时，应立即报告船长，查明原因，采取措施，以避免发生事故；负责安排淡水舱、压载水舱的注入、排出和移注工作；管理淡水的储量和消耗；制定节水措施和应急供水办法，经船长批准后实施。

（14）按规定审阅和签署航海日志，检查并指导其他驾驶员正确记载，负责保管本部门SMS文件和相关文件、航海日志及有关的图纸、技术资料、业务文件。

（15）按时主持甲板部的安全日活动，检查各项管理制度和技术操作规程的执行情况；分析事故原因及其经验教训；检查潜伏性事故和不安全因素，采取积极措施，防止发生事故。

（16）督促三副和水手长做好救生、消防、堵漏设备和各种应变器材的养护工作，使之经常处于完整和良好的技术状态；负责审核三副编制的应变部署表和船员应变卡，在船长领导下按时进行各种应变演习并在现场指挥；加强防火防爆的安全教育和具体措施；当本船发生海上事故时应迅速赶往现场，组织船员采取一切有效措施，全力进行抢救。

（17）负责制定甲板部的防污染具体措施，经常检查和督促本部门船员认真执行。

（18）负责甲板部的备件、物料、工具、劳保用品等以及船舶的家具、器皿、床具的申领、验收、保管、使用、盘点和报销工作。

（19）根据船长的要求，负责做好对外的接待工作。

（20）负责船舶的伙食采购计划、储存并保持船上适当数量的主副食。

（21）负责船舶环境卫生，督促有关人员将船舶废物和垃圾倒在指定地点防止污染，做好除虫灭害工作，并负责医疗药品的保管，船员伤病防治工作。

（22）督促、检查甲板部安全营运和防污染管理工作，发现、报告不符合规定的情况、事故和险情，并组织实施纠正。

（23）严格按《船舶安全检查实施办法》进行自查，负责接受海事机构对本部门的检查，就在检查中发现的缺陷及时报告相关部门并制订相应的纠正措施，实施纠正。

（24）当船长因病或其他原因不能继续执行职务，或新任船长未到任前，临时代理船长职务。

（25）完成船长交办的其他工作。

4.二副

（1）在船长、大副的领导下，履行航行和停泊所规定的值班职责，主管驾驶设备，航海图书资料。

（2）执行公司安全和环境保护方针，熟悉和掌握相关的强制性规定和标准以及建议性的规则、指南和标准，并贯彻执行。

（3）船舶航行、停泊值班时严格遵守值班规则，并督促检查各岗位执行情况，遇有疑难情况及时报告船长。

（4）管理海图、航行通告、航海图书资料及各种记录簿等，并及时修改和登记。

（5）开航前按船长设计要求，划妥航线，标出航向；靠离移泊时，按船长的意图在船尾指挥安全操作。

（6）负责管理各种航海仪器、气象仪表的正常使用和养护，按时向大副提出所管仪器设备的修理项目，修船期间做好验收所管理的项目。

（7）负责管理国旗、号旗、号型、号灯和应急航行灯等声光信号以及求救设备，使其处于正常状态，确保驾驶台救生信号和器材在有效期内。

（8）参加船舶应急演练及应急反应。

（9）完成船长或大副交办的其他工作。

（10）不设三副的船舶，由二副兼负三副除航行、停泊值班之外的所有职责。

5.三副

（1）在船长、大副领导下，履行航行和停泊所规定的值班职责，主管救生、消防设备。

（2）执行公司安全和环境保护方针。熟悉和掌握相关的强制性规定和标准，以及建议性的规则、指南和标准并贯彻执行。

（3）负责本职范围内的安全和防污染管理自查，以及海事机构的检查工作，及时报告缺陷，制定相应的纠正措施，并实施纠正。

（4）发现、报告不符合规定的情况、事故和险情，提出纠正措施，并实施纠正。

（5）船舶航行、停泊值班时严格遵守值班规则，督促检查各岗位执行情况，遇有疑难情况及时报告船长。

（6）编制船舶应变部署表及船员应变部署卡，经大副审核，船长批准签字后公布执行，及时向新上岗人员介绍应变部署的岗位和职责。

（7）负责管理全船的消防、救生设备，使之处于适用状态，按时向大副提出所管理设备的保养计划和修理项目，修船期间做好自修和验收工作及大副指派的工作。

（8）进出港口、靠离移泊或抛起锚时，在驾驶台执行瞭望和传达执行船长的指令，按规定记录车钟、时间、重要船位及有关情况。

（9）参加船舶应急演练和应急反应，并做好记录。

（10）负责船舶账单、发票、单据、现金等管理，按公司财务制度报销船员差旅费或其他费用，账目经船长签字后报公司。

（11）负责保管船员证书、签证簿、船员名册及有关证书。船舶抵离港口按有关规定和船长指示，备妥所需的各种文件报表。

（12）完成船长或大副交办的其他工作。

6.引水员（引航员）

（1）负责制定引航工作章程和管理制度，组织引航生产。

（2）接受引航申请，提供引航服务。

（3）制订引航调度计划和引航实施方案。

（4）负责制定引航员培训、晋升等各项日常管理制度。

（5）负责管理从业人员的有效资质证件。

（6）负责按行业规定统计上报引航信。

（四）航空运输岗位

航空运输管理是一项系统工程，包括运行值班主任（经理）、机组运行、运行监控、地面服务等岗位。

1.运行值班主任（经理）

（1）生产组织与决策：根据航班运行计划，组织实施运行生产，监控航班运行，监督航空公司运行控制中心（Airlines Operations Center，AOC ）各岗位的决策过程，对航班运行调整作出最终决策。

（2）生产讲评：根据运行制度，主持召开生产讲评会议，对运行作出评估，布置生产任务，解决生产运行中的问题。

（3）应急处置：根据应急处置程序，组织、指挥运行中突发事件的处置，负责应急处置程序的启动。

（4）AOC 管理：根据运行政策，实施对当日 AOC 各岗位的工作管理，并作出综合考评，达到 AOC 整体高效运行。

（5）分析调查：根据运行政策，调查、分析、落实公司运行不正常事件的责任原因和责任部门，作出奖惩决定。

（6）当值班的运行主任不能执行该岗位工作时，应由主任签派员代替其值班。

2.机组运行

（1）机组计划：根据运行计划，收集公司机组（包括飞行、乘务和安全员）的中短期航班计划及机组信息。

（2）生产运行：根据运行计划，制订、实施机组的任务书、机组派遣单、机组申报单和出入境单、机组座位预留、机组餐食、延伸服务、住宿、接送机组派车等计划。

（3）运行监控：根据天气状况，监控机组值勤、飞行时间和过夜休息时间，根据特殊、不正常情况进行相应调整。

（4）机组调配：根据运行状况，统一调配不正常航班机组的航班计划。

3.运行监控

（1）航站监管：根据工作程序，实施对航站航班日常运行状况的动态监控，对可能的不正常航班提出预警。

（2）技术支援：对航站当日运行中出现的问题提供支援，协助基地、航站做好航班不正常情况下的处置。

（3）信息通报：建立向航站通报信息的流程，下达任务指令，通报不正常运行的信息，向运行值班经理报告航站不正常运行的具体原因，保证公司总部与航站间的信息顺畅。

（4）要客运送：根据公司要客保障规定，收集分公司、基地、商务委员会、各航站机场、航行管制部门的当日、次日要客保障运送计划，整理、生成公司要客保障单，向运行值班经理提交，下达要客保障任务，保证要客运送工作的正常开展。

（5）旅客监控：根据航班不正常运行情况，监控航班实际载运率（客座率）、旅客改签/分流方向，进行数据统计与分析，并将结果提交运行分析部门，以优化航班收益管理。

4.地面服务

（1）配载服务：根据航班运行计划，提供准确、全面的航班配载信息，对运行中的配载技术问题提供技术支持。

（2）枢纽监控：根据枢纽机场运行状况，监控枢纽机场的航班运行动态、服务状况，收集机场、航行管制部门信息，执行AOC 的指令。

（3）旅客服务：根据航班运行状况，实施对航班现场旅客（延误、取消、中转、超售）的安置、转签、补偿，保证旅客完成其旅程。

（4）要客、特殊旅客运送：根据公司要客、特殊旅客运送规定，依据AOC发布的要客保障计划，部署枢纽机场的要客保障计划，提供相应服务，保证运送任务的顺利完成。

（5）应急处置：根据公司应急处置手册，实施本部门的应急处置程序。

## 三、现代运输企业的智能化运营

随着物联网、大数据、云计算、人工智能等技术的迅猛发展，传统的运输企业正在经历深刻的智能化转型。智能化运营已成为现代运输企业提升核心竞争力、实现降本增效和可持续发展的关键路径。大数据与人工智能在其中扮演着核心驱动力的角色。

1.数据驱动的决策中枢

（1）数据整合平台

现代运输企业构建统一的数据平台，整合来自车辆GPS/北斗、物联网传感器、订单管理系统（OMS）、仓储管理系统（WMS）、交通信息系统、天气服务、市场运价平台等多源异构的海量数据。

（2）智能分析引擎

智能分析引擎利用大数据分析技术（如Hadoop/Spark等）和AI算法（如机器学习、深度学习等）对这些数据进行深度挖掘和分析，生成有价值的洞察。

① 需求预测：更精准地预测区域、线路、时段的货量波动，优化运力采购与储备。

② 网络优化：基于历史流量和成本数据，优化运输网络节点布局和线路规划。

③ 资源利用率：精确分析车辆、人员、设备的利用率，识别瓶颈和优化空间。

④ KPI深度洞察：超越传统报表，深入分析准时率、货损率、成本构成等关键绩效指标背后的深层次原因。

2.智能化的核心运营环节

（1）智能调度与路径优化

① 动态车辆调度：AI算法实时考虑订单需求、车辆位置/状态、实时路况、天气、

司机工作时长法规、客户时间窗等多重复杂约束条件，进行秒级最优派单和动态调度。不再是静态排班，而是响应式、预测式调度。

② 实时路径规划：基于实时交通事件预测路况，为每辆车规划最优路径，显著减少空驶、等待和延误情形。支持多目标优化。

③ 智能拼车/配载：利用算法高效整合零担货物（LTL），优化车辆装载率、实载率，减少无效运输。

（2）智能运输执行与监控

① 全程可视化追踪：利用GPS/北斗、物联网传感器，实现车辆位置、货物状态、预计到达时间（ETA）的实时可视化监控，并通过App、Web主动推送给客户。

② 预测性维护：分析发动机、刹车、油耗等车辆传感器数据，预测设备故障风险，提前安排维护，减少途中故障导致的延误和成本，提升车辆完好率和安全性。

③ 驾驶员行为分析与安全管理：通过车载设备监控急加速、急刹车、疲劳驾驶等高风险行为，结合AI视频分析，实时预警并辅助改善驾驶习惯，大幅降低事故率。

④ 智能场站管理：在港口、铁路场站、大型分拨中心应用自动化设备、智能闸口、基于AI的堆场优化系统，提升货物周转效率和场站吞吐能力。

（3）智能客户服务

① 智能客服机器人：利用自然语言处理（NLP）技术，通过聊天机器人处理大量标准化的（诸如运单状态、价格、网点等）信息查询，提高响应速度和7×24小时服务能力。

② 个性化服务与主动预警：基于客户历史数据和偏好，提供定制化服务方案。在运输出现如严重延误、货损风险等异常时，系统能主动预警并触发应对流程，提升客户体验。

③ 智能定价：利用大数据分析市场供需、成本波动、竞争情况、客户价值等因素，实现更灵活、精准的动态定价策略。

3.智能化对岗位职责的影响

智能化并未消除岗位，而是重塑了岗位职责，对员工技能提出了新的要求，见表1–4。

表1-4 智能化对部分运输岗位职责的影响

| 岗位 | 传统职责 | 智能化赋能 |
| --- | --- | --- |
| 调度员 | 主要依靠经验，依靠人工排班、电话沟通处理突发状况 | 转变为“系统监控与决策支持者”。核心职责变为：监控智能调度系统的运行状态和推荐方案；处理系统无法自动解决的复杂异常情况；分析系统提供的优化建议和绩效报告，持续改进调度规则；人机协同，确保系统决策的合理性和高效执行。需要具备系统操作、数据分析、异常处理和沟通协调能力 |
| 运输经理/运营经理 | 侧重现场管理、资源协调、成本控制 | 转变为“数据驱动的策略制定者与流程优化者”。职责扩展为：基于智能平台提供的深度分析，制定和优化运输网络、运营策略；管理并持续改进智能系统（TMS等）的效能；利用数据进行精细化成本管控和绩效管理；推动新技术的评估与应用；管理数据安全和隐私以符合规定。需要具备战略思维、数据分析、技术理解、变革管理能力 |
| 驾驶员 | 专注于安全驾驶、货物交接 | 增加了“智能设备操作员与数据提供者”角色。需要熟练操作车载智能终端、导航/调度App；理解并响应系统指令和预警；配合车辆数据采集；可操作辅助驾驶设备。安全驾驶仍是核心，同时需具备基础的数字设备操作能力 |
| 客户服务人员 | 主要接听电话、处理查询和投诉 | 转变为“复杂问题解决者与关系管理者”。机器人处理简单查询后，客服人员专注于处理更复杂的、个性化的咨询和投诉；利用系统提供的客户全视图和交互历史，提供更加个性化、高效的服务；分析客户反馈意见，推动服务改进。需要更强的同理心、问题解决能力、沟通技巧和系统操作能力 |

为此，新技术也催生了很多新兴运输岗位，如解读运营数据、构建预测模型的数据分析师、开发优化算法的AI算法工程师、维护传感器和网络的物联网运维工程师、维护TMS等核心平台的系统管理员等。

# 【任务实施】

全班每5~6人为一组，设1名组长，由组长带领本组同学担任小李的角色，按下述步骤分别来了解鹤都货物运输公司。

步骤一：对运输企业进行评估

请根据运输型物流企业标准，对鹤都货物运输公司进行评估。

步骤二：熟悉各运输岗位职责

请扮演小李的角色，对你感兴趣的职位的职责进行调研，了解其主要工作内容。

步骤三：观察和思考公司运营中的智能化元素

请扮演小李的角色，调查公司有无智能调度中心？车辆和货物追踪如何实现？核心业务系统是什么？客户服务方式是什么？数据如何驱动决策？对员工技能有何要求？

步骤四：任务实施完成

## 【任务测评】

### 综合题

假设你是深圳“鲜速达”生鲜电商平台的物流运营专员。公司计划将一批高档荔枝（易腐、高价值、对时效要求极高）从茂名果园运往北京仓，要求全程不超过48小时，并最大限度降低货损率和成本。

1. 请简要比较公路、铁路、航空三种运输方式在运输荔枝时的传统优缺点，并初步判断哪种方式可能占优？为什么？

2. 平台引入了集成大数据和AI的智能运输管理系统。该系统在优化本次荔枝运输方式选择决策时，可能会采集和分析哪些关键数据？其内部的AI算法将如何进行“多目标优化”，最终可能推荐哪种运输方案？请阐述其智慧决策过程。

3.如果“鲜速达”选择与一家AAAAA级智能物流企业合作完成此运输，该物流企业可能运用哪些“智能化运营”手段（至少列举2项）来确保荔枝运输的高时效、低货损和全程可控？这种智能化运营给物流企业内部的调度员和驾驶员的岗位职责和工作方式带来了哪些具体变化？

## 【项目小结】

本项目主要介绍了运输的相关概念、功能及运输在国民经济中的地位，阐述了各种运输方式的特点、运输合理化的意义以及不合理运输的表现形式，运输型物流企业的特点及运输岗位职责等。特别强调了在数字化、智能化时代背景下，大数据分析与人工智能技术在优化运输方式选择决策中的关键作用，以及现代运输企业如何依托这些技术实现智能化运营转型，从而深刻揭示了“智慧运输”的核心内涵与发展趋势。

## 【项目综合题】

结合本项目所学，你认为大数据和AI驱动的“智慧运输”给传统运输行业及从业者带来了哪些重要机遇与挑战？

# 项目二　公路货物运输

## 【学习目标】

知识目标

（1）能够分别列举3种以上货运公路和运载工具。

（2）能够正确说明公路货运单证填写要求。

（3）能够正确描述公路运输费用的计算方法。

（4）能够正确阐述公路整车和零担运输的工作流程。

能力目标

（1）能根据货主要求填制公路货物运输单证。

（2）能正确计算公路运费。

（3）能根据货主要求组织公路货物运输作业。

素养目标

（1）具有良好的社会公德、职业道德和个人品德。

（2）具有节约优先、保护优先的绿色物流发展观。

（3）具备积极主动、友善、团队意识强、富有责任心、组织协调能力强等素质。

## 【项目导入】

2025年5月5日，上海锦顺电器有限公司（以下简称“锦顺电器”）委托鹤都货物运输公司完成下述两票货物的运输业务：

1.200台立式空调（型号：WR9283B029K），出发地为上海静安工厂，目的地为广东省佛山市顺德区仓库。空调外包装尺寸为：900mm×750mm×330mm，毛重20kg/台。

2.10台滚筒洗衣机（型号：BM7402W358N），出发地为上海静安工厂，目的地为天津武清仓。洗衣机外包装尺寸为：510mm×595mm×850mm，毛重90kg/台。

经理将这两笔业务交由已在公路运输部门就职的小李来办理。初来乍到，小李应如何完成这两笔业务呢？

# 任务一 认识公路货运方式

## 【任务描述】

作为公路货运部的一员，为了尽快熟悉业务，小李首先要了解公路货物运输设备，熟悉货物储运包装的标志。在此基础上，才能根据客户的需求，为客户选择合适的运输车型。

接下来，我们就和小李一起来认识公路货物运输这个行业吧！

## 【任务解析】

本任务主要认识公路货运设施设备和公路货运包装与标志，能够根据客户的货运要求，为其选择合适的运输设备。

## 【知识链接】

公路运输的基本功能通常可分为“通过”和“送达”功能。“通过”功能是指在干线上完成大批量的运输；“送达”功能又称为“集散”，指为通过性运输承担客货集散任务的运输。

一般情况下，货物运输全过程的完成都需要有公路运输方式的参与。在高速公路投入使用以前，公路运输的主要功能是“送达”，也就是主要为其他运输方式承担集散货物的任务。在五种运输方式中，管道运输所占的比例很小，适应性也较差，目前只能算是一种辅助性的运输方式。航空、水运和铁路运输都只有单一的通过功能，只能依靠公路运输才能送达到门。在公路等级低的情况下，通过功能较差；随着高速公路的建成，公路运输方式的通过功能大大加强。

## 一、认识公路货运设施设备

微课2-1

认识公路货运设施设备

（一）公路

公路是指连接城市、乡村，主要供汽车行驶的具备一定技术条件和设施的道路。

我国公路可以按照如下标准进行分类：

1.按行政等级划分为国道、省道、县道、乡道、专用公路。

国道是指具有全国性政治、经济意义的主要干线公路，包括重要的国际公路，国防公路，连接首都与各省、自治区、直辖市首府的公路，连接各大经济中心、港站枢纽、商品生产基地和战略要地的公路。国道中跨省的高速公路由交通运输部批准的专门机构负责修建、养护和管理。

省道是指具有全省（自治区、直辖市）政治、经济意义，并由省（自治区、直辖市）公路主管部门负责修建、养护和管理的公路干线。

县道是指具有全县（县级市）政治、经济意义，连接县城和县内主要乡（镇）、主要商品生产和集散地的公路，以及不属于国道、省道的县际间公路。县道由县、市公路主管部门负责修建、养护和管理。

乡道是指主要为乡（镇）村经济、文化、行政服务的公路，以及不属于县道以上公路的乡与乡之间及乡与外部联络的公路。乡道由人民政府负责修建、养护和管理。

专用公路是指专供或主要供厂矿、林区、农场、油田、旅游区、军事要地等与外部联系的公路。专用公路由专用单位负责修建、养护和管理。也可委托当地公路部门修建、养护和管理。

2.按公路技术等级划分为高速公路、一级公路、二级公路、三级公路、四级公路。

具体见表2–1。

表2–1 **我国公路技术等级划分标准**

| 等级 | 高速公路 | 一级公路 | 二级公路 | 三级公路 | 四级公路 |
| --- | --- | --- | --- | --- | --- |
| 设计交通量/日 | 25 000辆以上 | 15 000辆以上 | 5 000~15 000辆 | 2 000~6 000辆 | 双车道：2 000辆以下<br>单行道：400辆以下 |
| 车型标准 | 小客车 | 小客车 | 小客车 | 小客车 | 小客车 |
| 出入口控制 | 完全控制 | 部分控制 | 无控制 | 无控制 | 无控制 |

（二）运载工具

1.载货汽车。载货汽车是指专门用于运送货物的汽车，又称载重汽车。载货汽车按载重量的不同分为微型、轻型、中型和重型。其中，微型：总质量≤1.8t，最大载重量为0.75t；轻型：1.8t<总质量≤6t，最大载重量为0.75~3t；中型：6t<总质量≤14t，最大载重量为3~8t；重型：总质量≥14t，载重量为8t以上。

微型和轻型载货汽车服务于规模不大、批量很小的货物运输，通常用于城市运输，如图2–1、图2–2所示。中型载货汽车适用范围比较广泛，既可在城市承担短途运输任务，也可承担中、长途运输，如图2–3所示。目前在我国，中型载货汽车是主要车型，数量较多。重型载货汽车多用于经常性的大批量货物运输，如大型建筑工地、矿山等地区的货物运输，如图2–4所示。

**图2–1 微型车**

图2-2　轻型车

图2-3　中型车

图2-4　重型车

2. 专用运输车辆。专用运输车辆是按运输货物的特殊要求设计的，主要包括厢式车、平板车、罐式挂车、冷藏车、高栏板车。其中，厢式车即标准的挂车或货车，货厢封闭，如图2-5所示；平板车即挂车，无顶也无侧厢板，主要用于运输钢材和集装箱货物，如图2-6所示；罐式挂车用于运输流体类货物，如图2-7所示；冷藏车用于运输需控制温度的货物，如图2-8所示；高栏板车的车厢底架凹陷或车厢特别高，以增大车厢容积，如图2-9所示。

图2-5　厢式车

图2-6　平板车

图2-7　罐式挂车

图2-8　冷藏车

图2-9　高栏板车

3.牵引车和挂车。牵引车也称拖车，是专门用于拖挂或牵引挂车的汽车。挂车有全挂车和半挂车之分。全挂车相当于一个完全独立的车厢，所负荷载全部作用于挂车本身的轮轴，只不过是由牵引车拖着行驶而已。半挂车所负荷载只有一部分作用于挂车的轮轴，其余则通过连接装置作用于牵引车的轮轴上。将牵引车和挂车两部分组合在一起，通过连接机构把二者连接成为汽车列车，这种拖挂运输是提高运输生产率的有效手段。

（三）智能网联货车与新能源货车

在数字化、智能化、绿色化发展的浪潮下，公路货运装备正经历深刻变革。智能网联货车和新能源货车代表了未来发展方向，其核心在于深度融合了大数据与人工智能技术，显著提升运输效率、安全性、环保性和运营管理水平。

1.智能网联货车

智能网联货车是指搭载先进的车载传感器、控制器、执行器，并融合现代通信与网络技术，实现车内外信息共享、复杂环境感知、智能决策、协同控制等功能的新一代货车。其智能化程度遵循自动驾驶分级（L0～L5），目前L2（部分自动化）和L3（有条件自动化）技术已在部分高端车型应用。

大数据与AI赋能的关键应用主要包括以下几个方面：

（1）环境感知与决策

AI算法实时处理来自多传感器的海量数据，精准识别道路、车辆、行人、交通标志等，为高级驾驶辅助系统提供支持，实现自适应巡航、车道保持辅助、自动紧急制动、盲区监测等功能，大幅提升行车安全。

（2）V2X技术协同与智能路径规划

通过车联万物（Vehicle-to-Everything，V2X）技术实时交换车辆状态、位置、意图以及路侧单元采集的交通灯状态、道路拥堵、事故等信息，形成更全面的路况大数据。结合云端AI路径规划引擎，为车辆动态规划最优行驶路径，避开拥堵和危险路段，提升效率和可靠性。

（3）预测性维护

传感器持续采集车辆关键部件的运行状态数据。AI模型分析这些历史与实时大数据，预测潜在故障风险，提前预警并推荐维护计划，减少突发故障导致的停运和维修成本，提升车辆完好率和运营稳定性。

（4）车队协同管理

在车队运营中，基于车对车（Vehicle-to-Vehicle，V2V）通信技术和云端AI调度，可实现编队行驶。后车紧跟前车自动行驶，减少风阻，显著降低燃油/电能消耗，提升道路通行能力。AI系统可动态优化车队内车辆的间距和速度。

2.新能源货车

新能源货车主要指采用电力驱动或燃料电池驱动的货车，替代传统燃油车，以实现低碳/零碳排放和降低运营成本。

大数据与AI赋能的关键应用主要包括以下几个方面：

（1）智能电池管理与续航优化

① 状态监控与健康度评估：实时采集电池电压、电流、温度、内阻等数据，AI模型分析电池健康状态和剩余电量，精确预估剩余续航里程，消除“里程焦虑”。

② 充电策略优化：结合目的地、沿途充电桩位置、状态、电价、预计到达时间等大数据，AI为司机推荐最优充电地点和时间策略，平衡充电速度、成本和等待时间。

③ 驾驶行为与能耗分析：AI分析司机的驾驶行为数据及其对能耗的影响，提供个性化驾驶建议或自动调整动力输出模式，最大化续航里程。

（2）智能温度管理系统

对于电动冷藏车，AI算法根据货物温控要求、外部环境温度、电池状态等数据，动态优化制冷系统的功率分配和运行策略，在确保货物品质的同时，最大限度减少制冷对电池续航的影响。

（3）智能换电与能源网络优化

运营商通过分析车辆运行数据和换电站使用数据，利用AI优化换电站的布局规划和电池储备调度，提升换电网络的效率和覆盖率，解决补能瓶颈。

（4）碳足迹精准核算

基于车辆行驶里程、能耗数据，结合电网排放因子或氢气来源信息，AI可自动计算并报告每次运输的精确碳排放量，为企业碳管理和绿色供应链建设提供数据支撑。

## 二、认识公路货运包装与标志

### （一）运输包装

微课 2-2

认识公路货运包装与标志

运输包装是为了降低货物运输过程中对产品造成的损坏，保障产品的安全，方便储运装卸，加速交接点验，以运输储运为主要目的的包装，又称为外包装。运输包装主要作用在于保护商品，防止在储运过程中发生货损货差，并最大限度地避免运输途中各种外界条件对商品可能产生的影响，方便检验、计数和分拨。货物的运输包装按照包装形式和包装材料可分为以下几种：

1. 箱状包装。这是一种六面体形状的包装，由天然模板、胶合板或瓦楞纸板等材料构成。箱状包装是一种常用的包装形式。其中，木板箱较为坚实，适用于包装各种较重的货物；纸板箱坚实程度较差，适用于包装较轻的货物（如图2-10所示）。

图2-10　箱状包装

2. 捆包状包装。这是一种直接贴附在货物外表的包装，通常使用棉、麻等织物作为包装材料，需要加以捆扎，它适用于纤维及其织品的包装，可以防止包装内货物松散或沾染污物（如图2-11所示）。

图2-11　捆包状包装

3.袋状包装。这种包装可由多层牛皮纸、麻织物、布料、塑料、化纤织料和人造革等材料组成。袋状包装的适用范围很广泛，可用于盛装粉状、结晶状和颗粒状的货物。不同材料的包装袋均应满足防止货物洒漏的要求，同时要具有不同程度的防湿能力和坚韧程度（如图2-12所示）。

图2-12　袋状包装

4.桶状包装。这是一种圆柱形密封式包装，有钢制桶、胶合板桶、纸板桶、塑料桶和鼓形木桶等，适用于装载块状或粉状固体、糊状固体、液体以及浸泡于液体中的固体物质（如图2-13所示）。

图2-13　桶状包装

5.裸状包装。通常将不加包装而成件的货物称为裸状货物，但实际上相当数量的裸状货物须进行简单的捆扎（如图2-14所示）。

图2-14 裸状包装

（二）运输标志

运输标志是指贴在货物或运输包装表面，记载一定含义的图形、文字和数字。其主要作用是在储运过程中识别和区分货物，说明装运的作业要求和合理的操作方法，保护货物完整和人身及运输工具的安全。按照标志所起的作用可分为识别标志、重量体积标志、指示标志、警告标志和原产地标志。

1.识别标志。它包括主标志、副标志、件号标志和目的地标志，用于运输过程中辨认同批货物。

2.重量体积标志。这种标志在运输包装上标明包装的体积和毛重，以方便储运过程中安排装卸作业和舱位。

3.指示性标志。它也称保护标志，是指根据商品的特性，针对一些容易破碎、残损、变质的商品，在搬运装卸操作和存放保管条件方面所提出的要求和注意事项，用图形或文字表示的标志，如图2-15所示。

图2-15 指示性标志

4. 警告标志。它又称危险品标志，是指放置在易爆炸品、易燃物品、易腐蚀物品、氧化剂和放射物质等危险货物的运输包装上，用图形或文字表示各种危险品的标志，旨在警告有关装卸、运输和保管人员按货物特性采取相应的措施，以保障人身和物资的安全（如图2-16所示）。

图2-16　警告标志

5. 原产地标志。一般在商品的内外包装上均注明产地，作为商品说明的一个重要内容，以便海关统计和征税。

## 【任务实施】

全班每5~6人为一组，设1名组长，由组长带领本组同学担任小李的角色，按下述步骤为客户选择适合的运输设备。

步骤一：了解公路货物运输设备

请用表格的形式，总结各类载货车辆的特点及适用范围。

步骤二：熟悉货物储运包装的标志

请扮演小李的角色，说明以下运输标志所代表的内容。

步骤三：了解车辆发展的新趋势

请说明智能网联和新能源在哪些方面为车辆进行了智慧赋能。

步骤四：任务实施完成

## 【任务测评】

### 一、选择题

任务测评 2-1

1.公路运输主要承担的货运是（　　）。

A.远距离、大批量　　B.近距离、大批量

C.近距离、小批量　　D.远距离、小批量

2.下列不是公路运输特点的是（　　）。

A.运输的量较小，运输成本较高　　B.运行持续性较差

C.掌握车辆的驾驶技术较容易　　D.在长途运输中，运送速度较快

3.根据技术等级划分，公路可以分为（　　）。

A.高速公路　　B.一级公路

C.二级公路　　D.四级公路

4.相对于其他运输方式，公路运输的最大特点是（　　）。

A.速度快　　B.成本低

C.货损率低　　　　　　　　　　　　D.门到门服务

## 二、判断题

1.公路运输的费用最低，是除水运外最廉价的运输方式。（　）

2.公路运输的路网最密，因此公路运输最具普遍性。（　）

3.公路运输中车辆的承载能力有限，单车运送能力偏低。（　）

4.公路运输最为便捷，能更好地实现“门到门”服务。（　）

# 任务二　组织公路整车货运

## 【任务描述】

2025年5月5日，上海锦顺电器有限公司（以下简称“锦顺电器”）委托鹤都货运，要求托运200台立式空调（型号：WR9283B029K），发货地为上海静安**街道3号上海锦顺电器有限公司，托运人为张一，联系电话：18800000000；卸货地为广东省佛山市顺德区**路15号广州得力贸易有限公司，收货人为赵二，联系电话：17700000000。空调为纸箱包装，外包装尺寸为：900mm×750mm×330mm，毛重20kg/台。该票货物采用登门受理托运的方式，运费预付且不购买保险，到站后收货人自提。

经理告诉小李，这票货物应符合整车运输条件，应按公路整车进行运输。那么，小李应如何组织该票货物的运输呢？

## 【任务解析】

本任务主要学习公路整车货物运输的组织形式、公路整车运输费用的计算，能够根据客户的具体货运要求，完成公路整车货物运输的具体组织工作。

## 【知识链接】

公路货物运输按照单次货物运输计费重量的大小，分为整车货物运输与零担货物运输。整车货物运输是指托运人一次托运的货物在3吨（含3吨）以上，或虽不足3吨，但其性质、体积、形状需要一辆3吨及以上汽车运输的运输业务，也称整批货物运输。

一般而言，整车货物运输对于运输货物没有明确的要求，只要能满足单次计费重量达到3吨的货物，均可以进行整车货物运输。然而，一些特殊物品或者特殊情况下的货物运输必须采取整车运输组织方式。以下的货物必须按整车运输：

1.鲜活货物，如冻肉，鲜鱼，活的牛、羊、猪、兔、蜜蜂等；

2.需要专车运输的货物，如石油、烧碱等危险货物，粮食、粉剂的散装货等；

3.不能与其他货物拼装运输的危险品；

4.易于污染其他货物的不洁货物，如炭黑、皮毛、湿毛皮等；

5.不易于计数的散装货物，如煤、焦炭、矿石、矿砂等。

整车货物运输具有如下特点：

1.一车货物一张货票，并且只有一个发货人；

2.整车货物多点装卸，按全程合计最大载重量计重，当最大载重量不足车辆额定载重量时，按车辆额定载重量计重；

3.托运整车货物一般由托运人自行装车，未装满货物车辆额定标记载重量，按车辆额定载重量核收运费；

4.一般不需要中间环节或中间环节很少，送达时间短，相应的货运集散成本较低，主要涉及城市间或过境贸易的长途运输与集散。

微课 2-3

了解整车货物运输的组织形式

## 一、了解整车货物运输的组织形式

### （一）多（或双）班运输

多（或双）班运输是指在昼夜时间内的车辆工作超时一个班以上的货运形式。组织双班运输的基本方法是每辆汽车配备两名左右的驾驶员，分日、夜两班轮流驾驶。它也是提高车辆生产率的有效措施之一，但要注意安排好驾驶员的劳动、休息和学习时间，同时也考虑到定车、定人和车辆保修安排。在组织双班运输时，由于夜班比日班条件差，因此，除了工作时间长短不同外，在安排日夜班的运行作业计划时，一般应遵循以下原则：难运的安排在日班，好运的安排在夜班。为了开展多班运输，还应特别注意组织好货源，并与收发单位搞好协作关系，创造良好的现场装卸条件，修整现场道路，安排照明设备等，以保证顺利地开展多班运输。

（二）定点运输

定点运输是指按发货点固定车队、专门完成固定货运任务的运输组织形式。在组织定点运输时，除了根据任务固定车队外，还实行装卸工人、设备固定和调度员固定在该点进行调度等工作。实行定点运输，可以加速车辆周转、提高运输和装卸工作效率、提高服务质量，并有利于行车安全和节能。定点运输组织形式，既适用于装卸地点比较固定集中的货运任务，也适用于装货地点集中而卸货地点分散的固定性货运任务。

（三）定时运输

定时运输是指运输车辆按运行作业计划中所拟定的行车时刻表来进行工作。在汽车行车时刻表中规定：汽车从车场开出的时间、每个运次到达和开出装卸地点的时间及装卸工作时间等。由于车辆按预先拟定好的时刻表进行工作，也就加强了各环节工作的计划性，提高了工作效率。要组织定时运输，必须做到各项定额的制定和查定工作，包括车辆出车前的准备工作时间定额，车辆在不同运输路线上重载（空载）行驶时间定额，以及不同货种的装、卸工作时间定额等。同时还应合理确定驾驶员的休息和用餐等生活时间，加强货源调查和组织工作，加强车辆调度和日常工作管理以及装卸工作组织等。

（四）甩挂运输

甩挂运输是指利用汽车列车甩挂挂车的方法，以减少车辆装卸停歇时间的一种运输形式。在相同的运输组织条件下，汽车运输生产效率的提高取决于汽车的载重量、平均技术速度和装卸停歇时间三个主要因素。实行汽车运输列车化，可以相应提高车辆每运次的载重量，从而显著提高运输生产效率。采用甩挂运输时，需要在装卸货现场配备足够数量的周转挂车，在汽车列车运行期间，装卸工人预先装（卸）好甩下的挂车，列车到达装（卸）货地点后先甩下挂车，装卸人员集中力量装（卸）主车货物，主车装（卸）货完毕即挂上预先装（卸）完货物的挂车继续运行。采用这种组织方法，就使得整个汽车列车的装卸停歇时间减少为主车装卸停歇时间加甩挂时间。但需要注意周转挂车的装卸工作时间应小于汽车列车的运行时间间隔。甩挂运输应适合在装卸能力不足、运距较短、装卸时间占汽车列车运行时间比重较大的运输条件下采用，并根据运输条件的不同而组织不同形式的甩挂运输。

微课2-4

计算公路整车运输费用

## 二、计算整车运输费用

### （一）公路货物运输计价标准

1. 计费重量

（1）计量单位。

整批货物运输以吨为单位，吨以下计至100kg，尾数不足100kg的，四舍五入；集装箱运输以箱为单位。

（2）重量确定。

① 一般货物按毛重计算重量。整批货物以吨为单位，尾数不足100kg的，四舍五入。

② 轻泡货物（每立方米重量不足333千克的货物）的高度、长度、宽度，以不超过有关道路安全规定为限度，按车辆标记吨位计算重量，或按照1立方米折合333kg。

2. 计费里程

（1）里程单位：以千米为单位，尾数不足1千米的，进整为1千米。

（2）里程确定：货物运输的营运里程，按交通运输部和各省、自治区、直辖市交通行政主管部门核定、颁发的《营运里程图》执行。《营运里程图》未核定的里程由承、托双方共同测定或经协商按车辆实际运行里程计算。

3. 运价单位

（1）整批运输：元/吨·千米（元/t·km）。

（2）集装箱运输：元/箱·千米（元/（TEU·km））。

### （二）货物运价价目

1. 基本运价。整车货物基本运价指一吨整批普通货物在等级公路上运输的每吨千米运价。

2. 吨次费。对整车货物运输在计算运费的同时，按货物计费重量加收吨次费。

3. 普通货物运价。普通货物实行分等级计价，以一等货物为基础，二等货物加成15%，三等货物加成30%。

4.特种货物运价

（1）长大笨重货物运价。一级长大笨重货物在整批货物基本运价的基础上加成40%~60%；二级长大笨重货物在整批货物基本运价的基础上加成60%~80%。

（2）危险货物运价。一级危险货物在整批（零担）货物基本运价的基础上加成60%~80%；二级危险货物在整批（零担）货物基本运价的基础上加成40%~60%。

（3）贵重、鲜活货物运价。贵重、鲜活货物在整批（零担）货物基本运价的基础上加成40%~60%。

5.非等级公路货物运价

非等级公路货物运价在整批（零担）货物基本运价的基础上加成10%~20%。

（三）货物运输其他收费

1.调车费。应托运人要求，车辆调出所在地而产生的车辆往返空驶，应计收调车费。

2.延滞费。车辆按约定时间到达约定的装货或卸货地点，因托运人或收货人责任造成车辆和装卸延滞，应计收延滞费。

3.装货（箱）落空损失费。应托运人要求，车辆开至约定地点装货（箱）落空造成的往返空驶里程，按其运价的50%计收装货（箱）落空损失费。

4.道路阻塞停运费。汽车在进行货物运输过程中，如发生自然灾害等不可抗力造成的道路阻滞，无法完成全程运输，需要就近卸存、接运时，卸存、接运费用由托运人负担。

5.车辆处置费。应托运人要求，运输特种货物、使用非标准箱等需要对车辆进行改装、拆卸和清理所发生的工料费用，称为车辆处置费。车辆处置费由托运人负担。

6.车辆通行费。除合同另有约定外，货物运输产生的过渡、过路、过桥、过隧道等法定通行费由托运人承担，承运人应提供有效凭证据实代收代付。绿色通道等政策性减免情形除外。

7.运输变更手续费。托运人要求取消或变更货物托运手续，应对其收取变更手续费。

8.装卸费。由托运人承担。

装卸费=装卸费率×毛重×装卸次数

9.保价费。选择保价运输的，按不超过货物保价金额的7‰（多数物流公司按3‰~5‰）收取保价费，若在运输过程中出现意外，承运方按照货物保价金额赔偿托运方。

（四）整车货物运费计算

1. 整车货物运费按货物运价价目计算。

2. 计算公式。

整车货物运输费用（元）=整批货物运价（元/（t·km））×计费重量（t）×计费里程（km）+吨次费（元/t）×计费重量（t）+货物运输其他费用（元）。

3. 运费以元为单位。运费尾数不足1元时，四舍五入。

【例1】某货主托运一批瓷砖，重4 538kg，一级普货费率为1.2元/（t·km），吨次费为16元/吨，该批货物运输距离为30km，瓷砖为普货三级，计价加成30%，途中通行费35元，计算货主应支付运杂费多少元？

【解】

（1）确定计费重量：瓷砖重4 538kg，超过了3t，按整车货物运输办理

计费重量4 538kg≈4.5t

（2）确定运价：瓷砖为普货三级，计价加成30%，则运价=1.2×（1+30%）=1.56元/（t·km）

（3）计费里程：30km

（4）运费=整批货物运价（元/（t·km））×计费重量（t）×计费里程（km）+吨次费（元/t）×计费重量（t）+货物运输其他费用（元）

$$1.56\times4.5\times30+16\times4.5+35=317.6\approx318\text{（元）}$$

微课2-5

组织公路整车货物运输

## 三、整车货物运输的组织

（一）整车货物运输的作业流程图（如图2-17所示）

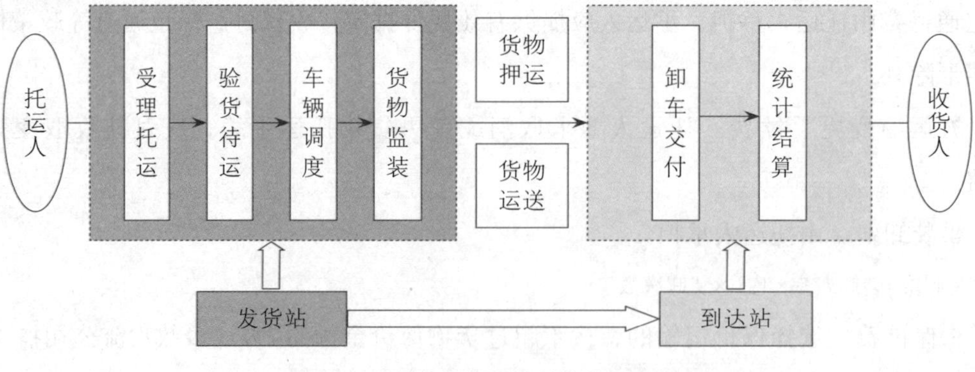


图2-17 整车货物运输的作业流程图

（二）整车货物运输的具体作业流程

1.受理托运货物

（1）登门受理。由运输部门派人员去客户单位办理承托手续。

（2）到产地受理。在农产品上市时节，运输部门到产地联系运输事宜。

（3）现场受理。在省、市、地区召开物资订货、展销、交流会议期间，运输部门在会场设立临时托运或服务点，现场办理托运。

（4）驻点受理。对生产量大、货物集中，对外供应，以及货物集散的车站码头、港口、矿山、油田、基建工地等单位，运输部门可设点或巡回办理托运。

（5）异地受理。企业单位在外地的整车货物，运输部门根据具体情况，可向本地运输部门办理托运、要车等手续。

（6）电话、传真、信函、上网等方式托运。经运输部门认可，本地或外地的货主单位可用电话、传真、信函、上网等方式托运，由运输部门的业务人员受理登记、代填托运单。

（7）签订运输合同。根据承托双方的运输合同或协议，办理货物运输。

（8）站点受理。货物托运单位派人直接到运输部门办理托运。

2.填写托运单

货物托运单是托运人向运输单位提出运输要求，同时说明货物内容、运输条件和其他约定事项的一种原始凭证。货物托运单一般由承运方按照统一制式进行印刷，由申请运输的托运方填写。

托运单是发货人托运货物的原始依据，也是车站承运货物的原始凭证。单据规定了承托双方在货物运输过程中的权利、义务和责任。货物托运单载有托运货物的名称、规格、件数、包装、质量、体积，货物保险价和声明价值，发货人姓名和地址，货物装卸地点，以及承托双方有关货运的事项等。车站接到发货人提出的货物托运单后，应进行认真审查，确认无误后办理登记。

货物托运单由各运输企业分别印制，虽然其外在表现形式上各不相同，但其包含的主体内容是一致的。货物托运单样表见表2-2。

表2-2　　货物托运单样表

****货运有限公司货物托运单**

托运日期：　　年　　月　　日　　起运站：　　到达站：　　№

| 收货单位 | | | | | 联系人 | | | |
|---|---|---|---|---|---|---|---|---|
| 详细地址 | | | | | 电话/手机 | | | |
| 货物名称 | 件数 | 包装 | 重量 | 体积 | 保险金额 | 保险费 | 运费 | 合计 |
| | | | | | | | | |
| | | | | | | | | |
| | | | | | | | | |
| 总运费金额 | 万　　仟　　佰　　拾元整　　¥： | | | | | | | |
| 付款方式 | 预付：　　到 付：　　回 结： | | | | 送货方式 | 送货（　　）自提（　　） | | |
| 备　注 | | | | | | | | |
| 运输协议 | 1.请托运方认真阅读以下运输协议，在您签字后说明您已无异议。<br>2.托运人应如实申报货物名称和重量，不得夹带易燃、易爆、剧毒等违禁物品，否则所引起的一切后果由托运方全部负责。<br>3.承运方不开箱验货，交接货物时以外包装完好为准，在外包装完好的情况下内包装缺损和丢失与承运方无关。<br>4.收货人收货时应对货物认真清点验收，如发现货物丢失、损坏（不可抗力除外）应当场进行索赔，收货人在收到货物签收后，货损、丢失承运方概不负责。<br>5.托运人或收货人不按时支付运杂费，承运方有权拒运或留置其货物。若一个月后仍不提货，按无主货物处理。<br>6.托运人需变更到货地点或收货人，应在货物未运达目的地之前书面通知承运方，并承担由此增加的费用。<br>7.托运人对所托运货物必须参加保险，如不参加保险，承运方在运输中若发生重大货损，其最高赔偿额按照运费的3倍理赔 | | | | | | | | |
| 托运单位<br>联系电话<br>托运方签章 | | | | | 承运人签章 | | | |

第一联存根（白）　第二联客户（黄）　第三联跟车（蓝）

整车货物的托运单一般由托运人填写，也可委托他人填写，并应在托运单上加盖与托运人名称相符的印章。托运单的填写应做到：

（1）内容准确完整，字迹清楚，不得涂改。

（2）托运人、收货人的姓名、地址填写完整，并详细说明起运地、到达地所属行政区。

（3）货物名称、包装、件数、体积、重量填写齐全。

公路运输部门在收到由货物托运人填写的托运单后，应对托运单内容进行审查和认定，主要有以下几项：

（1）审核货物的详细情况（名称、体积、重量、运输要求），以及根据具体情况确定是否受理。

通常下列情况运输部门不予受理：①法律禁止流通的物品，或各级政府部门明令不予运输的物品；②属于国家统管的货物，或经各级政府部门列入管理的货物，必须取得准运证明方可出运；③不符合《危险货物运输规则》的危险货物；④托运人未取得卫生检疫合格证明的动、植物；⑤托运人未取得主管部门准运证明的属规定的超长、超高、超宽货物；⑥必须由货物托运人押送、随车照料，而托运人未能做到的货物；⑦由于特殊原因，以致公路无法承担此项运输的货物。

（2）检验有关运输凭证，货物托运应根据有关规定向公路运输部门提交准许出口、外运、调拨、分配等相关证明文件，或随货同行的有关票证单据，一般分为：①根据各级政府法令规定必须提交的证明文件；②货物托运人委托承运部门代为提取货物的证明或凭据；③有关运输该批（车）货物的质量、数量、规格的单据；④其他有关凭证，如动、植物检疫证，超限运输许可证，禁通路线的特许通行证、关税单证等。

（3）审批有无特殊运输要求，如运输期限、押运人数或承托双方议定的有关事项。

3.准备运输车辆

（1）选择合适的车辆。我国现有的货运车辆以厢式车、平板车和罐车为主，分别适合不同货物的装载。汽车运输企业应选择额定载重量与托运量相适应的车辆装运整车货物。整车货物的形式选择主要取决于车辆的大小，也就是车辆的装载能力。运输企业可根据需要整车运输的货物数量来选择合适的车辆。

（2）对车辆进行全方位检查。货运车辆在行驶时，发动机、轮胎、制动系统及其他部件都在高负荷条件下工作，燃料消耗也显著增加，尤其是在进入高速公路前未认真检查和维护车辆，途中发生故障的可能性比一般道路上要大得多。何况在高速公路上发生机械类故障是非常危险的，极可能诱发重大交通事故，所以在货运车辆行驶前，相关人员要做全面的检查，检查轮胎磨损情况、轮胎气压、蓄电池液面高度、制动性能、燃料是否充足等。

4.选择运输线路

根据托运人要求送达的目的地，运输企业应提前设计合理的行驶路线，尽力做到合理化运输。整车运输是从出发地到目的地的直达运输，线路的设计相对简单，但要注意沿途的路况、桥梁、隧道对车辆通行能力的限制，以及临时限行的道路信息，提前绕道行驶。

5.核收运费，签发货票

有关货物运输的计费里程和运杂费，由货物受理人员在审核货物托运单的内容后确定。发货人办理货物托运时，应按规定向车站缴纳运杂费，并领取承运凭证——货票（见表2-3）。

表2-3 货票样表

××省汽车运输货票 No.

托运人： 车属单位： 自编号： 牌照号：

<table>
<tr><td colspan="2">装货地点</td><td colspan="5"></td><td>发货人</td><td></td><td>地址</td><td></td><td>电话</td><td></td></tr>
<tr><td colspan="2">卸货地点</td><td colspan="5"></td><td>收货人</td><td></td><td>地址</td><td></td><td>电话</td><td></td></tr>
<tr><td colspan="2">运单或货签号码</td><td></td><td>计费里程</td><td colspan="3"></td><td>付款人</td><td></td><td>地址</td><td></td><td>电话</td><td></td></tr>
<tr><td rowspan="2">运费金额</td><td rowspan="2">包装形式</td><td rowspan="2">件数</td><td rowspan="2">实际重量（吨）</td><td colspan="2">计费运输量</td><td colspan="3">吨·千米运价</td><td rowspan="2">运费金额</td><td colspan="2">其他费用</td><td rowspan="2">运杂费小计</td></tr>
<tr><td>吨</td><td>吨·千米</td><td>货物等级</td><td>道路等级</td><td>运价率</td><td>收费项目</td><td>金额</td></tr>
<tr><td></td><td></td><td></td><td></td><td></td><td></td><td></td><td></td><td></td><td></td><td>装卸费</td><td></td><td></td></tr>
<tr><td></td><td></td><td></td><td></td><td></td><td></td><td></td><td></td><td></td><td></td><td></td><td></td><td></td></tr>
<tr><td></td><td></td><td></td><td></td><td></td><td></td><td></td><td></td><td></td><td></td><td></td><td></td><td></td></tr>
<tr><td colspan="13">运杂费合计金额（大写）： ¥</td></tr>
<tr><td colspan="2">备注</td><td colspan="5"></td><td colspan="3">收货人签收盖章</td><td colspan="3"></td></tr>
</table>

货票是一种财务性质的票据，是根据货物托运单填记的。在发货站，它是向发货人核收运费的收费依据；在到达站，它是与收货人办理货物交付的凭证之一。

此外，货票也是企业统计完成货运量、核算营运收入及计算有关货运工作指标的原始凭证。始发站在货物托运单和货票上加盖承运章日期戳之时起即算承运，承运标志着企业对发货人托运的货物开始承担运送义务和责任。

6.核实理货

整车货物的核实一般有受理前的核实和起运前的验货。受理前的核实是在货主提出托运计划并填写货物托运单后，运输部门派人会同货主进行，核实的主要内容有：

（1）托运单所列的货物是否已处于待运状态。

（2）装运的货物数量、发运日期有无变更。

（3）连续运输的货源有无保证。

（4）货物包装是否符合运输要求，危险货物的包装是否符合《危险货物运输规则》的规定。

（5）确定货物体积、重量的换算标准及其交货方式。

（6）装卸场地的机械设备通行能力。

（7）运输道路的桥涵、沟渠、电缆、架空电线等详细情况。

起运前的验货主要包括：

（1）承托双方共同验货。

（2）落实货源、货流。

（3）落实装卸、搬运设备。

（4）核实货物是否满足承运方的受理标准（如特殊货物需提前申报）。

（5）确定装车时间。

（6）通知发货、收货单位做好过磅、分垛、装卸等准备工作。

7.装载

在货物装车前，监装人员应注意并检查货物包装有无破损、渗漏、污染等引起的货损，如有则应在随车同行的单证上加盖印章（如“破损”“渗漏”章）或作批注，以明确其责任。

（1）装载工具的准备

整车货物的装载工具有叉车、托盘等。

（2）装载的注意事项

① 整车运输装载货物应注意码放货物，货物质量不超过车辆核定的装载质量，也就是不能超过行驶证上标注的允许装载的质量。

② 货物的长度和宽度不可超出车厢。货物高度规定分两种情况：一是重型、中型货车和半挂车载物，从地面起不超过4米，载运集装箱的车辆不超过4.2米；二是除第一种情况以外的其他货车载物，从地面起不超过2.5米。

③ 装载货物不得遗洒、飘散。

④ 载货汽车车厢不得载客。在城市道路上，货运机动车在留有安全位置的情况下，车厢内可以附载临时作业人员1~5人；载物高度超过车厢栏板时，货物上不得载人。

⑤ 装车完毕后，应清查货物，检查有无错装、漏装，并与发货人员核对实际装车的件数，确认无误后，办理交接签收手续。

8. 卸货交付

货物监卸人员在接到卸货预报后，应立即了解卸货地点、货位、行车道路、卸车机械等情况。在车辆到达卸货地点后，应会同收货人员、驾驶员、卸车人员检查车辆装载有无异常，一旦发现异常，则应在作出卸车记录后再开始卸车。

卸货时应根据运单及货票所列的项目与收货人点件或监秤记码交接。如发现货损、货差，则应按有关规定编制记录并申报处理。收货人可在记录或货票上签署意见但无权拒收货物。交货完毕后，应由收货人在货票及收货回单联上签字盖章，公路承运人的责任即告终止。

9. 运输变更

整车货物的运输变更通常是货物托运人或收货人就运输中的货物因特殊原因而对运输提出的变更要求，主要有：

（1）取消运输要求，即货物已申请托运，但尚未装车。

（2）停止装运，即已开始装车或正在装车，但尚未起运。

（3）中途停运，即货物未运抵目的地前，承运人能够通过合理方式（如车辆未驶离中途站、未完成中转作业等）及时执行停运指令。

（4）运回起运站，即货物已运抵到站，收货人提货之前收回。

（5）变更到达站，即在车辆运输所经过的站别范围内或在原运程内变更。

（6）变更收货人。

运输变更无论是整车或零担，均以一张货票记载的全部货物为限。

## 四、智能技术在公路整车运输组织中的应用

现代整车运输的组织已不再是单纯依靠人工经验，而是深度融合了以人工智能（AI）为核心的智能技术，显著提升了调度效率、路径优化水平、过程透明度和风险管理能力，主要体现在以下环节：

1.智能调度与动态路径优化

（1）AI驱动的智能匹配

系统基于AI算法，综合考虑货物属性、可用车型、车辆实时位置/状态、司机资质/工作时长、装货地/卸货地位置、客户时间窗要求、实时路况与天气预测等海量数据，瞬间完成最优车货匹配，即不再是人工“派活”，而是由系统自动推荐最佳承运车辆和司机。

（2）动态路径规划引擎

在车辆执行任务过程中，AI引擎持续接收实时交通大数据，结合历史路况模式，动态重新计算最优行驶路径。系统能预测未来路况变化，主动规避拥堵区域和风险时段，确保按时送达，并优化燃油/电能消耗。例如，为运输荔枝的冷藏车规划避开高温时段和拥堵路段的线路。

（3）多目标优化

AI算法能在满足核心约束的前提下，智能平衡成本最低、里程最短、油耗/电耗最小、安全风险最低、碳排放最少等多个目标。

2.智能配载与装载辅助

（1）3D智能装载算法

利用计算机视觉或输入货物尺寸数据，AI可进行三维装载优化仿真。算法考虑货物特性、车辆内部空间尺寸、重量平衡、装卸顺序等因素，生成最优的货物堆码方案和

装载示意图，最大化车厢容积利用率，减少空间浪费，保障运输安全。这对于不规则货物或多票拼车货物尤为重要。

（2）AR辅助装载

部分先进系统结合AR（增强现实）眼镜或车载平板，为装卸工人提供可视化的装载指引，叠加显示货物应放置的位置和顺序，降低操作难度，提高装载效率和准确性。

3.全程可视化监控与预测性干预

（1）IoT传感器与AI分析

通过GPS/北斗、温湿度传感器、门磁传感器、加速度计、摄像头等车载物联网（IoT）设备，实时采集车辆位置、行驶状态、车厢内环境、货物状态等数据。

（2）AI状态监控与异常预警

AI模型分析实时数据流，识别异常模式：

① 偏离预定路线/地理围栏预警。

② 冷藏车厢温度异常波动预警（可能影响荔枝鲜度），并自动调整温控设定参数或通知司机。

③ 针对急加速、急刹车、疲劳驾驶（结合视频分析）等危险行为进行实时报警。

④ 预测性货损风险：结合路况和驾驶行为数据，分析货物（尤其是易碎品）可能受损的风险等级并提前预警。

（3）精准ETA预测

基于车辆当前位置、速度、剩余路程、实时路况预测模型，AI提供动态更新的高精度预计到达时间（ETA），并自动通知收货人，提升客户体验。

4.智能风险管理与电子围栏

（1）风险区域预警

系统集成历史事故高发路段、治安复杂区域等数据，当车辆驶近时自动提醒驾驶员注意安全。

（2）电子围栏管理

在装货地、卸货地、休息区等关键位置设置电子围栏。车辆进入/离开时自动触发状态更新（如开始装货、完成卸货）或通知相关人员，减少人工确认环节，提高效率。

## 【任务实施】

全班每5~6人为一组，设1名组长，由组长带领本组同学担任小李的角色，按下述步骤为客户完成整车运输的组织与实施工作。

步骤一：申请及受理整车托运货物

该票货物详细托运信息见表2-4，请以托运人的身份填写托运单。

______________________________________________________________

______________________________________________________________

______________________________________________________________

表2-4　托运单

**货运有限公司货物托运单　No.

托运日期：　年　月　日　起运站：　　到达站：

| | | | | | | | | |
|---|---|---|---|---|---|---|---|---|
| 收货单位 | | | | | 联系人 | | | |
| 详细地址 | | | | | 电话/手机 | | | |
| 货物名称 | 件数 | 包装 | 重量 | 体积 | 保险金额 | 保险费 | 运费 | 合计 |
| | | | | | | | | |
| | | | | | | | | |
| | | | | | | | | |
| 总运费金额 | 万　仟　佰　拾元整 | | | | | ¥： | | |
| 付款方式 | 预付：　到付：　回结： | | | | 送货方式 | 送货（　）自提（　） | | |
| 备　注 | | | | | | | | |
| 运输协议 | 1.请托运方认真阅读以下运输协议，在您签字后说明您已无异议。<br>2.托运人应如实申报货物名称和重量，不得夹带易燃、易爆、剧毒等违禁物品，否则所引起的一切后果由托运方全部负责。<br>3.承运方不开箱验货，交接货物时以外包装完好为准，在外包装完好的情况下内包装缺损和丢失与承运方无关。<br>4.收货人收货时应对货物认真清点验收，如发现货物丢失、损坏（不可抗力除外）应当场提出索赔，收货人在收到货物签收后，货损、丢失承运方概不负责。<br>5.托运人或收货人不按时支付运杂费，承运方有权拒运或留置其货物。若一个月后仍不提货，按无主货物处理。<br>6.托运人需变更到货地点或收货人，应在货物未运达目的地之前书面通知承运方，并承担由此增加的费用。<br>7.托运人对所托运货物必须参加保险，如不参加保险，承运方在运输中若发生重大货损，其最高赔偿额按照运费的3倍理赔 | | | | | | | | |
| 托运单位<br>联系电话<br>托运方签章 | | | | | 承运人签章 | | | |

第一联存根（白）　第二联客户（黄）　第三联跟车（蓝）

步骤二：审核和认定托运单内容

托运单由鹤都货运的小李进行审核。

（1）审核货物的详细情况。

小李审核后，认为货物名称与实际货物相符，重量、件数、包装单物相符，属于________。对照不属于不予以受理的如下6条，所以接受承运：

① 法律禁止流通的物品（如毒品）或各级政府部门明令不予运输的物品；

② 属于国家统管的货物或经各级政府部门列入管理的货物，必须取得准运证明方可出运；

③ 禁运的危险货物；

④ 未取得卫生检疫合格证明的动、植物；

⑤ 未取得准运证明的超长、超高、超宽货物；

⑥ 需要有托运人押运而托运人不能押运的货物。

（2）检查有关运输凭证。不是超限运输，无须超限许可证；不是动、植物，无须动、植物检疫合格证。

（3）审核有无特殊要求：如运输期限、押运人数或托运方议定的有关事项。

步骤三：确定货物的运输里程和运杂费

（1）确定计费里程：经查全国主要城市间公路里程表，上海—广州的公路里程约1 500千米，双方经协商按1 500千米计算。

（2）确定整车货物运价。空调属于____等普通货物。

已知空调普货费率为0.5元/（t·km），则该整批货物运价为：____________________。

（3）确定计费重量。

货物单位体积重量（写明计算过程及单位）：

属于________（重/轻泡）货物。

计费重量（写明计算过程及单位）：

（4）确定吨次费：双方经协商参照以下规定执行：“运距超过235千米的，只按货物全部的里程单价乘计费里程计价，不计吨次费。”但是收取单程空驶损失费（整批货物纯运费的50%）。

（5）确定装卸费：装卸费=装卸费率×毛重×装卸次数。

已知装（卸）费率为8元/吨，托运人自装，卸车一次，则装卸费为（写明计算过程及单位）：________________________________________。

（6）整批货物运费=整批货物运价×计费里程×计费重量+吨次费×计费重量+货物运输其他费用=______________________________。

单程空驶损失费=________________。

运费核定后，小李开具包含各项费用的结算通知给托运人到财务处交费。同时领取承运凭证——________。请代小李填开货票给托运人（见表2-5）。

表2-5 货票

××省汽车运输货票 No.

托运人： 车属单位： 自编号： 牌照号：

<table>
<tr><td colspan="2">装货地点</td><td colspan="4"></td><td colspan="2">发货人</td><td></td><td>地址</td><td></td><td>电话</td><td></td></tr>
<tr><td colspan="2">卸货地点</td><td colspan="4"></td><td colspan="2">收货人</td><td></td><td>地址</td><td></td><td>电话</td><td></td></tr>
<tr><td colspan="2">运单或货签号码</td><td></td><td>计费里程</td><td colspan="2"></td><td colspan="2">付款人</td><td></td><td>地址</td><td></td><td>电话</td><td></td></tr>
<tr><td rowspan="2">运费金额</td><td rowspan="2">包装形式</td><td rowspan="2">件数</td><td rowspan="2">实际重量（吨）</td><td colspan="2">计费运输量</td><td colspan="3">吨·千米运价</td><td rowspan="2">运费金额</td><td colspan="2">其他费用</td><td rowspan="2">运杂费小计</td></tr>
<tr><td>吨</td><td>吨·千米</td><td>货物等级</td><td>道路等级</td><td>运价率</td><td>收费项目</td><td>金额</td></tr>
<tr><td></td><td></td><td></td><td></td><td></td><td></td><td></td><td></td><td></td><td></td><td>装卸费</td><td></td><td></td></tr>
<tr><td></td><td></td><td></td><td></td><td></td><td></td><td></td><td></td><td></td><td></td><td></td><td></td><td></td></tr>
<tr><td></td><td></td><td></td><td></td><td></td><td></td><td></td><td></td><td></td><td></td><td></td><td></td><td></td></tr>
<tr><td colspan="13">运杂费合计金额（大写）： ¥</td></tr>
<tr><td colspan="2">备注</td><td colspan="5"></td><td colspan="3">收货人签收盖章</td><td colspan="3"></td></tr>
</table>

步骤四：验货

主要检验以下几项：

（1）托运单上的________是否已处于待运状态；

（2）货物的________是否符合运输要求；

(3) 货物的________准确与否、发运日期有无变更;

(4) 装卸场地的__________是否完好。

步骤五:调度车辆

在收到出货信息后,由________安排适用车辆到出货地点装运货物。

步骤六:货物监装

车辆到达装货地点后,司机和接货人员会同托运人,对货物________、________和________等进行清点和核实,核对无误后进行________。

步骤七:货物运送

货物装车后,即可出发。驾驶人员应及时做好货运途中的行车检查,既要保持货物完好无损、无漏失,又要保持车辆运行状况完好。

在货物起运前后如遇特殊原因托运方或承运方需要变更运输时,应及时由承运和托运双方协商处理,填制____________,所发生的变更费用,按有关规定处理。

步骤八:货物押运

双方协商:本票货物不需要押运,但是有部分货物整车运输是需要押运的。

步骤九:运输结算与统计

运输结算,一是对运输单位外部,即对________进行运杂费结算,收取应收未收的运杂费。二是对运输单位内部,即对________完成运输任务应得的工资(包括基本工资与附加工资)收入进行定期结算。

运输统计,指对已完成的运输任务依据行车路单及运输货票进行有关运输工作指标统计,生成有关统计报表,供运输管理与决策使用。

步骤十:货物交付

货物交付时,鹤都货运与广州得力贸易有限公司应当做好交接工作,收货人应凭有效单证提货,无故拒提货物,应赔偿承运人因此造成的损失。发现货损货差,由________与________双方共同编制货运事故记录,交接双方在货运事故记录上签字确认。

步骤十一:新技术赋能的公路整车货运操作

使用公司的智能运输管理系统(TMS),输入货物信息、起讫点、严格时效要求后,系统自动匹配符合条件的车辆和司机,并生成基于实时路况和天气的最优动态路线。运输过程中,通过平台实时监控车辆位置、行驶状态,接收系统发出的任何异常预警,并及时干预。将系统提供的精准ETA同步给小李和收货方。

步骤十二：任务实施完成

## 【任务测评】

### 一、选择题

1.整车货运业务流程的第一步是（　　）。

A.受理托运　　B.调度车辆　　C.验货　　D.押运

任务测评 2-2

2.整车货运流程中，发货站的作业内容包括（　　）。

A.受理托运　　B.验货待运　　C.车辆调度　　D.货物监装

### 二、判断题

1.整车货物计费重量按毛重计算。（　　）

2.轻泡货物是指每立方米重量不足33.3千克的货物。（　　）

3.只有当托运方一次托运货物在3t及3t以上的货物采用公路运输，才是整车货物运输。（　　）

### 三、计算题

长沙某商贸公司托运一批饮料，重7.2t，一级普货费率为0.5元/（t·km），吨次费为16元/吨，该批货物运输距离为180km，饮料为普货三级，计价加成30%，途中通行费400元，计算货主应支付运杂费多少元？

### 四、综合题

2025年9月1日，无锡大宇体育用品公司（无锡市中山路26号，联系人：赵四，联系电话：13300000000）向无锡飞达物流公司（无锡市建业路18号）托运了一批篮球（普通二级货物，加成15%），要求从无锡运往上海。该批货物共200箱，每箱40千克，总重8吨，总体积25立方米，价值10万元。托运人采用保价运输（按3‰计收），根据要求，需要使用一辆10吨的敞车，由货主自行装车，承运人负责卸车（装卸费率7元/吨），卸车地点为上海市中华南路100号，并且经双方协定按照纯运费的50%收取返程空驶调车费。收货单位为上海开开体育商城（上海市人民路158号），收货联系人为刘三，联系电话：18800000000。总里程160千米，吨次费为5元/吨，基本运价率为0.35元/吨千米。采用运费预付的方式，到站收货人自提。

请为客户完成整车运输的组织与实施工作。

# 任务三　组织公路零担货运

## 【任务描述】

第一票整车货运业务完成后，小李准备完成上海锦顺电器有限公司（以下简称“锦顺电器”）委托鹤都货运完成的第二票货运业务。2025年5月5日，锦顺电器委托鹤都货运，要求托运10台滚筒洗衣机（型号：BM7402W358N），总价值为5万元，发货地为上海静安**街道3号上海锦顺电器有限公司，托运人为张一，联系电话：18800000000；卸货地为天津武清**道116号天津乐荣贸易有限公司，收货人为李四，联系电话：19900000000。洗衣机为纸箱包装，外包装尺寸为：510mm×595mm×850mm，毛重90kg/台。运费预付，保价运输（按3‰收取保价费），到站后要求送货上门。

经理告诉小李，这票货物应符合零担运输条件，应按公路零担进行运输。那么，小李应如何组织该票货物的运输呢？

## 【任务解析】

本任务主要学习公路零担货物运输的组织形式、公路零担货运费用的计算，能够根据客户的具体货运要求，完成公路零担货物运输的具体组织工作。

## 【知识链接】

公路零担货物运输，指的是托运人一次托运的货物不足3吨（不含3吨）的零担货物。按件托运的零担货物，单件体积一般不小于0.01立方米（单件重量超过10千克的除外），不大于1.5立方米；单件重量不超过200千克；货物长度、宽度、高度分别不超过3.5米、1.5米和1.3米。不符合这些要求的，不能按零担货物托运、承运。

零担货运的特点见表2-6。

表2-6　零担货运的特点

| 序号 | 特点 | 具体表现 |
| --- | --- | --- |
| 1 | 计划性差 | 货物流量、数量和流向具有一定的不确定性，多为随机发生，难以通过运输合同方式将其纳入计划管理范围 |
| 2 | 组织工作复杂 | 运输货物来源、货物种类繁杂，环节多，作业工序细致，设备条件多样化，对货物配载和装载要求较高 |
| 3 | 单位运输成本比较高 | 货运站要配备一定的仓库、货棚、站台，以及相应的装卸、搬运、堆置的机具和专用厢式车辆，零担货物周转环节多，更易于出现货损、货差，赔偿费用高 |
| 4 | 适应千家万户的需要 | 适应商品流通过程中种类繁多、小批量、多批次、价格较贵、时间紧迫、到站点分散的特点 |
| 5 | 运输安全、迅速、方便 | 承担一定行李、包裹的运输，零担班车一般都有固定的车厢，所装货物不至于受到日晒雨淋，一方面成为客运工作的有力支持者，另一方面也体现了安全、迅速、方便的优越性 |

微课2-6

了解零担货物运输的组织形式

## 一、了解零担货物运输的组织形式

按照零担车发送时间的不同，划分为固定式和非固定式两大类。

### （一）固定式零担货物运输的组织

固定式零担货物运输也称汽车零担货运班车，一般是以营运范围内零担货物流量、流向，以及货主的实际要求为基础组织运行。

运输车辆主要以厢式专用车为主，实行定车、定期、定线、定时运行（即“四定运输”），主要包括以下3种形式：

1.直达式。直达式是指在起运站将各个发货人托运到同一到达站且性质适宜配载的零担货物，同车装运后直接送达目的地，途中不发生装卸作业的一种运输组织形式（如图2-18所示）。

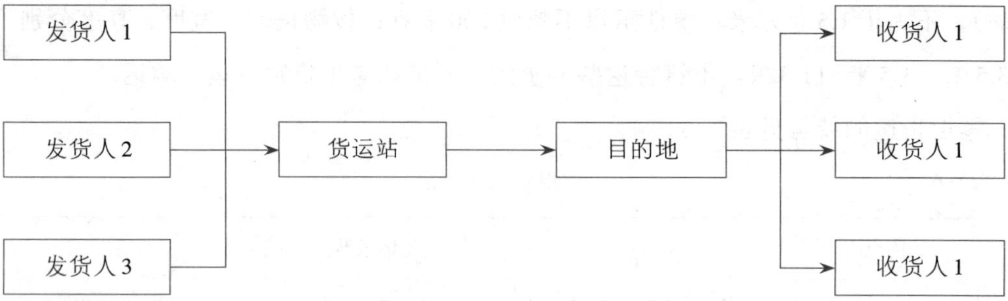


图2-18　直达式零担货运组织图

2.中转式。中转式是指在起运站将各个发货人托运的同一线路、不同到达站，且性质允许配载的各种零担货物，同车装运至规定中转站，卸后复装，重新组成新的零担班车运往目的地的一种运输组织形式（如图2-19所示）。

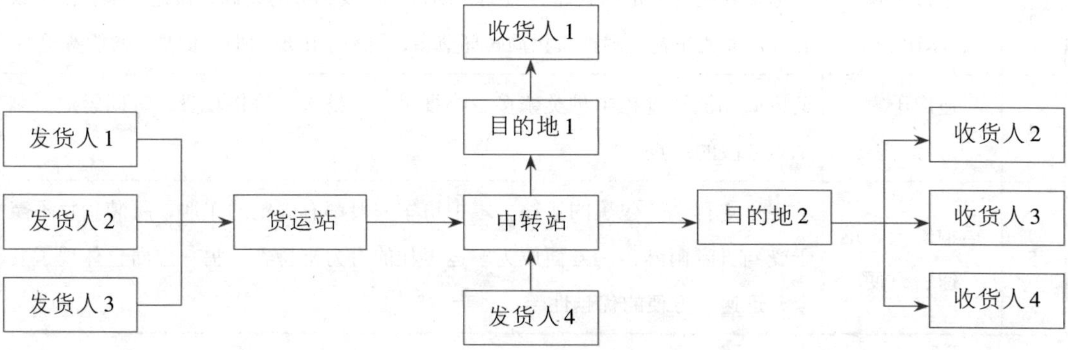


图2-19　中转式零担货运组织图

中转式和直达式是互为补充的两种不同的组织形式。直达式效果较好，但它受到货源数量、货流及行政区域的限制，而中转式可使那些运量较小、流向分散的货物通过中转及时运送，所以它是一种不可缺少的组织形式。但中转式耗费的人力、物力较多，作业环节也比较复杂。

3.沿途式。沿途式是指在起运站将各个发货人托运的同一线路不同到达站，且性质允许配装的各种零担货物，同车装运后，在沿途各计划停靠站卸下或装上零担货物再继续前进直至最后终点站的一种运输组织形式（如图2-20所示）。

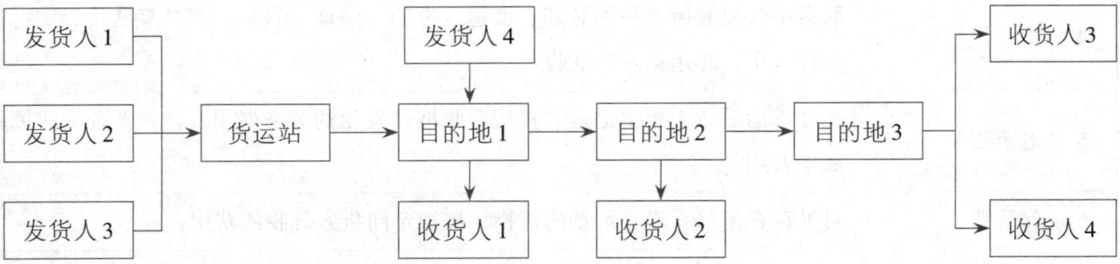


**图2-20　沿途式零担货运组织图**

（二）非固定式零担货物运输的组织

非固定式零担货物运输是指按照零担货流的具体情况，根据实际需要，随时开行零担货车的一种运输组织形式。这种运输组织形式由于缺少计划性，必将给运输部门和客户带来一定不便，因此只适宜于在季节性或在新辟零担货运线路上作为一项临时性的措施。

微课2-7

计算公路零担运输费用

## 二、计算零担货物运费

零担货物运输以千克为计费重量单位，以元/（kg·km）为运价单位。

一般来说，由于零担货物批量小，到站分散，货物种类繁多，因而在运输中承运方需要支出的成本费用要比整车运输多，所以同一品名的零担货物运价高于整车同等货物的运价。

零担货物运费计算公式为：

零担货物运价（元/kg·km）×计费重量（kg）×计费里程（km）+货物运输其他费用（元）

零担货运杂费项目见表2-7。

表2-7　**零担货运杂费项目表**

| 序号 | 项目 | 定义 |
| --- | --- | --- |
| 1 | 渡费 | 零担运输车辆如果需要过渡运行，过渡费由托运人承担，承运人/起运站可凭据代收代付 |
| 2 | 联运服务费 | 通过两种以上运输工具的联合运输以及跨省（市）的公路联运，核收联运服务费 |
| 3 | 标签费 | 仓库经营者根据客户需求提供货物加贴标签或者刷唛头服务，收取标签费或者刷唛头费 |

续表

| 序号 | 项目 | 定义 |
|---|---|---|
| 4 | 中转包干费 | 联运中转换装所产生的装卸、搬运、仓储、整理、包装、劳务等费用，实行全程包干，起运站一次征收 |
| 5 | 退票费 | 受理承运后货主要求退运，按规定收取已发生的劳务费用及消耗票证的印刷成本费用 |
| 6 | 保管费 | 对堆存在港口仓库、堆场的货物，按规定向货方计收的费用 |
| 7 | 快件费 | 应货主要求办理快件运输，收取快件费 |
| 8 | 保价（保险）费 | 对贵重物品实行收费标准按货物价值的百分比核收 |

【例 2】某商贸公司托运两箱毛绒玩具，总毛重185.3kg，每箱规格为1.0m×0.8m×0.8m，一级普货运价为0.0025元/（kg·km），毛绒玩具属于三等货物（加成30%），运距为120km，该公司需要支付多少运费？（零担货物起码计费质量为1kg，重量在1kg以上，尾数不足1kg的，四舍五入）

【解】

（1）确定计费重量：

货物185.3kg/（2×1.0m×0.8m×0.8m）<333kg/$m^3$，属于轻泡货物；

计费重量 2×1.0m×0.8m×0.8m×333=426.24≈426kg

（2）确定运价：

运价=0.0025×（1+30%）=0.00325元/（kg·km）

（3）确定运费：

微课 2-8

运费=426×0.00325×120=166.14≈166（元）

所以该公司需要支付运费166元。

组织公路零担货物运输

## 三、零担货物运输的组织

### （一）零担货物运输的作业流程图（如图2-21所示）

### （二）零担货物运输的具体作业流程

#### 1.受理托运

受理托运是指零担货物承运人依据相关法规、企业经营范围（线路、站点、运距

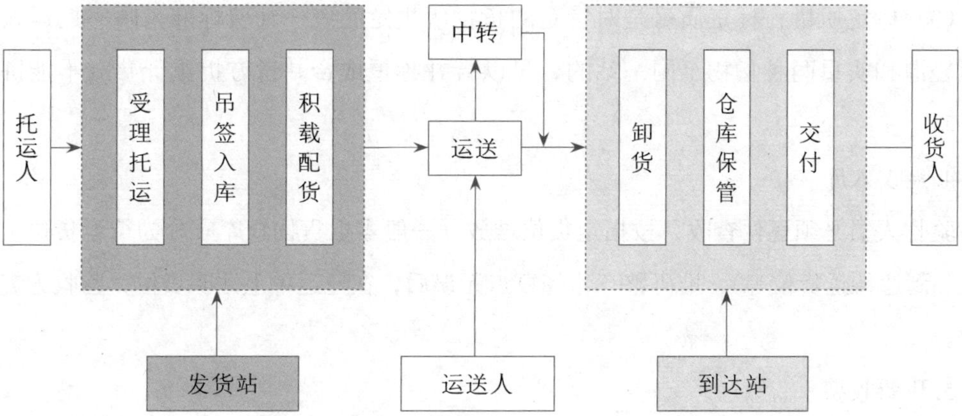


图2-21　零担货物运输的作业流程图

等）及货物特性（性质、包装、运输限制），通过审核托运申请、验视货物、签订运输合同等程序，决定是否接受托运并办理相关手续的行为。受理托运时，必须由托运人认真填写托运单，承运人审单无误并签章后方可承运。

受理零担货物托运的前提条件：

（1）符合零担货物条件。

（2）公布办理零担的线路、站点（包括联运、中转站点）、班期及里程运价。

（3）张贴托运须知、包装要求和限运规定。

2.托运单的填写与审核

零担货物托运单一式两份：一份起运站仓库存查；另一份开票后随货同行。凡货物到站在零担班车运行线路范围以内的，称为“直线零担”，可填写“零担货运托运单”；需通过中转换装的，称为“联运零担”，可填写“联运零担托运单”。

受理人员在收到托运单后，审核托运单填写内容与货物实际情况是否相符，检查包装，过磅量方，扣、贴标签和标志，填写零担运输货票。

3.过磅量方

货物质量分为实际质量、计费质量和标定质量。

（1）实际质量：根据货物过磅后（包括包装在内）的毛重来确定。

（2）计费质量：可分为不折算质量和折算质量。不折算质量就是货物的实际质量，折算质量的计算可参考相关规定。

（3）标定质量：标定质量是对特定的货物所规定的统一计费标准。同一托运人一次托运轻泡和实重两种货物至同一站的，可以合并称重或合并量方折重计费（不能拼装的例外）。

4.验收入库

验收人员必须逐件查收，按指定货位堆放（一般零担货物仓库应分为待运货位、集运货位、到达待运货位等），堆码整齐，经复点无误后，在托运单上注明货位，监收人签章后生效。

5.开票收费

（1）计算运费

（2）营收报解与营收审核

每日工作完毕，必须将当天开出货票核联中的营收进款累计数与所收现金、支票金额进行核对。

6.配载装车

装车前必须根据车辆的吨位、体积、货物性质和货物运送方向、中转、直达等，做好货物配载工作。配载的原则及注意事项见表2-8。

表2-8 **零担货物配载注意事项**

| 配载注意事项 | 配载原则 |
|---|---|
| （1）整理各种随货同行单据，包括提货联、随货联、托运单、零担货票及其他附送单据，将单据按中转、直达两种运输方式分类整理，并分别移交至对应环节 | （1）中转先行、急件先行、先托先运、合同先运 |
| （2）在组织中转时应考虑发运到中转次数最少的中转站进行中转，不得任意中转，更不能迂回中转 | （2）尽量采用直达运输方式，必须中转的货物，则应合理安排流向 |
| （3）凡中转货物一律不得分批运送 | （3）充分利用车辆的载货量和容积，严格执行货物混装限制规定 |
| （4）根据车辆核定吨位、车厢容积和起运货物的质量、理化性质、长度、大小、形状等，合理配载，编制货物交接单 | （4）加强预报中途各站的待运量，并尽量使同站装卸的货物在质量及体积上相适应 |

组织装车流程见表2-9。

表2-9　　零担货物组织装车流程表

| 序号 | 主要流程 | 注意事项 |
|---|---|---|
| 1 | 备货 | 接到“货物装车交接清单”后，应逐批核对货物台账、货位、货物品名、到站，点清件数，检查包装标志、票签 |
| 2 | 交代装车任务 | 货物装车前，仓库保管人员要将待装货物按货位、批量向承运车辆的随车理货员（驾驶员/装车工人）交代货物品名、件数、性能及具体装车次序、装载要求、防护要领、消防方法等 |
| 3 | 监装 | 零担货物配送员与随车理货员（或驾驶员）根据零担货物配送计划监装，并以随货同行的托运单及附件为凭证按批点交 |

完成上述工作后，即可按交接清单的顺序组织装车。

起运站与承运车辆，依“零担货物装车交接清单”办理交接手续，按交接清单有关栏目，在监装时逐批点交，逐批接货。交接完毕后，由随车理货员或驾驶员在交接清单上签收。交接清单应一站一单，以利于点收点交和运杂费结算。公路汽车零担货物及结算清单见表2-10。

表2-10　　公路汽车零担货物及结算清单样表

<table>
<tr><td>车属单位</td><td colspan="4"></td><td colspan="2">车号</td><td colspan="2"></td><td>吨位</td><td colspan="3"></td></tr>
<tr><td colspan="3">原始记录</td><td colspan="2">中转记录</td><td rowspan="2">票号</td><td rowspan="2">收货人</td><td rowspan="2">品名</td><td rowspan="2">包装</td><td colspan="4">承运路段</td></tr>
<tr><td>原票起站</td><td>到达站</td><td>里程</td><td>中转站</td><td>到达站</td><td>件数</td><td>里程</td><td>计费重量</td><td>运费</td></tr>
<tr><td></td><td></td><td></td><td></td><td></td><td></td><td></td><td></td><td></td><td></td><td></td><td></td><td></td></tr>
<tr><td></td><td></td><td></td><td></td><td></td><td></td><td></td><td></td><td></td><td></td><td></td><td></td><td></td></tr>
<tr><td></td><td></td><td></td><td></td><td></td><td></td><td></td><td></td><td></td><td></td><td></td><td></td><td></td></tr>
<tr><td>合计</td><td></td><td></td><td></td><td></td><td></td><td></td><td></td><td></td><td></td><td></td><td></td><td></td></tr>
<tr><td>附件</td><td colspan="4">零担货票：</td><td colspan="4">发票：</td><td colspan="4">证明：</td></tr>
<tr><td colspan="13">上述货物已于　月　日经点件验收完毕，随带附件收讫无误</td></tr>
<tr><td colspan="5">中转站：</td><td colspan="8">到达站：（盖章）　　年　月　日</td></tr>
<tr><td colspan="5">填发站：</td><td colspan="4">填单人：</td><td colspan="4">驾驶员签字：（盖章）</td></tr>
</table>

7.货物中转

对于需要中转的货物需以中转零担班车或沿途零担班车的形式运到规定的中转站进

行中转。中转作业主要是将来自各个方向的仍需继续运输的零担货物卸车后重新集结等待，以继续运至终点站。

零担货物的中转作业一般有三种方法，见表2-11。

表2-11　零担货物中转作业的基本方法

| 方法名称 | 含义 | 应用优点 | 应用缺点 |
| --- | --- | --- | --- |
| 落地法 | 将到达车辆上的全部零担货物卸下入库，按方向或到达站在货位上重新集结，再重新配送 | 这种方法简便易行，车辆载货量利用较好 | 装卸作业量大，作业速度慢，仓库和场地的占用面积也较大 |
| 坐车法 | 将到达车辆上运往前面同一个到站点，其中中转数量较多或卸车困难的那部分核心货物留在车上，将其余货物卸下后加装同一到站点的其他货物 | 这种方法其核心货物不用卸车，减少了装卸作业量，加快了中转作业速度，减少占用装卸劳动力和货位 | 对留在车上的核心货物的装卸情况和数量不易检查和清点，加装货物较多时也难免发生卸车和倒装等附加作业 |
| 过车法 | 当几辆零担车同时到站进行中转作业时，将车内部分中转货物由一辆车直接换装到另一辆车上。组织过车时，可以向空车上过，也可向留有核心货物的重车上过 | 这种方法在卸车作业的同时即完成了装车作业，减少了零担货物的装卸作业量，提高了作业效率，加快了中转速度 | 对到发车辆时间衔接要求较高，容易遭受意外因素的干扰 |

8.货物到达

（1）到站卸货

① 要认真办好承运车与车站的交接工作。班车到站时，车站货运人员应向随车理货员或驾驶员索阅货物交接清单以及随附的有关清单，两者要注意核对，如有不符，应在交接清单上注明不符情况。

② 要检查车门、车窗以及敞车的篷布覆盖、绳索捆扎有无松动、漏雨等情况，确认货物在运送过程中的状态和完整性，以便在发生货损货差时划清责任并防止误卸。

③ 发现货票不符时，按下列原则处理：有票无货，原票退回；流向错运，越站错运，原车带回；货物缺少，损坏以及有货无票，均不得拒收，应在交接清单上签注并做商务记录。有货无票的应确认货物到站，收货后签发收货清单，双方盖章，清单寄回起运站。

（2）到货通知

零担到货卸载验收完毕后，到达本站的货物，应记入“零担货物到货登记表”，并迅速以“到货布告”“到货通知单”形式或电话发出通知，催促收货人提货，同时将通知的方式和日期记入“零担货物到货登记表”备查。对合同运输单位的货物，应立即组织送货上门。

（3）收票交货

收票交货是零担货物运输的最后一道工序。货物交付完毕，收回货票提货联，公路汽车的责任运输才宣告结束。它包括内交付（随货同行交付）和外交付（现货交付）。为了防止误交，应注意以下几个方面：

① 不得白条提货、信用交付。提货时，收货人需在提货联上加盖公章或签字（与企业/个人名称一致），并出示有效身份证件（如身份证、营业执照等）方可提货。

②凭到货通知交付的，由收货人在到货通知单上加盖与收货人名称相同的印章并验看提货经办人有效身份证件，在货票提取联上签字交付。

③凭电话通知交付的，凭收货单位提货介绍信经车站认可后由提货经办人在货票提货联上签字交付。

④委托其他单位代提的，应有收货人盖有相同印章向车站提出的委托书，经车站认可后，由代提单位在货票提货联上签章交付。

零担货物交付时，提货人应在交付现场核对货物品名、件数、票签号码及外包装状态，逐件确认无误后签字接货。若货件较多，可分批清点，但需确保每批均记录清晰，避免集中后点交导致权责不清。

## 四、智能技术在公路零担运输组织中的应用

零担运输因其货源分散、货物多样、路线复杂的特点，更需要智能技术的赋能来实现高效、经济的运营。AI是解决零担“集、转、运、配”难题的核心：

1.智能分单与集货优化

（1）AI驱动的智能分单

系统自动识别新录入运单的货物属性，结合当前各线路的集货状态、车辆资源、成本模型，利用聚类算法和优化算法，瞬间判断该票货物应归入哪个流向的集货批次，实

现高效集货。

（2）动态集货路径规划

对于需要多个地点取货的零担运输，AI根据各票货物的位置、时间窗、重量、体积，以及车辆位置和容量，实时优化取货顺序和路线，最大程度减少车辆空驶和绕行，缩短集货时间。

2. 智能中转决策与路径规划

（1）AI中转枢纽优化

在庞大的零担网络中，AI分析历史货流大数据，优化分拨中心的布局和功能定位，确定最经济高效的中转路径。

（2）动态路径引擎

对于每一票需要中转的零担货物，AI基于实时网络状态、运输成本、时效要求，动态计算最优中转路径和衔接班次。当网络出现异常时，系统能快速自动调整路径，选择次优但可行的方案，保障货物顺畅流转。

3. 智能配载优化

（1）零担配载的核心挑战

零担配载的核心挑战是如何在有限车厢空间内高效、安全地装载多票目的地不同的货物，并方便沿途卸货。

（2）AI三维拼载算法

AI三维拼载算法是零担运输的“智慧大脑”。AI算法考虑：

① 所有待装货物的物理属性：长宽高、重量、形状、易碎性、是否为危险品等。

② 车辆的详细三维空间模型。

③ 货物装卸顺序。

④ 运输途中的稳定性要求。

⑤ 不同目的地货物的隔离要求。

⑥ 生成最优的货物堆码方案，可视化展示装载图，最大化车辆容积和载重利用率，减少货损，提高装卸效率。系统能处理数百票货物的复杂拼载问题，远超人工能力。

4.智能网点管理与到货配送

（1）网点智能分流

到达目的地区域的货物，AI根据最终配送地址、货物属性、可用配送资源（车辆、人员），自动分派到最合适的末端网点或直接规划最终配送路线。

（2）末端智能配送

在最后一公里配送中，AI同样应用于动态路径优化（考虑实时交通、收货人时间窗）、订单合并、配送员智能排班等，以提高配送效率和客户满意度。

（3）自助服务与智能通知

推广客户自助下单、查询电子运单、线上支付；系统基于ETA预测，自动向收货人发送货物状态更新和预计送达时间的通知。

5.全程追踪与异常管理

（1）与整车类似，利用IoT和AI实现货物从揽收到最终交付的全节点、全状态可视化追踪。

（2）AI分析运输各环节时效数据，预测可能发生的延误风险，并提前预警，便于主动干预。

（3）对货损索赔进行智能分析，识别高频损毁类型、环节和原因，辅助改进操作。

## 【任务实施】

全班每5~6人为一组，设1名组长，由组长带领本组同学担任小李的角色，按下述步骤为客户完成零担货物运输的组织与实施工作。

步骤一：申请零担托运货物

该票货物详细托运信息如下，请以托运人的身份填写托运单（见表2-12）。

表2-12 零担货物托运单

## **货运有限公司货物托运单

托运日期： 年 月 日 起运站： 到达站： No.

<table>
<tr><td>收货单位</td><td colspan="4"></td><td>联系人</td><td colspan="3"></td></tr>
<tr><td>详细地址</td><td colspan="4"></td><td>电话/手机</td><td colspan="3"></td></tr>
<tr><td>货物名称</td><td>件数</td><td>包装</td><td>重量</td><td>体积</td><td>保险金额</td><td>保险费</td><td>运费</td><td>合计</td></tr>
<tr><td></td><td></td><td></td><td></td><td></td><td></td><td></td><td></td><td></td></tr>
<tr><td></td><td></td><td></td><td></td><td></td><td></td><td></td><td></td><td></td></tr>
<tr><td></td><td></td><td></td><td></td><td></td><td></td><td></td><td></td><td></td></tr>
<tr><td>总运费金额</td><td colspan="8">万 仟 佰 拾 元整 ¥:</td></tr>
<tr><td>付款方式</td><td colspan="4">预付： 到付： 回结：</td><td>送货方式</td><td colspan="3">送货（ ）自提（ ）</td></tr>
<tr><td>备 注</td><td colspan="8"></td></tr>
<tr><td>运输协议</td><td colspan="8">1.请托运方认真阅读以下运输协议，在您签字后说明您已无异议。<br>2.托运人应如实申报货物名称和重量，不得夹带易燃、易爆、剧毒等违禁物品，否则所引起的一切后果由托运方全部负责。<br>3.承运方不开箱验货，交接货物时以外包装完好为准，在外包装完好的情况下内包装缺损和丢失与承运方无关。<br>4.收货人收货时应对货物认真清点验收，如发现货物丢失、损坏（不可抗力除外）应当场提出索赔，收货人在收到货物签收后，货损、丢失承运方概不负责。<br>5.托运人或收货人不按时支付运杂费，承运方有权拒运或留置其货物。若一个月后仍不提货，按无主货物处理。<br>6.托运人需变更到货地点或收货人，应在货物未运达目的地之前书面通知承运方，并承担由此增加的费用。<br>7.托运人对所托运货物必须参加保险，如不参加保险，承运方在运输中若发生重大货损，其最高赔偿额按照运费的3倍理赔</td></tr>
<tr><td>托运单位<br>联系电话<br>托运方签章</td><td colspan="4"></td><td>承运人签章</td><td colspan="3"></td></tr>
</table>

第一联存根（白） 第二联客户（黄） 第三联跟车（蓝）

步骤二：受理托运

根据日历承运制，托运人于5月5日将托运货物送至货运站。

小李根据鹤都货运营业范围内的线路、站点、距离、中转车站、各车站的装卸能力、货物性质及运输限制等业务规则和有关规定，接受该票零担货物的托运。

小李认真审核托运单，确认无误后，在运单上签章，表示接受托运。

步骤三：货物验收

小李认真核对运单和货物，检查________是否符合相关规定，有无破损、渗漏、污染等情况。验收无误后，与托运方共同在运单上签字确认。

步骤四：确定货物的运输里程和运杂费

1.确定计费里程：经查全国主要城市间公路里程表，无锡—南京的公路里程约1 100千米，双方经协商按1 100千米计算。

2.确定零担货物运价。滚筒洗衣机属于____级普通货物。

已知洗衣机普货费率为0.00075元/（kg·km），则该零担货物运价为：___________。

3.确定计费重量。

货物单位体积重量（写明计算过程及单位）：

属于________（重/轻泡）货物。

计费重量（写明计算过程及单位）：

4.确定装卸费：装卸费=装卸费率×毛重×装卸次数。

已知装（卸）费率为8元/吨，装卸均由承运人负责，则装卸费为（写明计算过程及单位）：____________________________________。

5.确定保价费（写明计算过程及单位）：

6.零担货物运费=零担货物运价（元/kg·km）×计费重量（kg）×计费里程（km）+货物运输其他费用（元）=______________________________。

运费核定后，小李开具包含各项费用的结算通知，交给托运人，托运人到财务处交费，同时领取承运凭证——____________。

步骤五：核算票据

鹤都货运财务处根据货物托运单进行运费核算后，填制公路零担运输货票。

请代小李填开货票给托运人（见表2-13）。

表2-13　　零担运输货票

**公路汽车零担运输货票**

年　月　日

| | | | | | | | | | | |
|---|---|---|---|---|---|---|---|---|---|---|
| 起点站 | | | 中转站 | | 到达站 | | 里程 | | | |
| 托运人 | | | 详细地址 | | | | 电话 | | | |
| 收货人 | | | 详细地址 | | | | 电话 | | | |
| 货物名称 | 包装 | 件数 | 体积/$m^3$ 长×宽×高 | 实际质量/kg | 计费重量/kg | 运价率 | 运费金额 | 其他收费 | | 运杂费小计 |
| | | | | | | | | 项目 | 金额 | |
| | | | | | | | | | | |
| | | | | | | | | | | |
| 合计 | | | | | | | | | | |
| 备注 | | | | | | 收货人签收盖章 | | | | |

开票单位：(盖章)　　开票人：　　复核人：　　承运驾驶员：

说明：本货票共4联。第一联（黑色）存根；第二联（红色）运费收据；第三联（浅蓝色）报销单；第四联（绿色）收货回单，经收货人盖章后送车队统计。

步骤六：入库保管

入库前小李要为该票货物贴公路零担货物标签（见表2-14）。

表2-14　　公路零担货物标签

公路汽车行李、包裹、零担标签

车次

起站

到站

票号

总件数

站发

20　年　月　日

步骤七：配载装车

在选择合适车辆后，小李根据车辆容积、载重量和货物的性质、形状、长度和大小进行合理配载，填制＿＿＿＿＿＿。填单时，应按货物先远后近、先重后轻、先大后小、先方后圆的顺序进行，以便按单顺次装车。

请代小李填制货物交接清单（见表2-15）。

表2-15　货物交接清单

**公路汽车零担货物交接及结算清单**

年　月　日　　　　编号：

<table>
<tr><td>车属单位</td><td colspan="5"></td><td>车号</td><td colspan="2"></td><td>吨位</td><td colspan="3"></td></tr>
<tr><td colspan="3">原始记录</td><td colspan="2">中转记录</td><td rowspan="2">票号</td><td rowspan="2">收货人</td><td rowspan="2">品名</td><td rowspan="2">包装</td><td colspan="4">承运路段</td></tr>
<tr><td>原票起站</td><td>到达站</td><td>里程</td><td>中转站</td><td>到达站</td><td>件数</td><td>里程</td><td>计费重量</td><td>运费</td></tr>
<tr><td></td><td></td><td></td><td></td><td></td><td></td><td></td><td></td><td></td><td></td><td></td><td></td><td></td></tr>
<tr><td></td><td></td><td></td><td></td><td></td><td></td><td></td><td></td><td></td><td></td><td></td><td></td><td></td></tr>
<tr><td></td><td></td><td></td><td></td><td></td><td></td><td></td><td></td><td></td><td></td><td></td><td></td><td></td></tr>
<tr><td>合计</td><td></td><td></td><td></td><td></td><td></td><td></td><td></td><td></td><td></td><td></td><td></td><td></td></tr>
<tr><td>附件</td><td colspan="4">零担货票：</td><td colspan="4">发票：</td><td colspan="4">证明：</td></tr>
<tr><td colspan="13">上述货物已于　月　日经点件验收完毕，随带附件收讫无误</td></tr>
<tr><td colspan="5">中转站：</td><td colspan="8">到达站：（盖章）　　年　月　日</td></tr>
<tr><td colspan="5">填发站：</td><td colspan="4">填单人：</td><td colspan="4">驾驶员签字：（盖章）</td></tr>
</table>

接下来，小李整理各种随货同行单证，包括＿＿＿＿、＿＿＿＿、＿＿＿＿、＿＿＿＿及其他附送单据，分别附于交接清单后面。

步骤八：货物运送

车辆需按期发车，按线行驶。如起运前后遇特殊原因，使得托运方或承运方需要变更运输时，应及时由托运和承运双方协商处理，填制＿＿＿＿＿＿＿，所发生的变更费用，按有关规定处理。

步骤九：中转作业

如需中转，则还需要进行一些与中转环节相关的理货、堆码和倒载等作业，因此零担货物中转站必须配备相应的＿＿＿＿和＿＿＿＿，并具备良好的通风、防潮、防火、采光和照明等条件。

步骤十：到站卸货及异常情况处理

车辆到站后，车站货运人员应向随车理货员或驾驶员索阅货物交接单，以及随车的有关单证，检查核对货物装载情况。如一切正常，在交接单上签字并加盖业务章。如有异常情况发生，则采取相应措施处理。

步骤十一：货物交付

客户要求该票货物送货上门，因此当货物到达后，须按指定地点送货上门。

货物交接完毕后，收货人天津乐荣贸易有限公司需在________回单联上签字盖章，鹤都货运作为公路承运人的责任即告终止。

步骤十二：新技术赋能的公路零担货运操作

小李在TMS录入运单后，系统通过智能分单自动将其归入上海发往华北的某集货批次。系统可优化集货路线，将小李家附近的另一票沿路货物一并收取。在分拨中心，AI配载系统计算出洗衣机与其他几票发往天津及沿途货物在车厢内的最佳摆放位置和顺序，生成装载指导图。运输途中，若计划途径的某中转站拥堵，系统动态调整行车路径，自动选择替代路径或中转站。小李和客户可通过平台实时查看货物位置和状态。到达天津分拨后，系统根据最终地址智能分流到对应网点，网点利用智能配送安排最后一公里送达。

步骤十三：任务实施完成

## 【任务测评】

### 一、选择题

任务测评2-3

1.零担货物中转作业的基本方法是（　　）。

A.落地法　　B.坐车法

C.过车法　　D.基本法

2.（　　）是指在起运站将各个发货人托运到同一到站点且性质适宜配载的零担货物，同车装运后直接送达目的地的一种货运班车。

A.中转式零担班车　　B.直达式零担班车

C.沿途式零担班车　　　　D.不定期零担班车

3.实践中零担货物验收入库应注意（　　）。

A.未办理托运手续的货物可以进入仓库

B.认真核对运单、货物，坚持照单验收入库

C.货物无须按流向堆码在指定的货位上

D.一批货物堆放两处，便于出库，尽量减少通道宽度，节省空间多存储货物

4.以下不属于零担货物装车作业流程的是（　　）。

A.备货　　B.交代装车任务　　C.监装　　D.开票收费

## 二、判断题

1.零担运输是指托运人一次托运货物的计费重量在3吨以上。（　　）

2.零担货物托运单由承运人填写，托运人不予代填。（　　）

3.配备大批新车是公路零担运输业务的开办条件之一。（　　）

## 三、计算题

南京有一批塑料制品（普通二级货物，加成15%）要运往上海，重2 584.6kg，体积为7.8立方米，价值8万元，托运人采用保价运输（按5‰计收），由承运人负责装卸（装卸费率为8元/吨），请计算其运费。（349km，基本运价率为0.00058元/（kg·km））

**【项目小结】**

本项目深入阐述了公路货物运输的核心业务与流程，系统介绍了公路货运的主要类型及特点，并详细解析了公路整车与零担货物的传统运输组织方法。此外，本项目深刻揭示了人工智能技术如何全方位赋能公路货运，驱动其向智能化、高效化、绿色化转型升级。公路货物运输不再是简单的车辆调度与货物移动。在AI、大数据、物联网等智能技术的深度融合下，从网联车、新能源车等智能装备到整车动态调度与监控、零担智能分单与拼载等智能组织形式，公路货运正经历一场深刻的智慧革命，理解并掌握这些AI赋能的智慧运营模式，是提升运输企业竞争力、实现降本增效和服务升级的关键，

也是现代物流从业者必备的核心能力。

## 【项目综合题】

“优速达”物流公司是一家专注于高价值、高时效货物运输的企业，近期获得一笔重要业务：

业务A（整车）：为“鲜果坊”超市从海南三亚运输5吨新鲜榴莲（需全程-18℃冷冻）至北京仓库，要求门到门服务，全程不超过60小时，最大限度降低货损。

业务B（零担）：为多家电商客户从深圳集货仓运送一批电子产品——手机、平板，共15票，总重2.8吨，体积22m³，价值高、易损，运至华东地区的多个配送点，要求经济高效且安全无损。

作为“优速达”的智慧运输运营专员，你需要统筹规划上述两项业务。

1.基础规划

（1）针对业务A（榴莲整车），传统上会选择哪种核心车型？这种车型需具备哪些关键特性来满足榴莲运输要求？

（2）针对业务B（电子产品零担），解释为何零担运输比整车更合适？并说明零担运输组织中的核心挑战是什么？

2.智能装备应用

公司计划为业务A投入一台智能网联新能源冷藏车。请说明：

这辆车可能搭载哪些AI驱动的功能，来保障榴莲运输的安全与品质？其新能源属性结合AI技术，如何帮助优化本次运输的运营成本和环保表现？

3.智能组织赋能

（1）业务A（榴莲整车）：公司的智能运输管理系统（TMS）将如何运用AI技术来组织这次运输？请具体说明在以下环节的应用：

车辆调度与路径规划：AI会考虑哪些数据？如何实现“动态优化”以确保60小时门到门？

运输过程监控与管理：AI如何实现“预测性干预”来最大限度降低货损风险？

（2）业务B（电子产品零担）：TMS中的AI技术将如何应对零担的核心挑战？

货物归集与分单：AI如何高效处理15票不同目的地的货物，确定其集货批次和中转路径？

智能配载：AI驱动的“三维拼载算法”在此次运输中起到什么关键作用？它解决了哪些人工难以处理的问题？

4.智慧运营与未来

（1）对于这两项业务，TMS可能基于AI分析分别发出哪些关键的运输过程风险预警？针对榴莲和电子产品特性各举一例。

（2）作为运营专员，在利用这套智能系统组织这两项业务时，你的工作重心和所需技能，与传统的调度员相比，发生了哪些主要变化？

（3）基于本项目所学，你认为以AI为核心的智慧公路运输，将对物流企业的服务模式和市场竞争格局产生哪些深远影响？

# 项目三　铁路货物运输

## 【学习目标】

知识目标

(1) 熟悉我国铁路发展史，能够正确说出中国铁路的发展历程。

(2) 能够列举3种以上与铁路货物运输相关的基础设施与设备，并说明其具体用途。

(3) 能够正确阐述铁路运输货物的分类。

(4) 能够正确描述铁路货物运输的主要作业流程。

(5) 能够正确阐述货物运到期限的计算方法。

(6) 能够正确阐述铁路货物运输费用的计算。

能力目标

(1) 能够根据客户要求填制铁路运单。

(2) 能够正确计算运到期限及运输费用。

(3) 能够根据客户要求组织铁路运输业务。

素养目标

(1) 具有良好的沟通能力和团队合作精神；

(2) 具有良好的物流职业道德和个人品德；

(3) 具有关注铁路运输业国内和国外形势及政策法规的习惯。

## 【项目导入】

随着“一带一路”倡议的推进，在鹤都货运实习的小李发现越来越多的客户咨询中欧班列业务，于是他特地向经理申请，去当地铁路局了解办理这方面业务的要求。

在铁路局，小李刚好遇到了一批玉米和一批奶粉的托运业务，具体如下：

1. 北京大兴农场（北京市大兴区**路625号，联系人：吴礼，电话：13200000000）销售了一批袋装玉米，每袋25千克，共2 000袋，总重50吨，价值10万元。2025年6月5日交由北京站，发往上海站，要求用一辆60吨的棚车。采用站到站运输，收货人是上海佳艺食品有限公司（上海市闸北区**路160号，联系人：胡戈，电话15600000000）取货地址在上海站（上海市静安区**路303号，联系人：胡戈，电话15600000000）（运价号为2号，全程电气化，里程1 463千米）。

2. 北京古城乳品公司（北京市通州区**路10号，联系人：刘韬，电话：17600000000）销售了一批奶粉，共250箱，总重3 500千克，体积12m³，价值15万元。2025年6月6日交由北京站发往福州站，由承运人负责装卸，采用一辆50吨的棚车，收货人是福州恒天食品有限公司，要求送货上门（福州市仓山区**路260号，联系人：杨扬，电话：18700000000）（运价号为6号，全程电气化，里程2 089千米）。

小李抱着学习的心态观摩了这两批货物的受理过程：这两批货物应采取铁路的何种运输方式？如何计算运费和填制单据？具体如何来组织呢？

# 任务一　认识铁路货运方式

## 【任务描述】

铁路货物运输是现代运输的主要方式之一，也是构成陆上货物运输的两个基本运输方式之一，它在整个运输领域中占有重要的地位。在共建“一带一路”的宏伟构想框架下，铁路运输作为货物联运通道的窗口，正帮助越来越多的中国企业将生意做到海外，拓展新的地理区域。

接下来，我们就和小李一起来认识铁路货物运输这个行业吧！

## 【任务解析】

本任务主要学习铁路运载工具和铁路运输货物，了解中国铁路运输的新动向。

## 【知识链接】

铁路货物运输是现代陆路货物运输方式之一，是使用在轨道上运行的列车载运货物的运输方式，在国际货运中的地位仅次于海洋运输。它适宜担负远距离的大宗货物运输。在我国这样一个幅员辽阔、人口众多、资源丰富的大国，铁路运输不论在目前还是在可以预见的未来，都是综合运输网中的骨干和中坚力量。

微课3-1

认识铁路运载工具

### 一、认识铁路运载工具

（一）铁路线路

为了进行铁路运输所修建的固定线路，是铁路固定基础设施的主体，是列车运行的基础，起着承受列车巨大重量、引导列车运行方向等作用。

铁路是由路基、桥隧建筑物（包括桥梁、涵洞、隧道等）和轨道（包括钢轨、轨枕、连接零件、道床、防爬设备和道岔等）组成。

（二）铁路车站

办理货运的基地，货物的装卸车以及相关的作业都在车站进行，它是铁路与货主之间的纽带。

车站也是铁路运输的基层生产单位。在车站里，除了办理客货运各项作业，还要办理与列车运行有关的各项作业，如列车的接发、会让、越行；车列的解体、编组；机车的换挂、整备；车辆的检查、修理等。

车站有多种分类法，按照车站所担负的任务量，以及在国家政治、经济方面的地位划分：特等站、一等站、二等站、三等站、四等站、五等站共六个等级；按车站技术作业的不同划分：编组站、区段站和中间站。编组站和区段站又统称为技术站；按业务性质划分：客运站、货运站和客货运站。

1.中间站。为提高铁路区段通过能力，保证行车安全和沿线城乡旅客及工农业生产服务而设的车站。其主要任务是办理列车到发、会让、越行和客货运业务。中间站按办理货物作业量大小可划分为无货场和有货场的中间站。中间站的主要作业内容见表3–1。

表3–1　中间站的主要作业内容

| 序号 | 内容 |
|---|---|
| 1 | 列车的到发、通过、会让、越行 |
| 2 | 旅客运输和行李包裹的承运、保管与交付 |
| 3 | 货物的承运、装卸、保管与交付 |
| 4 | 本站作业车的摘挂作业，向货场/专用线取送车和调车作业 |
| 5 | 客货运量较大的中间站，还有始发、终到客货列车的作业 |

2.区段站。区段站的主要任务是改变区段到发的车流，为邻接的铁路区段供应机车，或更换货运机车及乘务员，为改变中转列车办理规定的技术作业，办理一定数量的列车编解作业和客货运业务。区段站的作业内容及特点见表3–2。

表3–2　区段站的主要作业内容

| 序号 | 内容 | 特点 |
|---|---|---|
| 1 | 客运业务 | 与中间站基本相同，但数量较大 |
| 2 | 货运业务 | 与中间站基本相同，但作业量较大 |
| 3 | 运转业务 | 主要办理旅客列车的接发、无改编中转列车作业，区段列车和摘挂列车的编组与解体，以及货场及专用线的取送车作业等 |
| 4 | 机车业务 | 主要是机车的更换，或机车乘务组的换班，对机车进行整备、检修 |
| 5 | 车辆业务 | 办理列车的技术检查和车辆的检修业务 |

3.编组站。它有“列车工厂”之称，是办理大量列车解编作业，即直达列车、直通列车、区段列车和摘挂列车的编组与解体作业的车站，还承担更换货运机车和乘务人员，对货物列车中的车辆进行技术检修和货运检查整理工作。一般设有专用的接车、发车和调车场，驼峰调车设备，以及机车整备和车辆维修等设备。编组站按其在铁路干线和枢纽的位置，以及所担当的作业任务，分为路网编组站和地区编组站。

区段站以办理无改变中转货物列车为主，仅解编少量的区段、摘挂列车。而编组站主要办理各类货物列车的改编作业，且多数是直达列车和直通列车。编组站主要任务是解编各类货物列车；组织和取送本地区车流；整备、检修机车；货车的日常技术保养等事项。

（三）铁路机车

铁路机车是牵引货物列车和在车站进行调车作业的基本动力，其自身不装载货物。铁路机车用途可分为速度较高的客运机车、牵引力较大的货运机车和机动灵活的调车机车；按机车原动力可分为蒸汽机车、内燃机车、电力机车和磁悬浮机车四种。

（四）铁路车辆

铁路车辆是运送货物的工具。本身没有动力装置，需要把车辆连挂在一起由机车牵引，才能在线路上运行。铁路车辆分为客车、货车两大类。按照用途或车型可分为通用货车或专用货车两大类。通用货车分为棚车、敞车和平车；专用货车分为保温车、罐车、家畜车、矿石车等。铁路车辆分类见表3–3。

表3–3 铁路车辆分类

| 车辆类型 | | 基本型号 | 用途及特点 |
|---|---|---|---|
| 通用货车 | 棚车 | P | 主要装运怕日晒、雨淋、雪侵的货物（粮食、日用品、贵重仪器设备等），部分棚车还可运送人员和马匹 |
| | 敞车 | C | 主要装运煤炭、矿石、木材、钢材等，也可装运重量不大的机械设备，苫盖篷布的敞车可装运怕雨淋的货物 |
| | 平车 | N | 大部分平车只有一平底板，供装运特殊长大重型货物，因而也称作长大货物车 |
| 专用货车 | 保温车 | B | 车内设有冷却、加温等装置，具有制冷、保温和加温三种性能，用于运送新鲜蔬菜、水果、鱼、肉等易腐的货物 |
| | 罐车 | G | 车体为圆筒形，罐体上设有装卸口。罐车主要用于运送液化石油气、汽油、酒精等液态货物或散装水泥等 |
| | 专用敞车 | C | 主要用于装运块粒状货物且采用机械化方式装卸 |
| | 专用平车 | XZ，XSQ | 运送集装箱（型号XZ）与小汽车（型号XSQ）的平车，运送小汽车的平车车体一般有2~3层，并设有跳板，以便汽车自行上下 |
| | 漏斗车 | K | 用于装运块粒状散装货物，主要运送煤炭、矿石、粮食等 |
| | 水泥车 | U | 用来运送散装水泥的专用车 |
| | 家畜车 | J | 用于运送活家禽、家畜等的专用车。车内有给水、饲料的储运装置，还有押运人乘坐的设施 |

（五）信号设备

机车信号是铁路信号设备向司机发出各种指示，报告线路和道岔情况，帮助司机安全正点地运行。铁路信号设备是用于控制列车运行、保障行车安全的设备总成，主要包括信号机、联锁设备、闭塞设备及列车运行控制系统。铁路信号技术的发展逐步实现集成化和智能化，做到迅速、准确、安全、可靠，使全国铁路的通信系统成为一个完善与先进的铁路通信网。

微课3-2

了解铁路运输货物

## 二、了解铁路运输货物

（一）按运输条件分类

按照运输条件对铁路货物运输的分类见表3-4。

表3-4　按照运输条件对铁路货物运输的分类

| 分类标准 | 具体内容 | 解释说明 |
|---|---|---|
| 普通货物运输 | 普通货物 | 指在铁路运输过程中，按一般条件办理的货物，如煤、粮食、钢材、矿建材料等 |
| 特殊货物运输 | 超长、超限货物 | 超长货物是指一件货物的长度，超过用以装运的平车的长度，需要跨装的货物；超限货物是指一件货物装车后，车辆在平直的线路上停留时，货物的高度和宽度有任何部分超过机车车辆限界，或虽未超出机车车辆限界但需考虑建筑限界通过能力的货物 |
| | 危险货物 | 指具有爆炸、易燃、毒蚀、放射性等特性，在运输、装卸和保管过程中，容易造成人身伤亡和财产损毁而需要特殊防护的货物 |
| | 鲜活货物 | 指在铁路运输过程中需要采取制冷、加温、保温、通风、上水等特殊措施，以防止腐烂变质或死亡的货物，以及其他托运人认为按鲜活货物运输条件办理的货物 |

（二）按货物的重量、体积、性质、形状分类

按一批货物的重量、体积、性质、形状的不同，分为整车货物运输、零担货物运输和集装箱货物运输。

1. 整车货物运输

根据一批货物的重量、体积、性质或形状需要使用一辆或一辆以上铁路货车装运（用集装箱装运除外）即铁路整车运输。整车运输装载量大，运输费用较低，运输速度较快，能承担的运量也较大，是铁路的主要运输形式。

整车运输应符合以下条件：

（1）货物的重量或体积

我国货车以棚车、敞车、平车和罐车为主，标记载重量在50t、60t，棚车容积在$100m^3$以上，达到这个重量和容积条件应按整车运输。有一些专用货车（如散装水泥车、家畜车等）则按专用货车的标重和体积来衡量。

（2）货物的性质和形状

有些货物，虽然其重量、体积不够一车，但按性质与形状需要单独使用一辆货车时，应按整车运输。下列货物除按集装箱运输外，应按整车运输办理，具体见表3-5。

表3-5 整车运输货物内容

| 序号 | 内容 |
|---|---|
| 1 | 需要冷藏、保温或加温运输的货物 |
| 2 | 规定按整车运输的危险货物（装入铁路批准使用爆炸品保险箱运输的除外） |
| 3 | 易污染其他货物的污秽品（经过卫生处理不致污秽其他货物的除外） |
| 4 | 蜜蜂 |
| 5 | 不易计算件数的货物 |
| 6 | 未装容器的活动物 |
| 7 | 单件重量超过2t、体积超过$3m^3$或长度超过9m的货物 |

2.零担货物运输

一批货物的重量、体积、性质或形状不需要一辆铁路货车装运（用集装箱装运除外）即属于零担运输，简称零担。零担运输的条件如下：

（1）单件货物的体积最小不小于$0.02m^3$（单件货物重量在10kg以上的除外）。

（2）每批货物的件数不得超过300件。

3.集装箱货物运输

在铁路货物运输中，符合集装箱运输条件的可按集装箱托运。符合集装箱条件的货物为：以贵重、易碎、怕湿为主的“适箱货物”，如家电、仪器、仪表、小型机械、小五金件等。

整车运输、零担运输和集装箱运输的区别见表3-6。

表3-6　　整车运输、零担运输和集装箱运输的区别

| 运输类别/区别项目 | 整车运输 | 零担运输 | 集装箱运输 |
| --- | --- | --- | --- |
| 数量 | 货物的重量、性质、体积需要以1辆或1辆以上货车装运，且适合整车装运 | 每件货物的体积最小不得低于0.02m³，每批货物的件数不得超过300件 | 每箱不得超过集装箱最大载重量 |
| 运输单位 | 以每车为一批，跨装、爬装及使用游车的货物，以每车组为一批 | 以每张运单为一批 | 以每张运单为一批。每批必须同一箱型、至少一箱，最多不得超过铁路货车一车所能装运的箱数 |
| 运费核收 | 不同批次的整车货物的运价号、运价率都不同 | 不同批次的零担货物的运价号、运价率都不同 | 一整车集装箱按货车标重及其适用的整车运价率计费；零担集装箱按货物重量（低于起码重量的按起码重量），即其适用的零担运价率计算 |

## 三、了解铁路运输新动向

### （一）五定班列

微课 3-3

了解铁路运输新动向

货运“五定”班列，指在主要城市、港口、口岸间铁路干线上组织开行的“定点（装车地点）、定线（固定运行线）、定车次、定时（固定到发时间）、定价（运输价格）”的快速货物列车。以列、组、车或箱为单位报价，采取包干办法。

开行五定班列的主要制约因素是车站（港口）间的货源情况，如果货源充足且稳定，就为班列的开行提供保证。现有一些班列运行线并非利用原有直达列车运行线，因此原来的直达列车并未取消，因为并不是所有的货物都适合采用五定班列运送，如低附加值的大宗货物。

对于适合采用五定班列运送的货物，可以在直达列车和五定班列运输之间进行选择，比较直达列车和五定班列运输之间的指标是：两种列车的运费和货物提前直达创造的经济效益。若五定班列运输优于直达列车运输，就应该开行五定班列，这即为五定班

列开行的充分条件。

五定班列具有“运行高速、手续简便、运期保证、安全优质、价格优惠”五大特点和优势，实行优先配车、优先装车、优先挂运、优先放行、优先卸车、不准停限车、不准分界口滞留、不准保留、不准中途解体、不准变更到站、严格按列车运行图行车、确保运到期限的直达快运货物列车，是高时效货运班列产品。

（二）高速铁路

高速铁路是基础设施设计速度标准高、可供货车在轨道上安全高速行驶的铁路系统。高速铁路是一个集各项最先进的铁路技术、先进的运营管理方式、市场营销和资金筹措于一体的复杂系统工程，具有高效率的运营体系，它包含了基础设施建设、机车车辆配置、站车运营规则等多方面的技术与管理。

随着高铁时代的开启，高速铁路与其他交通运输方式相比具有很大的优势，具体优势见表3–7。

表3–7 高速铁路的优势

| 序号 | 优势 | 解释说明 |
| --- | --- | --- |
| 1 | 速度快 | 速度是高速铁路的技术核心，也是其主要的技术经济优势所在。近几年相继建成的高速铁路，其最高运行速度都在300km／h~350km／h |
| 2 | 运输能力强 | 运输能力强是高速铁路的主要技术优势之一 |
| 3 | 安全性能好 | 高速铁路由于在全封闭环境中自动化运行，又有一系列完善的安全保障系统，所以其安全程度是任何交通工具都无法比拟的 |
| 4 | 正点率高 | 高速铁路是有轨交通系统，且取消了地面信号，因而除可能危及行车安全的自然灾害外，几乎不受天气和气候条件的影响，可以全天候运营 |
| 5 | 舒适方便 | 座席宽敞舒适，走行性能好，运行非常平稳。减震、隔音，车内安静 |
| 6 | 能源消耗少 | 交通运输是能源消耗大户，能耗标准是评价交通运输方式优劣的重要技术指标。高速铁路使用的是二次能源——电力，不消耗石油等液体燃料，可利用多种形式的能源 |
| 7 | 环境影响小 | 高速铁路采用电力牵引，因此消除粉尘、煤烟和其他废气污染，对环境影响小，高速铁路明显优于汽车和飞机 |

（三）铁路货运的智能化升级

随着人工智能、大数据、物联网等技术的融合应用，铁路货运正从传统运输向“智能物联”转型。以下关键领域展示了AI如何重塑铁路货运的运营模式与服务效能。

1.智能调度与运输优化

（1）动态班列调度系统

AI算法实时分析全网货流数据，自动生成最优班列开行方案，实现“五定班列”的智能动态调整。比如，成都铁路局通过AI调度平台，将中欧班列满载率提升18%，准点率超95%。

（2）冲突预测与应急处理

基于气象、地质、设备状态等数据，AI预测线路中断风险，自动生成绕行方案并同步通知货主。

2.智能装备与运维

（1）自动驾驶机车

列车搭载环境感知传感器和AI决策系统，实现部分场景的自动驾驶。其优势为：降低人为失误，提升运行安全性；优化牵引能耗，节约成本。

（2）预测性维护系统

通过车载传感器实时采集机车轴承、轮对等关键部件数据，AI模型分析异常模式，提前预警故障。

效果：故障率降低30%，维护成本减少25%。

（3）智能冷藏车厢

AI动态调节温湿度，匹配生鲜货物保鲜需求，使货损率降低至0.5%以下。

3.智能场站与装卸革命

（1）自动化集装箱场站

AI视觉可识别集装箱编号与位置，指挥无人吊车精准装卸，作业效率达30箱/小时。

应用场景：郑州铁路港智能场站，货物中转时间缩短50%。

（2）危险品智能监管

通过安装传感器监测气体泄漏，再加上AI风险模型、联动喷淋系统自动进行应急处理。

4.全程可视化与客户服务

（1）区块链+AI货物追踪

列车货物运输从托运到签收全流程数据上链，通过AI分析位置、温湿度、振动数据，自动推送异常预警信息。

（2）智能客服与决策支持

语音机器人处理80%的常规查询；AI辅助系统为货主推荐最优运输方案。

## 【任务实施】

全班每5~6人为一组，设1名组长，由组长带领本组同学担任小李的角色，按下述步骤复习铁路运输的基本常识。

步骤一：选择合适的运输车辆

1.李先生将60t煤炭从鄂尔多斯运输到淄博，如果你是货运站工作人员，你该如何为李先生选择运输车辆？

2.天天新鲜果品公司要从云南昆明批发芒果1t，如何选择铁路运输车辆？

______________________________

______________________________

______________________________

步骤二：掌握铁路货运的种类

周女士在某火车站托运摩托车100辆，每件重量85kg，托运人在运单“托运人记载事项”栏内写明体积为2m×0.6m×0.9m，要求按照零担运输。

请问：火车站能否受理该项运输业务？为什么？

______________________________

______________________________

______________________________

步骤三：熟悉铁路运输的新动向

上网查找、总结2025年中欧班列全年开行的主要数据（如累计开行数量、主要开行城市及数量、已连接的欧洲的国家、城市及数量等）。

步骤四：分析AI技术对班列运营的赋能作用

请说明传统人工调度与AI动态班列调度的核心差异是什么？若为中欧班列设计一项AI新功能，可解决哪些现存问题？

步骤五：任务实施完成

## 【任务测评】

### 一、选择题

任务测评3-1

1.铁路运输的经济特点是（　　）。

A.固定成本低，变动成本低　　B.固定成本高，变动成本高

C.固定成本高，变动成本低　　D.固定成本低，变动成本高

2.铁路运输的经济里程在（　　）。

A.800km以上　　B.500km以上　　C.200km以上　　D.无限制

3.下列货物可用敞车装运（　　）。

A.精密仪器　　B.装往哈尔滨的活牛

C.展览品　　D.空铁桶

4.铁路专用货车包括（　　）。

A.棚车　　B.敞车　　C.平车　　D.家畜车

## 二、判断题

1.铁路运输具有不受气候因素影响的优点。 (　　)

2.易腐和非易腐货物可以按一批托运。 (　　)

3.根据托运人托运货物的数量、体积、形状等条件，铁路货物运输的形式可分为整车、零担和集装箱运输。 (　　)

## 三、简答题

1.简述五定班列的优势有哪些？

2.简述铁路运输的主要优势有哪些？

3 试述当前我国铁路运输的新动向有哪些？

# 任务二　组织铁路整车货运

## 【任务描述】

北京大兴农场（北京市大兴区**路625号，联系人：小吴，电话：13200000000）销售了一批袋装玉米，每袋25千克，共2 000袋，总重50吨，价值10万元。2025年6月5日交由北京站，发往上海站，要求用一辆60吨的棚车。采用站到站运输，收货人是上海佳艺食品有限公司（上海市闸北区**路160号，联系人：胡戈，电话15600000000）取货地址在上海站（上海市静安区**路303号，联系人：小胡，电话15600000000）（运价号为2号，全程电气化，里程1 463千米）。

小李抱着学习的心态观摩了这批货物的受理过程：这批货物应采取铁路的何种运输方式？如何计算运费和填制单据？具体如何来组织呢？

## 【任务解析】

本任务主要学习铁路整车货物运到期限的计算、铁路整车运输费用的计算，能够根据客户的具体货运要求，完成铁路整车货物运输的具体组织工作。

## 【知识链接】

整车运输是根据一批货物的重量、体积、性质或形状需要使用一辆或一辆以上铁路货车装运（用集装箱装运除外）即铁路整车运输。

整车运输载量大，运输费用较低，运输速度较快，是铁路的主要运输形式。

### 一、计算货物运到期限

微课3-4

计算货物运到期限

货物运到期限：铁路在现有技术设备条件和运输工作组织水平的基础上，根据货物运输种类和运输条件，将货物由发站运至到站而规定的最长运输限定天数。货物运到期限按日计算。起码天数为3天，即计算出的运到期限不足3天，按3天计算。

运到期限由下述三部分组成：

T=T发+T运+T特

1.货物发送期间（T发）

货物发送期间是指车站完成货物发送作业的时间。

货物发送期间（T发）为1天。

2.货物运输期间（T运）

货物运输期限是指货物在途中的时间。计算方式为：普通货物每250运价千米（或不足250千米）按1天计算；按快运办理的整车货物每500运价千米（或不足500千米）按1天计算。

3.特色作业时间（T特）

特色作业时间是为某些货物在运输途中进行作业所规定的时间，具体规定如下：

（1）需要中途加冰的货物，每加冰一次，运到期限另加1天。

（2）运价里程超过250千米零担货物和1吨、5吨集装箱另加2天，超过1 000千米加3天。

（3）一件货物重量超过2吨、体积超过3立方米或长度超过9米的零担货物，运到期限另加2天。

（4）整车分卸货物，每增加一个分卸站，运到期限另加1天。

（5）准轨与米轨[1]间直通运输的货物，运到期限另加 1 天。

当一批货物同时具备几项时，应累计相加计算。

【例 1】广安门站承运到石家庄站零担货物一件，重2 300千克，计算运到期限，已知运价里程为274千米。

【解】

T发 = 1天

T运 = 274/250=2（天）

T特超过250km，加2天；超过2t，加2天

运到期限 = 1+2+4=7（天）

货物运到逾期：货物的实际运到天数超过规定的运到期限。

若货物运到逾期，不论收货人是否因此受到损害，铁路公司均应向收货人支付违约金。违约金是根据逾期天数，按承运人所收运费的百分比来支付的。

微课3-5

计算铁路整车运输费用

## 二、计算铁路整车运输费用

### （一）确定运价里程

根据发站和到站，铁路货物运价的计算主要依据《铁路货物运价规则》以及各地方铁路公司或国家铁路集团（国铁集团）发布的运价政策，其中包括运价里程、基价（发到基价和运行基价）以及附加费用等。起码里程为100km。

---

① 准轨：标准轨距为1 435mm，中国铁路干线均采用此轨距。米轨：轨距为1 000mm（如云南昆河铁路、部分越南铁路）——编辑注。

（二）确定货物的运价等级（运价号）

根据货物运单上填写的货物名称查找铁路货物运输品名分类与代码表，确定适用的运价号（见表3-8）。

表3-8　常用铁路运输货物整车运价号

| 货物品名 | 运价号 | 货物品名 | 运价号 | 货物品名 | 运价号 |
|---|---|---|---|---|---|
| 煤 | 4 | 洗精煤 | 5 | 水泥 | 5 |
| 化肥 | 2 | 粮食 | 2 | 食用盐 | 1 |
| 钢材 | 5 | 渣油 | 7 | 汽柴油 | 7 |
| 原油 | 7 | 铝锭 | 5 | 硅铁 | 7 |
| 电石 | 7 | 石灰氮 | 7 | 木材 | 5 |
| 焦炭 | 4 | 机械设备 | 8 | 白糖 | 6 |
| 纸 | 6 | 卷烟 | 6 | 烟叶 | 5 |
| 苹果 | 6 | 土豆 | 2 | 石膏 | 3 |

（三）确定货物的运价率

根据运价号在铁路货物运价率中查出适用的运价率（发到基价和运行基价），见表3-9。

表3-9　铁路货物运价率表

| 办理类别 | 运价号 | 基价1 | | 基价2 | |
|---|---|---|---|---|---|
| | | 单位 | 标准 | 单位 | 标准 |
| 整车 | 1 | 元/吨 | — | 元/吨千米 | 0.525 |
| | 2 | 元/吨 | 9.50 | 元/吨千米 | 0.086 |
| | 3 | 元/吨 | 12.80 | 元/吨千米 | 0.091 |
| | 4 | 元/吨 | 16.30 | 元/吨千米 | 0.098 |
| | 5 | 元/吨 | 18.60 | 元/吨千米 | 0.103 |
| | 6 | 元/吨 | 26.00 | 元/吨千米 | 0.138 |
| | 机械冷藏车 | 元/吨 | 20 | 元/吨千米 | 0.14 |
| 零担 | 21 | 元/10千克 | 0.22 | 元/10千克千米 | 0.00155 |
| | 22 | 元/10千克 | 0.28 | 元/10千克千米 | 0.00155 |

续表

| 办理 | 类别 | 运价号 | 基价1 | | 基价2 | |
|---|---|---|---|---|---|---|
| | | | 单位 | 标准 | 单位 | 标准 |
| 集装箱 | | 20英尺箱 | 元/箱 | 440 | 元/箱千米 | 3.185 |
| | | 40英尺箱 | 元/箱 | 532 | 元/箱千米 | 3.357 |
| | | 20英尺箱 | 元/箱 | 215.00 | 元/箱千米 | 3.185 |
| | | 40英尺箱 | 元/箱 | 423.00 | 元/箱千米 | 3.357 |

（四）确定货物的计费重量

整车货物以吨为单位，吨以下四舍五入。整车货物一般按货车标记载重量计算运费。如果货物重量超过标重时，按货物重量计费。

特殊规定：

（1）使用矿石车、平车、砂石车，经铁路局批准装运，根据《铁路货物运输品名分类与代码》，01（煤）、0310（焦炭）、04（金属矿石）、06（非金属矿石）、081（土、砂、石）和14（盐）类货物按40吨计费，超过时按货物重量计费。

（2）使用自备冷藏车装运货物时按60吨计费；使用标重低于50吨的自备罐车装运货物时，按50吨计费。

（3）标重不足30吨的家畜车，计费重量按30吨计费。

（4）铁路配发计费重量高的货车（无低计费重量车可用）代替托运人要求计费重量低的货车，如托运人无货加装时，若铁路配车前已与托运人协商一致，则可按实际使用车型计费。

（五）计算运费

整车运费计算公式如下：

整车运费=［发到基价（元/吨）+运行基价（元/吨·千米）×运价里程（千米）］×计费重量（集装箱为箱数）

（六）计算其他费用

1.铁路建设基金

目的是专款专用，保证铁路建设的不断发展，由发站一次核收。

铁路建设基金=费率×计费重量×运价里程

2.铁路电气化附加费

凡货物运输中途经过电气化区段时，均按规定收取电气化附加费（见表3-10）。

电气化附加费=费率×计费重量×电气化里程

表3-10　铁路电气化区段表

| 序号 | 线名 | 电化区段 | 区段里程 | 序号 | 线名 | 电化区段 | 区段里程 |
|---|---|---|---|---|---|---|---|
| 1 | 京山线 | 秦皇岛—山海关 | 16 | 24 | 焦柳线 | 月山—关林 | 129 |
| 2 | 丰台西线 | 丰台—丰台西 | 5 | 25 | 怀化南线 | 怀化—怀化南 | 4 |
| 3 | 京承线 | 丰台—双桥 | 43 | 26 | 宝成线 | 宝鸡—成都东 | 673 |
| 4 | 京秦线 | 双桥—秦皇岛 | 292 | 27 | 阳安线 | 平阳关—安康 | 357 |
| 5 | 京包线 | 沙城—大同 | 252 | 28 | 成渝线 | 成都东—重庆 | 500 |
| 6 | 大秦线 | 韩家岭—柳村南 | 652 | 29 | 川黔线 | 小南海—贵阳南 | 438 |
| 7 | 段大线 | 段甲岭—大石庄 | 7 | 30 | 贵昆线 | 贵阳南—昆明西 | 644 |
| 8 | 丰沙线 | 丰台—沙城 | 104 | 31 | 漳州线 | 郭坑—漳州 | 11 |
| 9 | 京广线 | 丰台—武昌南 | 1 221 | 32 | 包兰线 | 石嘴山—兰州西 | 581 |
| 10 | 京广线 | 郴州—韶关 | 153 | 33 | 太岚线 | 太原北—镇城底 | 55 |
| 11 | 孟宝线 | 孟庙—平顶山东 | 64 | 34 | 口泉线 | 平旺—口泉 | 10 |
| 12 | 石太线 | 石家庄—太原北 | 251 | 35 | 宝中线 | 虢镇—迎水桥 | 502 |
| 13 | 北同蒲线 | 大同—太原北 | 347 | 36 | 干武线 | 干塘—武威南 | 172 |
| 14 | 玉门沟线 | 太原北—玉门沟 | 22 | 37 | 汤鹤线 | 汤阴—鹤壁北 | 19 |
| 15 | 太焦线 | 长治北—月山 | 153 | 38 | 马滋线 | 马头—新坡 | 12 |
| 16 | 汉丹线 | 襄樊—老河口东 | 57 | 39 | 候月线 | 侯马北—嘉峰 | 120 |
| 17 | 襄渝线 | 老河口东—小南海 | 850 | 40 | 平汝线 | 平罗—大武口 | 11 |
| 18 | 鹰夏线 | 鹰潭—厦门 | 694 | 41 | 成昆线 | 成都—昆明东 | 1108 |
| 19 | 湘黔线 | 株洲北—贵定 | 821 | 42 | 小梨线 | 小南海—梨树湾 | 23 |

续表

| 序号 | 线名 | 电化区段 | 区段里程 | 序号 | 线名 | 电化区段 | 区段里程 |
|---|---|---|---|---|---|---|---|
| 20 | 黔桂线 | 贵定—贵阳南 | 68 | 43 | 西重线 | 西永—重庆 | 24 |
| 21 | 陇海线 | 郑州北—兰州西 | 1 192 | 44 | 胡大线 | 胡东—大同东 | 21 |
| 22 | 兰新线 | 兰州西—武威南 | 279 | 45 | 渡口线 | 三堆子—密地 | 10 |
| 23 | 西固城线 | 兰州西—西固城 | 21 | | | | |

3.新路新价均摊运费

铁路新建线路在不断增加，为体现新路新价原则并简化运费计算，其运费计算应以发站至到站的国铁正式营业线和纳入统一运价管理的运营临管线的运价里程为依据，在基础运费之外，按照《新路新价均摊运费核收办法》的规定加收新路新价均摊运费。

新路新价均摊运费=均摊运价率×计费重量×运价里程

4.印花税

国家规定，铁路货运业务中运费结算凭证载明的承、托运双方，均为货运平整印花税的纳税人。托运方和承运方所纳印花税由铁路分局汇总交当地税务机关。

印花税以每张货票计算，按运费的5‰计收，运费不足200元的免税。

（七）计算杂费

铁路运输企业向托运人、收货人提供的辅助作业、劳务，以及托运人或收货人额外占用铁路设备、使用用具和备品所发生的费用。

（八）计算运输费用总额

运输费用=运费+其他费用+杂费

每项运费、杂费的尾数不足0.1元时，四舍五入。

【例2】现有一批（1 200吨）原煤需要从山西大同运往南京站，试计算这一批货物的铁路运费。

已知：大同—南京站的营运里程为1 641千米；原煤的运价号为4，对应的整车发到基价为10.5元/吨，运行基价为0.049元/吨·千米。

【解】

整车运费=（10.5+0.049×1641）×1 200=109 090.8 （元）

## 三、铁路整车货物运输的组织

### （一）铁路整车货物运输的作业流程图

铁路整车货物运输作业流程如图3-1所示。

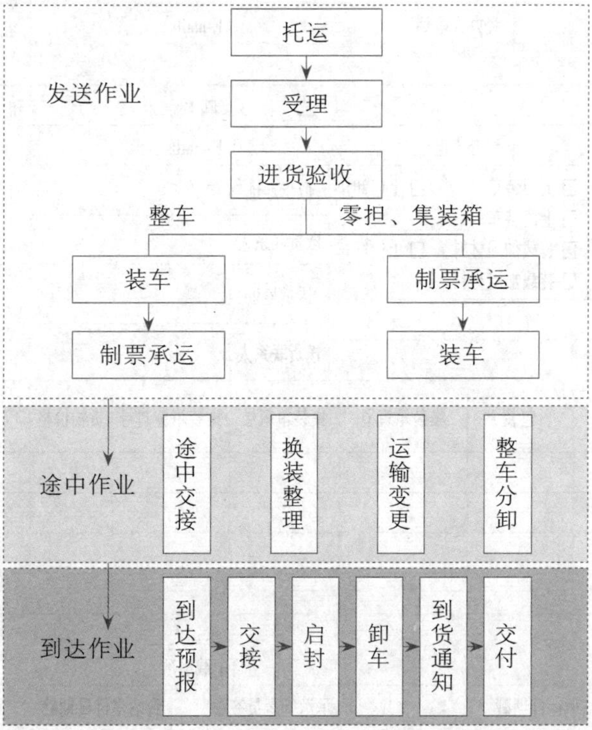


图3-1　铁路整车货物运输流程图

### （二）铁路整车货物运输的具体作业流程

1.发送作业

（1）托运

托运人向承运人提出运输要求，备齐必要的证明文件，并填写货物运单。

铁路货物运单是一种承运合同。托运人按要求填写运单提交承运人，经承运人审核同意承运后，承运合同成立。

铁路货物运单由两部分组成：货物运单和领货凭证，如图3-2所示。

货物约定于　　年　月　日交接

货位

号码

运到期限　日

**货物运单**

托运人→发站→到站→收货人

运单号:

| 承运人/托运人装车 |
|---|
| 承运人/托运人施封 |

货票号:

<table>
<tr><td>发站</td><td></td><td>专用线名称</td><td></td><td>专用线代码</td><td></td><td rowspan="2">车种车号</td><td rowspan="2"></td></tr>
<tr><td>到站（局）</td><td></td><td>专用线名称</td><td></td><td>专用线代码</td><td></td></tr>
<tr><td rowspan="3">托运人</td><td>名 称</td><td colspan="4"></td><td rowspan="2">货车标重</td><td rowspan="2"></td></tr>
<tr><td>地 址</td><td colspan="2"></td><td>邮编</td><td></td></tr>
<tr><td>经办人姓名</td><td>经办人电话</td><td></td><td>E-mail</td><td></td><td rowspan="2">货车施封号码</td><td rowspan="2"></td></tr>
<tr><td rowspan="3">收货人</td><td>名 称</td><td colspan="4"></td></tr>
<tr><td>地 址</td><td colspan="2"></td><td>邮编</td><td></td><td rowspan="2">货车篷布号码</td><td rowspan="2"></td></tr>
<tr><td>经办人姓名</td><td>经办人电话</td><td></td><td>E-mail</td><td></td></tr>
<tr><td rowspan="6">选择服务</td><td colspan="3" rowspan="4">□门到门运输:　□上门装车　□上门卸车<br>□门到站运输:　□上门装车<br>□站到门运输:　□装载加固材料　□上门卸车<br>□站到站运输:　□装载加固材料</td><td>取货地址</td><td colspan="3"></td></tr>
<tr><td>取货联系人</td><td></td><td>电话</td><td></td></tr>
<tr><td>送货地址</td><td colspan="3"></td></tr>
<tr><td rowspan="3">送货联系人</td><td rowspan="3"></td><td rowspan="3">电话</td><td rowspan="3"></td></tr>
<tr><td colspan="3">□保价运输</td></tr>
<tr><td colspan="3">□仓储</td></tr>
</table>

| 货物名称 | 件数 | 包装 | 集装箱箱型 | 集装箱箱号 | 集装箱施封号 | 货物价格 | 托运人填报重量（千克） | 承运人确定重量（千克） |
|---|---|---|---|---|---|---|---|---|
| | | | | | | | | |
| | | | | | | | | |
| | | | | | | | | |
| 合计 | | | | | | | | |

| 托运人记载事项 | | 承运人记载事项 | |
|---|---|---|---|

| 托运人盖章或签字 | 发站承运日期戳 | 承运货运员签章 | 到站交付日期戳 | 交付货运员签章 |
|---|---|---|---|---|
| 年　月　日 | 年　月　日 | 年　月　日 | 年　月　日 | 年　月　日 |

注：本单不作为收款凭证，托运人签约须知和收货人领货凭证须知见领货凭证背面。托运人自备运单的默认为已确知签约须知内容。

图3-2　铁路货物运单

铁路货物运单填写要求：

① 正确：填记的内容和方法符合规定。

② 完备：填记的事项必须齐全，不得遗漏。例如，危险货物不但要填写货物名称，还要填写编号。

③ 真实：实事求是，内容不得虚假隐瞒。例如，不能错报、匿报货物品名。

④ 详细：填写的品名应具体，有具体名称的不填概括名称。例如，双人床、沙发、立柜不能填写为家具。

⑤ 清楚：填写字迹清晰，不能用红色墨水填写。

⑥ 更改盖章：各栏有更改时，在更改处，属于托运人填记事项，应由托运人盖章证明；属于承运人记载事项，应由车站加盖站名戳记。承运人对托运人所记事项一般不得更改。

（2）受理

车站对托运人提出的货物运单，经审查符合运输要求，在货物运单上签上货物搬入或装车日期后，即为受理，包括包装、标记、进货与验收等关键环节。

① 包装：应符合国家或行业标准。暂无包装标准的货物经托运人要求，在保证运输安全的基础上，可与承运人商定包装条件。

② 标记：也称为货签。标记的内容必须与货物运单记载的内容一致，应牢固粘贴、钉固或拴挂在货物上，大件和笨重货物可直接在货物上书写。

③ 进货与验收：托运人凭车站审核受理并加盖承运日期戳的货物运单，按指定日期将货物搬入货场指定货位，车站验收后完成进货手续。验收的内容主要有：货物的名称、件数是否与运单记载相符；货物的状态是否良好；货物的运输包装和标记及加固材料是否符合规定；货物的标记（货签）是否齐全、正确；货件上的旧标记是否撤换或抹消；装载整车货物所需要的货车装备物品或加固材料是否齐备等。

（3）货物装车

在铁路车站装车的货物，发货人应在铁路指定的日期将货物运至车站。在公共装卸场所内由承运人负责，特殊情况除外；在车站公共装卸场所以外进行的装卸作业，装车由托运人、卸车由收货人负责。

（4）制票和承运

制票：根据铁路货物运单填制货票。铁路货票是一种财务性质的票据。2025年4月，铁路部门统一改为电子货票。

承运：标志着货物正式进入运输过程。

**AI赋能铁路整车发送作业**

1.电子运单与无纸化

托运人通过铁路货运电子商务平台在线填报电子运单，系统自动校验货物信息与运价规则。电子运单实时同步至发站、到站及途中作业节点，替代传统纸质单据，减少人工录入，办理时效提升60%以上。

智能化延伸：AI辅助填单系统自动识别历史运输数据，推荐最优车型、装载方案和运输路径。

2.智能安检

货物进站后通过智能安检通道，由X光机扫描设备结合AI图像识别技术（如卷积神经网络CNN），自动检测危险品、违禁品。系统实时比对货物申报信息与扫描影像，对可疑货物自动标注并预警，安检效率较人工提升3倍，漏检率降至0.1%以下。

2.途中作业

途中作业主要包括交接与检查、货物换装整理、运输合同变更与解除、运输障碍处理等内容。

（1）交接与检查

交接与检查主要检查货物的装载、加固状态，车辆篷布苫盖状态，施封情况，以及门、窗、盖、阀的关闭情况，货车票据完整情况等。

（2）货物换装整理

当出现危及行车安全和货物完整情况时，需进行更换货车或货物整理作业。

（3）运输合同变更与解除

变更：托运后有特殊原因经承运人同意后可变更。

解除：整车和大型集装箱在承运后、挂运前，零担和其他集装箱在承运后装车前经承运人同意，可取消合同。

（4）运输障碍处理

因不可抗力、货物性质特殊等原因致使行车遇到阻碍，可通过绕路等方式处理。

**AI赋能铁路整车途中作业**

**货物全程追踪**

车载物联网设备（如GPS/北斗定位终端+温湿度传感器）实时采集货物位置、车厢状态、环境数据，通过铁路货运追踪平台可视化展示。托运人/收货人可通过App或网页查询货物实时位置、预计到达时间（ETA）、温湿度异常警示等信息。

案例：中欧班列采用“北斗+5G”集成系统，实现跨国运输全程毫米级定位追踪。

3.到达作业

（1）到货通知

（2）货物交付（票据、现货）

收货人应于铁路发出或寄发催领通知次日起2天内提走货物，超期收取暂存费；超30天铁路按无法交付处理。

**AI赋能铁路整车到达作业**

**到货预测与通知**

基于历史运输大数据与实时路况信息，AI预测模型动态修正到站时间，准确率达95%。系统自动触发到货通知（短信/App推送），同步生成电子领货凭证。收货人凭二维码自助提货，减少等待时间30%以上。

## 【任务实施】

全班每5~6人为一组，设1名组长，由组长带领本组同学担任小李的角色，按下述步骤为客户完成铁路整车运输的组织与实施工作。

步骤一：申请铁路整车托运货物

该票货物详细托运信息如下，请以托运人的身份填写铁路货物运单。

货物约定于　年　月　日交接

货位

号码

运到期限　日

# 货物运单

托运人→发站→到站→收货人

| 承运人/托运人装车 |
|---|
| 承运人/托运人施封 |

运单号：　　　　　　　　　　　　货票号：

<table>
<tr><td colspan="2">发站</td><td colspan="2">专用线名称</td><td colspan="2"></td><td colspan="2">专用线代码</td><td></td><td rowspan="2">车种车号</td><td rowspan="2"></td></tr>
<tr><td colspan="2">到站（局）</td><td colspan="2">专用线名称</td><td colspan="2"></td><td colspan="2">专用线代码</td><td></td></tr>
<tr><td rowspan="3">托运人</td><td>名称</td><td colspan="7"></td><td rowspan="2">货车标重</td><td rowspan="2"></td></tr>
<tr><td>地址</td><td colspan="4"></td><td>邮编</td><td colspan="2"></td></tr>
<tr><td>经办人姓名</td><td></td><td>经办人电话</td><td colspan="2"></td><td>E-mail</td><td colspan="2"></td><td rowspan="2">货车施封号码</td><td rowspan="2"></td></tr>
<tr><td rowspan="3">收货人</td><td>名称</td><td colspan="7"></td></tr>
<tr><td>地址</td><td colspan="4"></td><td>邮编</td><td colspan="2"></td><td rowspan="2">货车篷布号码</td><td rowspan="2"></td></tr>
<tr><td>经办人姓名</td><td></td><td>经办人电话</td><td colspan="2"></td><td>E-mail</td><td colspan="2"></td></tr>
<tr><td rowspan="4">选择服务</td><td colspan="4">□门到门运输：　□上门装车　□上门卸车<br>□门到站运输：　□上门装车<br>□站到门运输：　□装载加固材料　□上门卸车<br>□站到站运输：　□装载加固材料</td><td>取货地址</td><td colspan="5"></td></tr>
<tr><td colspan="4"></td><td>取货联系人</td><td colspan="3"></td><td>电话</td><td></td></tr>
<tr><td colspan="4">□保价运输</td><td>送货地址</td><td colspan="5"></td></tr>
<tr><td colspan="4">□仓储</td><td>送货联系人</td><td colspan="3"></td><td>电话</td><td></td></tr>
<tr><td colspan="2">货物名称</td><td>件数</td><td>包装</td><td>集装箱箱型</td><td>集装箱箱号</td><td>集装箱施封号</td><td>货物价格</td><td>托运人填报重量（千克）</td><td colspan="2">承运人确定重量（千克）</td></tr>
<tr><td colspan="2"></td><td></td><td></td><td></td><td></td><td></td><td></td><td></td><td colspan="2"></td></tr>
<tr><td colspan="2"></td><td></td><td></td><td></td><td></td><td></td><td></td><td></td><td colspan="2"></td></tr>
<tr><td colspan="2"></td><td></td><td></td><td></td><td></td><td></td><td></td><td></td><td colspan="2"></td></tr>
<tr><td colspan="2">合计</td><td></td><td></td><td></td><td></td><td></td><td></td><td></td><td colspan="2"></td></tr>
<tr><td colspan="2">托运人记载事项</td><td colspan="3"></td><td colspan="2">承运人记载事项</td><td colspan="4"></td></tr>
<tr><td colspan="2">托运人盖章或签字<br>年　月　日</td><td colspan="3">发站承运日期戳<br>年　月　日</td><td colspan="2">承运货运员签章<br>年　月　日</td><td colspan="2">到站交付日期戳<br>年　月　日</td><td colspan="2">交付货运员签章<br>年　月　日</td></tr>
</table>

注：本单不作为收款凭证，托运人签约须知和收货人领货凭证须知见领货凭证背面。托运人自备运单的默认为已确知签约须知内容。

步骤二：受理托运

北京站货运业务员小郑针对该票货物运单进行审查，具体包括：货物是否有符合运输要求的________，货件上是否标明清晰明显的________。此外，若货物属于必须凭证明文件托运的货物，还需检查是否备齐必要的________。

经审查无误后，小郑在货物运单上签上了货物的搬入日期。托运人按此日期将货物搬入货场指定货位，即__________。小郑随即对该票货物进行检查验收，并请货场员工将货品整齐地堆放好。

步骤三：铁路货物装车

北京站在其货场开始对该票货物进行装车，做好检查及辅助工作。

步骤四：制票和承运

接下来，小郑根据货物运单在系统上核对、生成货票。这是一种具有________性质的票据，因此，在制票后，小郑便向经办人小吴核收运输费用。

已知：北京—上海站的营运里程为1 463千米；玉米的运价号为2，对应的整车发到基价为9.5元/吨，运行基价为0.086元/吨·千米；则整车运费为______________；电气化铁路费率为0.012元/吨·千米，则电气化附加费为________________，铁路建设基金费率为0.033元/吨·千米，则铁路建设基金为________________。总运费为________________。

货票及领货凭证生成后，承运工作正式开始。

步骤五：途中作业

该票货物装车完毕并按时发车。在运输过程中，随行工作人员随时检查货物的________状态，车辆篷布________状态，施封情况，以及门、窗、盖、阀的关闭情况，货车________的完整情况。

步骤六：到达作业

该票货物运输期限为________天，货物3天到达上海站。在接到上海站发出的领货通知后，收货经办人小胡凭______________到上海站取货。

步骤七：分析AI在铁路整车运输中的应用价值

请具体说明电子运单如何提升效率？人工智能如何改变安检流程？如何运用人工智能工具进行货物追踪与到货预测？

______________________________________________________________________

______________________________________________________________________

步骤八：任务实施完成

# 【任务测评】

## 一、选择题

任务测评3-2

1.铁路货票是（　　）。

A.铁路运输货物的凭证　　B.财务性质的票据

C.承运货物的依据　　D.交接运输的凭证

2.将铁路货物“领货凭证”及时交给收货人并通知有关收货单位或人员到站领取货物的义务方是（　　）。

A.承运方　　B.托运方　　C.装卸公司　　D.代理公司

3.铁路货物装车前的检查包括（　　）。

A.检查运单　　B.检查货物　　C.检查货车　　D.检查货位

4.铁路货物的运到期限是由（　　）组成。

A.货物发送时间　　B.货物运输时间　　C.货物中转时间

D.货物检查时间　　E.特殊作业时间

## 二、判断题

1.铁路货运起码天数为2天，即计算出的运到期限不足2天时，按2天计算。（　　）

2.危险货物可办理途中装卸。（　　）

3.托运人要求按快运办理时，铁路无限制条件。（　　）

## 三、计算题

现有一批（400吨）土豆需要从内蒙古呼和浩特运往湖北十堰，试计算这一批货物的铁路运费。已知：内蒙古呼和浩特到西安里程为1 064千米，西安到湖北十堰的营运里程为256千米；土豆的运价号为2，对应的整车发到基价为10.5元/吨，运行基价为0.0537元/吨·千米。

## 四、综合题

2025年7月8日，山东烟台果品公司（山东省烟台市东大街5号，联系人：郑双，电话：17700000000）向内蒙古自治区呼和浩特果蔬批发市场（呼和浩特市赛罕区腾飞路45号，联系人：周杰仑，电话：19200000000）运送一批苹果，共2 400袋，每袋25千克，重60吨，总价值10万元。于8日当天交由烟台站，采用一辆60吨的棚车运输。该票货物采用站到门运输。烟台—呼和浩特总里程1 417千米，运价号为6号。

请为客户完成铁路整车货物运输的组织与实施工作。

# 任务三　组织铁路零担货运

## 【任务描述】

北京古城乳品公司（北京市通州区**路10号，联系人：刘韬，电话：17600000000）销售了一批奶粉，共250箱，总重3 500千克，体积12m³，价值15万元。2025年6月6日交由北京站发往福州站，由承运人负责装卸，采用一辆50吨的棚车，收货人是福州恒天食品有限公司，要求送货上门（福州市仓山区**路260号，联系人：杨扬，电话：18700000000）（运价号为6号，全程电气化，里程2 089千米）

小李抱着学习的心态观摩了这批货物的受理过程：这批货物应采取铁路的何种运输方式？如何计算运费和填制单据？具体如何来组织呢？

## 【任务解析】

本任务主要学习铁路零担货物运到期限的计算、铁路零担货运费用的计算，能够根据客户的具体货运要求，完成铁路零担货物运输的具体组织工作。

## 【知识链接】

零担运输是指一批货物的重量、体积、性质或形状不需要一辆铁路货车装运（用集装箱装运除外），简称零担。

零担运输的条件是：单件货物的体积最小不小于0.02m³（单件货物重量在10kg以上的除外）；每批货物的件数不得超过300件。

### 一、计算货物运到期限

此处略，具体方法见任务二。

微课3-6

计算铁路零担运输费用

### 二、计算铁路零担运输费用

铁路零担运输费用计算公式为：

$$\underset{\text{运费}}{\text{零担}}=\left[\underset{(\text{元}/10\text{kg})}{\text{发到基价}}+\underset{(\text{元}/10\text{kg}\cdot\text{km})}{\text{运行基价}}\times\underset{(\text{km})}{\text{运价里程}}\right]\times\underset{\text{重量}}{\text{计费}}\div 10$$

其中，对于铁路零担计费重量，一般情况下，针对轻泡货物的计费重量按货物重量与货物体积折合重量择大计费，即每平方米重量不足300kg的轻泡货物，按每平方米体积折合重量300kg计算。

折合重量（kg）=300（kg/m³）×体积（m³）

铁路零担运费计算过程同铁路整车运费。需注意的是，铁路零担运输计费重量的确定是以10千克为单位，不足10千克进为10千克。

【例3】客户肖平从广安门发往包头一批图书，重225kg，货物总体积0.82 m³。广安门—包头699千米，图书运价号为21号，发到基价为0.22元/10kg，运行基价为0.00111元/10kg·km。试确定该票货物计费重量，并计算运费。

微课3-7

组织铁路零担货物运输

【解】

折合重量=300×0.82=246（kg），大于225kg，因此计费重量=250kg。

零担运费=（0.22+0.00111×699）×250/10=24.9（元）

## 三、铁路零担货物运输的组织

零担、集装箱货物与整车货物的发送作业有所不同：整车货物的发送是先装车后承运，而零担货物是先承运后装车。过程略。

**AI赋能铁路零担货运**

1.发送作业

电子运单与智能配载：零担货物电子运单自动聚合多批次货物信息，AI配载算法根据货物体积、重量、目的地优化车厢空间利用率（装载率提升15%~20%），生成三维装载模拟图指导人工装车。

智能安检强化：小型货物采用高速AI分拣线，X光机扫描设备结合深度学习模型，自动识别锂电池、液体等危险品，分类准确率>99%。可疑货物自动分流至人工复检通道。

2.途中作业

全程可视化监控：零担货件粘贴RFID标签或二维码，沿途站点扫描设备自动更新货物状态。云平台整合列车运行数据、天气信息，AI动态预测中转节点时效，自动调整编组计划。

3.到达作业

智能分拨与精准通知：到站后AI分拣系统自动识别货物目的地，机器人AGV（Automatic Guided Vehicle，自动导引运输车）转运至对应库区。基于收货人历史提货偏好（如时段、方式），系统个性化推送提货通知，同步开放线上预约提货时段。

# 【任务实施】

全班每5~6人为一组，设1名组长，由组长带领本组同学担任小李的角色，按下述步骤为客户完成铁路零担运输的组织与实施工作。

步骤一：申请铁路零担托运货物

该票货物详细托运信息如下，请以托运人的身份填写铁路货物运单。

货物约定于　年　月　日交接

货位

号码

运到期限　日

**货物运单**

托运人→发站→到站→收货人

运单号：

承运人/托运人装车
承运人/托运人施封

货票号：

| 发站 | | 专用线名称 | | 专用线代码 | | 车种车号 | |
|---|---|---|---|---|---|---|---|
| 到站（局） | | 专用线名称 | | 专用线代码 | | | |
| 托运人 | 名称 | | | | | 货车标重 | |
| | 地址 | | | 邮编 | | | |
| | 经办人姓名 | | 经办人电话 | E-mail | | 货车施封号码 | |
| 收货人 | 名称 | | | | | | |
| | 地址 | | | 邮编 | | 货车篷布号码 | |
| | 经办人姓名 | | 经办人电话 | E-mail | | | |

| 选择服务 | | | | | |
|---|---|---|---|---|---|
| □门到门运输： □上门装车 □上门卸车<br>□门到站运输： □上门装车<br>□站到门运输： □装载加固材料 □上门卸车<br>□站到站运输： □装载加固材料 | 取货地址 | | | | |
| | 取货联系人 | | 电话 | | |
| □保价运输 | 送货地址 | | | | |
| □仓储 | 送货联系人 | | 电话 | | |

| 货物名称 | 件数 | 包装 | 集装箱箱型 | 集装箱箱号 | 集装箱施封号 | 货物价格 | 托运人填报重量（千克） | 承运人确定重量（千克） |
|---|---|---|---|---|---|---|---|---|
| | | | | | | | | |
| | | | | | | | | |
| | | | | | | | | |
| 合计 | | | | | | | | |

| 托运人记载事项 | | 承运人记载事项 | |
|---|---|---|---|

| 托运人盖章或签字 | 发站承运日期戳 | 承运货运员签章 | 到站交付日期戳 | 交付货运员签章 |
|---|---|---|---|---|
| 年　月　日 | 年　月　日 | 年　月　日 | 年　月　日 | 年　月　日 |

注：本单不作为收款凭证，托运人签约须知和收货人领货凭证须知见领货凭证背面。托运人自备运单的默认为已确知签约须知内容。

步骤二：受理托运

北京站货运业务员小周针对该票货物运单进行审查，具体包括：货物是否有符合运输要求的________，货件上是否标明清晰明显的________。此外，若货物属于必须凭证明文件托运的货物，还需检查是否备齐必要的________。

经审查无误后，小周在货物运单上签上了货物的搬入日期。托运人按此日期将货物搬入货场指定货位，即________。小周随即对该票货物进行检查验收，并请货场员工将货品整齐地堆放好。

步骤三：制票和承运

接下来，小周根据货物运单在系统上核对、生成货票。这是一种具有________性质的票据，因此，在制票后，小周便向经办人刘韬核收运输费用。

已知：该票货物共250箱，总重3 500kg，体积12m$^3$，则该票货物计费重量为：______________________________。

已知：北京—福州站的营运里程为2 089千米；奶粉的运价号为6，对应的零担发到基价为0.008元/10kg，运行基价为0.0000365元/10kg·km；则零担运费为：__________；电气化附加费率为0.00012元/10kg·km，则电气化附加费为______________________，铁路建设基金费率为0.00033元/10kg·km，则铁路建设基金为______________________。总运费为____________________。

货票及领货凭证生成后，承运工作正式开始。

步骤四：铁路货物装车

北京站在其货场开始对该票货物进行装车，做好检查及辅助工作。

步骤五：途中作业

该票货物装车完毕并按时发车。在运输过程中，随行工作人员随时检查货物的____________状态，车辆篷布________状态，施封情况，以及门、窗、盖、阀的关闭情况，货车____________的完整情况。

步骤六：到达作业

该票货物运输期限为________天，货物4天到达福州站，并按照货主要求送货上门。收货经办人杨扬凭________________交接货物。

步骤七：分析AI在铁路零担运输中的应用价值

请说明在AI赋能的零担运输中货运调度员的角色会发生哪些变化？“三维拼载技术”能够解决传统配载的哪些痛点？

步骤八：任务实施完成

## 【任务测评】

### 一、选择题

任务测评3-3

1.在铁路零担运输中，单件托运货物的体积应（　　）$0.02m^3$（单件重量10kg以上除外）。

A.小于　　B.大于

C.等于　　D.大于或等于

2.某托运人在甲站按整车托运水泥至乙站（230运价千米），其运到期限应为（　　）日。

A.2　　B.3　　C.4　　D.5

3.零担货物以（　　）为一批。

A.每一车组　　B.每车　　C.每张货物运单　　D.每件

4.铁路货物领货凭证的传递过程是（　　）。

A.托运人—发站—收货人—到站

B.托运人—发站—托运人—收货人—到站

C.发站—托运人—收货人—到站

D.托运人—发站—托运人—到站—收货人

### 二、判断题

1.货物运到期限的起码天数为2天。（　　）

2. 零担货物在承运后、装车前，托运人可以向发站提出取消托运，经承运人同意，运输合同即告解除。 ( )

3. 在铁路货物运输中，一批零担货物的件数不得超过300件。 ( )

## 三、计算题

一件零担货物从北京火车站发往合肥火车站，重2 250千克，体积为8.18立方米，请计算这批货物的运到期限和运费。(运行里程为1 056千米，全程电气化，运价号为22号，发到基价为0.104元/10kg，运行基价为0.000438元/10kg·km，电气化附加费率为0.00012元/10kg·km)。

## 【项目小结】

本项目围绕铁路货物运输，介绍了铁路货运方式，包括运载工具、货物分类及新动向，阐述了铁路整车和零担货运组织的运到期限、运费计算及作业流程，还提及智能技术在铁路运输中的应用。通过学习，构建了铁路货物运输知识体系，提升了实操能力，培养了智能思维，强化了职业素养。铁路货物运输在大宗、长途运输中优势显著，随着智能技术的发展，正朝高效、安全、绿色方向迈进，未来需关注技术创新，提升多式联运协同能力以适应行业发展。

## 【项目综合题】

你是成都国际铁路港的智慧运输运营专员。2025年9月，公司承接两批重要货物，需通过中欧班列运往欧洲：

整车货物：50吨精密医疗设备（价值2 000万元），从成都运往德国汉堡。货物对温湿度敏感（要求在15℃~25℃），需使用特种恒温集装箱。运价号为8号，全程电气化，里程10 865千米。

零担货物：15家跨境电商的电子产品（手机配件、智能穿戴设备），总重18吨，总体积62$m^3$，目的地为波兰马拉舍维奇（中欧班列主要中转站）。

1.基础业务操作

（1）计算医疗设备的铁路运到期限。已知：需在马拉舍维奇口岸换装，途中加冰控温1次。

（2）填写医疗设备的铁路运单。模拟关键字段：货物名称、包装类型、保价声明、温控要求。

2.AI赋能场景分析

（1）动态班列调度

传统模式：班列按固定时刻表发车，医疗设备原定9月15日发运。但9月14日预测到未来3天宝鸡段将因暴雨引发地质灾害。若应用AI赋能，系统如何调整运输方案？请说明AI调度的至少两点决策逻辑。

（2）预测性维护

途中监测发现恒温集装箱压缩机振动数据异常，AI系统判定故障概率达82%。系统会触发哪些自动化操作？这对医疗设备运输有何意义？

（3）零担智能配载

15票电子产品需在成都集结后装入同一班列。

描述AI驱动的“三维拼载算法”如何解决以下问题：

• 货物形状不规则（如30%为长条形包装）

• 波兰马拉舍维奇需分拨至5个不同欧洲城市。

3.未来趋势思考

你认为“AI+中欧班列”模式对共建“一带一路”国家的贸易将产生哪些深远影响？请说出至少3点。

# 项目四　水路货物运输

## 【学习目标】

知识目标

（1）能正确说出水路运输的基本条件，能列举3~5种常见的水运方式。

（2）能正确阐述班轮运输的特点，能够列举各种租船运输方式的2~3个特点。

（3）能列举出内河运输的基本条件。

（4）能正确阐述班轮运输和内河货运费用的计算方法。

（5）能正确阐述班轮运输、租船运输和内河货运的业务流程。

能力目标

（1）能够根据货主要求组织班轮、租船和内河业务操作。

（2）能够正确计算班轮运输和内河货运费用。

（3）能够与海上、内河货物运输业务中各关联方进行及时沟通。

素养目标

（1）具有节约优先、保护优先的绿色物流发展观。

（2）具有认真负责的态度和敬业精神。

（3）具备积极主动、友善、团队意识强、富有责任心、组织协调能力突出等素质。

## 【项目导入】

张鑫是深圳兴乐国际货运代理有限公司（以下简称“兴乐货代”）海运部的新入职员工。在熟悉了基本业务后，海运部的李经理将本周的工作与学习任务分配给了小张，具体如下：

1.深圳森和木业公司（以下简称“森和木业”）与美国纽约KC木材公司（以下简称“KC木材”）于2025年7月15日在深圳签订出口合同，森和木业向KC木材出口1 000张细木工板，规格为2 440mm×1 220mm×15mm，每100张为1捆，共10捆，毛重为16 500kg，净重为15 800kg，体积为14.2m$^3$。

森和木业在备好货后，遂于8月1日联系兴乐货代代办该票海洋出口货运相关事宜。

2. 2025年5月15日，意大利森特贸易有限公司（以下简称“森特贸易”）与深圳宏源粮食集团（以下简称“宏源粮食”）签订贸易合同，欲进口一批5 000吨袋装小麦，装货港为深圳港，卸货港为安科纳港。发货人为宏源粮食。

宏源粮食需要为这批货物办理租船运输，于是找到深圳远洋船务公司（以下简称“远洋船务”）联系租船事宜。

小张的学长、远洋船务的小孙接受了这一任务，他需要为宏源粮食寻找合适的船东、签订租船合同。为今后拓展业务需要，小张来到远洋船务，向学长学习具体的租船业务操作。

3. 2025年7月25日，天津米乐食品加工厂（以下简称“米乐食品”）与青岛达达食品有限公司达成合同，欲托运一批袋装玉米从天津到青岛，共500袋，毛重为15t，每袋体积为200mm×300mm×400mm。

米乐食品在备好货后，于8月1日联系兴乐货代代办内河货运相关事宜。

兴乐货代海运部李经理将这三项工作任务均交给小张。那么，小张应了解哪些有关于水路货运的知识？又应如何来完成这三票货物的操作呢？

# 任务一　认识水路货运方式

## 【任务描述】

水路运输是利用船舶等水运工具，在江、河、湖、海及人工运河等水道，运输旅客、货物的一种运输方式。至今，水运仍是世界许多国家最重要的运输方式之一，国际贸易总运量中有近90%的货物是利用水路运输中的海洋运输完成的。

接下来，我们就和小张一起来认识水路货物运输这个行业吧！

## 【任务解析】

本任务主要学习水路运输的基本条件，认识不同类型的船舶、港口和货物，并能够认识主要的水运航线。

## 【知识链接】

水路货物运输是指利用船舶、竹筏和其他载运工具，在江河、湖泊、人工水道及海洋运送货物的一种运输方式。水路运输适宜于距离长、对送达时间要求不高的大宗货物运输，也适合集装箱运输。

从事水路货物运输的基本条件是从船（船舶）、港（港口）、货（货物）、线（航线）四个方面反映出来的。其中，船舶是航运经营人从事运输服务的生产工具，港口是船货结合的集散地和衔接点，货物是运输服务的劳动对象，航线是船舶运行的预定路径。上述四个方面构成了水路运输的基本条件，缺一不可。

### 一、船舶

微课4-1

认识水路货运方式

海运船舶按照用途不同，可分为干货船和油槽船两大类。

1.干货船

根据所装货物及船舶结构、设备不同，干货船可分为以下几种：

（1）件杂货船。件杂货船也称为普通杂货船，主要用于装载一般包装、袋装、箱装和桶装的件杂货物。由于件杂货的批量较小，杂货船的吨位亦较散货船和油船小。

（2）冷藏船。冷藏船是专门用于装载冷冻易腐货物的船舶。船上设有冷藏系统，能调节温度以适应各舱货物对不同温度的需要。

（3）集装箱船。集装箱船又称为箱装船、货柜船或货箱船，是一种专门载运集装箱的船舶。其全部或大部分船舱用来装载集装箱，甲板或舱盖上也可堆放集装箱。集装箱船装卸效率高，航速较快，大多数船舶本身没有起吊设备，需要依靠码头上的起吊设备进行装卸。集装箱船又可分为部分集装箱船、全集装箱船和可变换集装箱船三种。

（4）滚装船。滚装船又称“开上开下”船，或称“滚上滚下”船，是利用运货车辆来载运货物的专用船舶，用牵引车牵引载有箱货或其他件货的半挂车或轮式托盘直接进出货舱装卸的运输船舶。这种船的优点是不依赖码头上的装卸设备，装卸速度快，可加速船舶周转。

（5）载驳船。载驳船又称子母船，其运输过程是：将货物先装载于统一规格的方形货驳（子船）上，再将货驳装上载驳船（母船）上，载驳船将货驳运抵目的港后，将货驳卸至水面，再由拖船分送到各自的目的地。载驳船的主要优点是不受港口水深限制，不需要占用码头泊位，装卸效率高。

2. 油槽船

油槽船是主要用来装运液体货物的船舶。油槽船根据所装货物种类不同，又可分为油轮和液化天然气船。

油轮主要装运液态石油类货物。它的特点是机舱都设在船尾，船壳本身被分隔成数个储油舱，有油管贯通各油舱。油舱大多采用纵向式结构，并设有纵向舱壁，在未装满货时也能保持船舶的平稳性。为取得较大的经济效益，第二次世界大战以后油轮的载重吨位不断增加，目前世界上最大的油轮可载重60多万吨。

随着科技的发展，智能船舶与绿色船舶亦快速发展。

1. 智能船舶

智能船舶是融合物联网、大数据、人工智能、5G 通信等技术的新一代船舶，通过全船数据互联与智能决策，实现航行、装卸、运维的智能化管理。其核心应用包括：

（1）智能导航系统

搭载 AI 算法与电子海图，结合实时气象、洋流数据及港口拥堵信息，自动规划燃油消耗最低或时效最优的航行路径，较传统规划方式降低 15% 的运输成本。例如，中远海运的“远瑞洋”号智能集装箱船通过动态路径优化，在“上海—欧洲”航线中缩短航行时间 2 天。

（2）设备健康管理

通过遍布船体的传感器实时采集主机振动、轴承温度、燃油消耗等数据，利用机器学习模型预测设备故障，提前 14 天发出维护预警，将主机故障率降低 30%，维护成本减少 25%。

（3）货物监控系统

针对冷藏货舱、危险品舱等特殊区域，部署温湿度、气体浓度传感器，结合数字孪生技术构建货舱环境虚拟模型，当运输荔枝等鲜活货物时，系统可自动调节温控设备，将货损率控制在 0.5% 以下。

2.绿色船舶

绿色船舶以低碳、零排放为目标，通过新能源技术与环保设计推动航运可持续发展，主要类型包括：

（1）LNG 动力船舶

LNG （Liquefied Natural Gas，液化天然气）动力船舶以液化天然气为燃料，硫氧化物排放减少 99%，氮氧化物排放降低 85%，碳排放减少 25%。例如，招商局集团的“招商壹号”LNG 动力散货船，在沿海航线中每年减少 $CO_2$排放约 1.2 万吨。

（2）纯电动船舶

纯电动船舶配备大容量锂电池组，适用于内河短途运输，如长江流域的电动集装箱驳船，航行时噪音低于 60 分贝，完全零排放，较传统柴油船能耗降低 35%。

（3）氨燃料 / 氢燃料船舶

氨燃料 / 氢燃料船舶以氨或氢为燃料，燃烧产物为水，实现“零碳排”，目前处于试点阶段，预计 2030 年可规模化应用于远洋航线。

## 二、港口

港口是水上运输的另一重要设施，指具有一定面积的水域和陆域，供船舶出入和停泊、货物及旅客集散的场所。具体分类见表4-1。

表4-1 港口的分类

| 分类依据 | 特点 | 解释说明 |
| --- | --- | --- |
| 按所在位置分 | 河港 | 建在内陆水域中，包括江、河、湖和水库等岸线处，为内河运输服务 |
| | 海港 | 建在海岸线上，为海上运输服务 |
| | 河口港 | 建在江、河入海口的江、河岸线上，为内河和海上运输服务 |
| | 水库港 | 建于大型水库沿岸的港口。受风浪影响较大，常建在有天然掩护的地区，水位受工农业用水和河道流量调节等影响，变化较大 |
| 按用途分 | 商港 | 供商船往来停靠、办理客货运输业务的港口 |
| | 军港 | 专供海军舰艇使用的港口 |
| | 渔港 | 供渔船停泊、卸下渔获物和进行补给修理的港口 |
| | 工业港 | 工矿企业专用港口 |
| | 避风港 | 供船舶躲避风浪的港口，也可由此取得补给、进行小修等 |
| 按货物进口是否需要报关分 | 报关港 | 要求进关的外国货和外国人向海关办理报关手续 |
| | 自由港 | 在一国境内设立的海关特殊监管区域，对境外进出港区的货物实施备案管理为主，免征关税和增值税（限区内流转），允许自由进行装卸、贮存、加工和转口贸易，但货物进入国内其他区域时需按常规通关 |
| 按班轮公司是否需要定期挂靠分 | 基本港 | 班轮公司的船可以定期挂靠的港口 |
| | 非基本港 | 凡除基本港口以外的港口都称为非基本港。需要用驳船接转，内地区域（简称内陆点）需要从铁路或公路中转。海运费除按基本港口收费外，还需另外加收转船或内拖附加费 |
| 按自动化与智能化程度分 | 自动化码头 | 自动化码头通过智能化设备与系统集成，实现集装箱装卸、堆存、运输的无人化作业，核心设施包括：<br>•自动化桥吊与龙门吊：采用视觉识别与精准定位技术，无须人工操作即可完成集装箱装卸，作业效率较传统码头提升30%。例如，上海洋山港四期自动化码头的无人桥吊，平均每分钟可装卸4个集装箱<br>•无人集卡与AGV：通过5G＋北斗定位系统，自动行驶至指定堆场或船舶泊位，减少人工驾驶误差，降低能耗15%。洋山港的无人集卡车队可24小时连续作业，调度响应时间小于10秒<br>•智能堆场管理：利用数字孪生技术构建堆场三维模型，AI算法根据集装箱尺寸、重量、目的地自动分配堆存位置，将堆场利用率提升至75%，较传统堆场提高20%空间利用率 |

续表

| 分类依据 | 特点 | 解释说明 |
|---|---|---|
| 按自动化与智能化程度分 | 智能港口 | 智能港口以数字化平台为核心，整合物流、贸易、监管等数据，实现全流程可视化与协同管理，关键技术包括：<br>•港口大脑系统：基于大数据分析船舶到港计划、货物吞吐量、集疏运能力，自动生成泊位分配、装卸顺序方案，使船舶平均在港时间缩短 25%。例如，深圳盐田港的“智慧港口大脑”，可提前 72 小时预测集装箱吞吐量，误差率小于 5%<br>•区块链电子单证：替代传统纸质单据，实现“船-港-货-关”数据上链共享，货主可通过区块链节点实时查询货物位置、报关状态，单证处理效率提升 80%，减少人工录入错误<br>•5G + 边缘计算：在港口部署5G专网，支持高清摄像头、智能传感器的海量数据实时传输，边缘服务器就近处理视频监控、设备控制指令，响应延迟低于20毫秒，保障无人设备的实时操控 |

## 三、货物

海运货物品种繁多，且性质及规格各不相同。为了保证货物安全装载、运输和保管，分别根据货物形态与包装、货物的理化性质对海运货物进行了分类，如图4-1、图4-2所示。

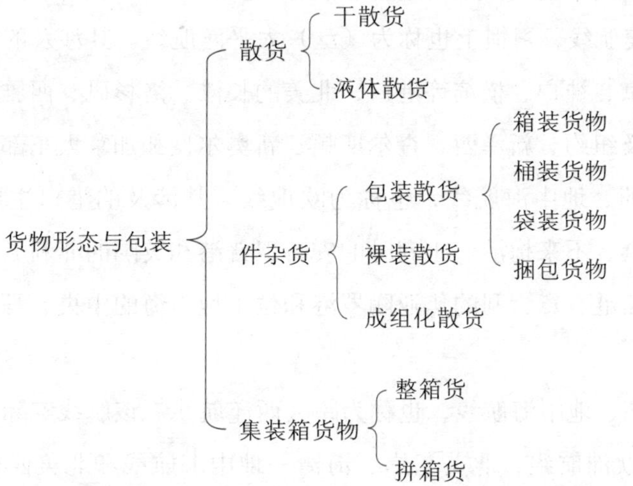


图4-1　海运货物分类——按货物形态与包装划分

- 货物的理化性质
  - 普通货物
    - 清洁货物
    - 液体货物
    - 粗劣货物
    - 易碎货物
  - 普通货物
    - 危险货物
    - 冷藏货物
    - 贵重货物
    - 活体动植物
    - 长、大、笨重货物

图4-2　海运货物分类——按货物理化性质划分

## 四、航线

船舶在两个或多个港口之间从事货物运输的线路称为航线。根据船舶营运方式可分为定期航线和不定期航线；根据航程的远近可分为远洋航线、近洋航线和沿海航线；根据航行范围可分为大西洋航线、太平洋航线、印度洋航线和环球航线。

当前，世界上规模最大的三条主要集装箱航线是：远东—北美航线、远东—欧洲、地中海航线和北美—欧洲、地中海航线。

1.远东—北美航线，习惯上也称为（泛）太平洋航线。其涉及的港口主要有亚洲的釜山、上海、东京、神户、横滨等港口，北美的长滩、洛杉矶、西雅图、塔科马、奥克兰和温哥华，以及纽约、新泽西、查尔斯顿、新奥尔良和加拿大东部地区港口。

2.远东—欧洲、地中海航线，也称为欧地线。其涉及的港口主要有荷兰的鹿特丹港、德国的汉堡港、不来梅港、比利时的安特卫普港和英国的菲利克斯托港，西班牙南部的阿尔赫西拉斯港、意大利的焦亚陶罗港和位于地中海的中央、马耳他东南部的马尔萨什洛克港。

3.北美—欧洲、地中海航线，也称为跨大西洋航线。该航线实际包括三条航线：北美东岸、海湾—欧洲航线，北美东岸、海湾—地中海航线和北美西岸—欧洲、地中海航线。

# 【任务实施】

全班每5~6人为一组，设1名组长，由组长带领本组同学担任张鑫的角色，按下述步骤复习水路运输的基本常识。

步骤一：请复习并查找相关资料，说明基本港与非基本港的区别，并判断深圳港属于基本港还是非基本港？为什么？

步骤二：你认为小张要处理的这三票业务，货物分属于什么类别？应分别选择什么类型的船舶？

步骤三：请为深圳—纽约选择一条合适的航线，并指出航线中的主要港口、运河。

步骤四：请以小组为单位，选取“中远海运智能集装箱船”或“招商局LNG动力船舶”作为案例，通过查阅中远海运官网、行业报告（如2024年《智能船舶发展白皮书》），分析AI技术在船舶中的具体应用。

步骤五：任务实施完成

## 【任务测评】

### 一、选择题

任务测评4-1

1.利用运货车辆来载运货物的专用船舶，用牵引车牵引载有箱货或其他件货的半挂车或轮式托盘直接进出货舱装卸的运输船舶是（　　）。

A.滚装船　　B.载驳船

C.集装箱船　　D.冷藏船

2.有一批货物要从上海运往鹿特丹，这票货物是（　　）航线的。

A.北美—欧洲　　B.北美—地中海

C.远东—欧洲　　D.远东—北美

3.根据货物形态与包装，海运货物可分为（　　）。

A.散货　　B.件杂货　　C.集装箱货物

D.特殊货物　　E.普通货物

4.国际海上货物运输的特点包括（　　）。

A.运输量大　　B.通过能力大　　C.运费低廉

D.对货物适应性强　　E.运输的速度慢　　F.风险较大

### 二、判断题

1.方便旗船（Flag of Convenience）指在外国登记，悬挂外国国旗并在国际市场上进行营运的船舶。（　　）

2.在国际海运中，货物的重量一般采用净重。（　　）

3.船舶吨位是船舶大小的计量单位，可分为重量吨位和容积吨位两种。（　　）

### 三、简答题

1.简述水路运输的优势和劣势。

2.简述水路货物运输的基础条件。

# 任务二 组织海洋货物运输

## 【任务描述】

深圳森和木业公司（以下简称“森和木业”）与美国纽约KC木材公司（以下简称“KC木材”）于2025年7月15日在深圳签订出口合同，森和木业向KC木材出口1 000张细木工板，规格为2 440mm×1 220mm×15mm，每100张为1捆，共10捆，毛重为16 500kg，净重为15 800kg，体积为14.2m³。

森和木业在备好货后，遂于8月1日联系兴乐货代代办该票海洋出口货运相关事宜。

由任务一所学知识可知，该票货物为海运件杂货出口，商业发票和出口委托书见表4-2、表4-3。

表4-2 商业发票

SHENZHEN SENHE WOOD CORPORATION

2 LONGSHAN ROAD，SHENZHEN，518105，CHINA

Tel:（86）0755-12345678 Fax:（86）0755-12345678

**COMMERCIAL INVOICE**

TO: NEW YORK KC WOOD CORPORATION INV NO.: BCE0012567

FROM: SHENZHEN TO NEW YORK DATE: JUL.15，2025

| Marks & No. | Description of Goods | Quantity | Unit Price | Amount |
|---|---|---|---|---|
| SENHE WOOD<br>NEW YORK<br>BUNDLE/NO.1-10 | BLOCK BOARD OF TREE WOOD<br>（2 440mm×1 220mm×15mm） | 1 000PCS | CFR<br>NEW YORK<br>USD100.00/PC | USD100 000.00 |

SHENZHEN SENHE WOOD CORPORATION

ZHANG LI

表4-3 出口委托书

<table>
<tr><td colspan="3">Shipper<br>SHENZHEN SENHE WOOD CORPORATION<br>2 LONGSHAN ROAD，SHENZHEN，518105，CHINA<br>Tel：（86）0755-12345678<br>Fax：（86）0755-12345678</td><td colspan="2">上海飞捷国际货运代理有限公司</td></tr>
<tr><td colspan="3">Consignee<br>NEW YORK KC WOOD CORPORATION<br>70 HAMILTON AVE，BROOKLYN，NY 11231，USA<br>Tel：（11）212-765-4321<br>Fax：（11）212-765-4321</td><td colspan="2" rowspan="2">飞捷货代</td></tr>
<tr><td colspan="3">Notify Party<br>THE SAME AS CONSIGNEE</td></tr>
<tr><td>Place of Receipt</td><td>Port of Loading<br>SHENZHEN</td><td colspan="2">Pre-carriage</td><td>Number of Original B（s）/L<br>THREE</td></tr>
<tr><td>Ocean Vessel/Voyage</td><td>Port of Discharge<br>NEW YORK</td><td colspan="2">Place of Delivery<br>NEW YORK</td><td>Freight Payable at<br>SHENZHEN</td></tr>
<tr><td>Marks & No.</td><td>Description of Goods</td><td>Quantity</td><td>Unit Price</td><td>Amount</td></tr>
<tr><td>SENHE WOOD<br>NEW YORK<br>BUNDLE/NO.1-10</td><td>BLOCK BOARD OF<br>TREE WOOD<br>（2 440mm×1 220mm×15mm）</td><td>1 000PCS</td><td>CFR<br>NEW YORK<br>USD100.00/PC</td><td>USD100 000.00</td></tr>
</table>

那么，作为本票业务的代理员，小张应如何组织该票货物的运输呢？

## 【任务解析】

本任务主要学习班轮运输的基本特点、班轮运输费用的计算，并根据客户的要求，完成班轮运输的业务组织。

# 【知识链接】

海洋货物运输是指使用船舶通过海上航道在不同国家和地区的港口之间运送货物的一种方式。它是国际物流中最主要的运输方式，包括沿海运输、近海运输和远洋运输。从运营方式上看，主要有班轮运输和租船运输。

## 一、认识班轮运输

班轮运输是指班轮公司将船舶按事先制定的船期表，在特定航线的各挂靠港口之间，经常为非特定的众多货主提供规律的、反复的货物运输服务，并按运价本或协议运价的规定计收运费的一种运营方式。班轮运输可分为杂货班轮运输和集装箱班轮运输。

班轮运输具有“四固定”的特点，即固定港口、固定航线、固定船期和相对固定的运价。这是班轮运输的基本特点。

经营班轮运输必须具备的条件：

（1）需配置技术性能较高、设备齐全的船舶。

（2）需租赁专用码头和设备，设立相应的营业机构。

（3）需要给船舶配备技术和业务水平较高的船员。

（4）需要有一套适用于承担小批量货物托运的货运程序。

微课 4-2

计算班轮运费

## 二、计算班轮运费

（一）基本运费

基本运费指运输每批货物所应收取的最基本的运费，是整个运费的主要构成部分，它是根据基本运价和运费吨计算得出的。

基本运价有多种形式，如普通货物运价、个别商品运价、等级运价、协议运价、集装箱运价等。而根据货物特性等所确定的特别运价有：军工物资运价、高价货运价、冷藏运价、危险品运价、甲板货运价、小包裹运价等。

关于运费吨，通常取重量和体积中相对值较大的为计费标准，以便对船舶载重量和舱容的利用给予合理的费用支付。其中，重量为货物的毛重，体积为该货物的外形最大处长、宽、高的乘积。

运费吨一般表示为W/M（Weight/Measurement）。

运费等于运价与运量（运费吨）的乘积，即

$$F = R \cdot Q$$

其中：F表示运费，R表示运价，Q表示运量。

（二）附加费

附加费（Surcharge or Additional）是指根据货物种类或不同的服务内容，视不同情况而加收的运费，可以说是由于在特殊情况下或者临时发生某些事情的情况下而加收的费用。附加运费的种类主要有以下几种：

1.燃油附加费（Bunker Surcharge or Bunker Adjustment Factor，B.A.F）是指因燃油价格波动而加收的费用，是目前最主要的一项附加费。

2.港口附加费（Port Surcharge）是指船舶需要进入条件较差、装卸效率较低或船舶费用较高的港口及其他原因而向货方增收的附加费。

3.港口拥挤附加费（Port Congestion Surcharge）是指有些港口由于拥挤，致使船舶停泊时间延长而加收的附加费。该项附加费随港口条件改善或恶化而变化。

4.选港附加费（Optional Fees）是指装货时尚不能确定卸货港，要求在预先提出的两个或两个以上港口中选择一港卸货，船方因此而加收的附加费。所选港口限定为该航次规定的挂靠港，并按所选港中收费最高者计算并收取各种附加费。货主必须在船舶抵达第一选卸港前（一般规定为24小时或48小时）向船方宣布最后确定的卸货港。

5.转船附加费（Transshipment Surcharge）是指运往非基本港的货物，需转船运往目的港，船舶所收取的附加费，其中包括转船费（包括换装费、仓储费）和二程运费。但有的船公司不收此项附加费，而是分别另收转船费和二程运费，这样收取一、二程运费再加转船费，即通常所谓的“三道价”。

6.直航附加费（Direct Surcharge）是指运往非基本港的货量达到船公司规定的直航门槛，船公司可安排直航该港而不转船时所加收的附加费。一般直航附加费比转船附加费低。

7.绕航附加费（Deviation Surcharge）是指因战争、运河关闭、航道阻塞等原因造成正常航道受阻，必须临时绕航才能将货物送达目的港需加收的附加费。

8.货币贬值附加费（Currency Adjustment Factor，C.A.F）。在货币贬值时，船方为保持其实际收入不致减少，按基本运价的一定百分比而加收的费用。

9.超重附加费（Heavy Lift Surcharge）。单件货物重量超过一定限度而加收的费用。

10.超长附加费（Long Length Surcharge）。单件货物长度超过规定长度而加收的费用。各班轮公司对超重或超长货物的规定不一。我国中远公司规定每件货物达到5吨或9米以上时，加收超重或超长附加费。超重货一般以吨计收，超长货按运费吨计收。无论是超重、超长或超大件，托运时都须注明。如船舶需转船，每转船一次，加收一次附加费。

当承运人在承运小批量货物时，为了维护自身利益，需收取起码运费来补偿最基本的装卸、整理、运输等操作过程的成本支出。

件杂货和拼箱货一般以1运费吨为起码运费标准，最高不超过5运费吨；有的以提单为标准收取起码运费，以提单为标准收取起码运费后不再加收其他附加费。

班轮运费计算公式为：

$$F=F_b+\sum S$$

其中：F为运费总额；$F_b$为基本运费；S为某一项附加费。

【例1】2025年6月，广州某公司运往德国汉堡一批五金件，共计50箱，每箱毛重75千克，每箱尺码为50cm×48cm×100cm。燃油附加费为21%，港口拥挤附加费为20%，试计算该批货物的运费。

【解】

（1）查运价本可知，该批货物计收标准为W/M，等级为10级。

（2）查询广州—汉堡航线等级费率表，10级费率为人民币92元。

（3）计算货物的重量和体积。

重量为：50箱×75千克/箱=3 750千克=3.75吨

体积为：50箱×（50cm×48cm×100cm）=12 000 000立方厘米=12立方米

由于W<M，因此取M为计收标准。

（4）基本运费为：12立方米×92元/立方米=1 104元

（5）总运费为：1 104元×（1+21%+20%）=1 556.64元

【例2】深圳某公司向新加坡出口牛肉25吨，共1 000箱，每箱毛重26千克，每箱体积为20cm×20cm×25cm。该货物对应航线的运价为100美元/运费吨，计收标准为W/M，另收燃油附加费28美元/运费吨，港口附加费20美元/运费吨。试计算该批货物的运费。

【解】

首先计算并该批货物重量与体积。

重量为：1 000箱×26千克/箱=26 000千克=26吨

体积为：1 000箱×（20cm×20cm×25cm）=10 000 000cm³=10m³

由于W>M，因此取W为计收标准。

总运费为：（100+28+20）×26=3 848（美元）

微课4-3

组织杂货班轮出口货物运输

## 三、班轮运输的组织

班轮运输涉及的主体及组织流程如图4-3所示。

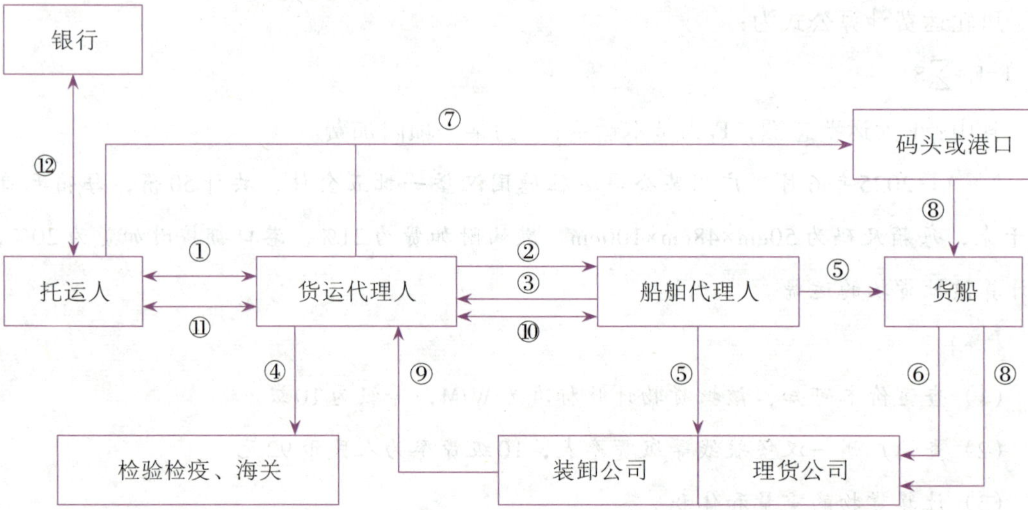


图4-3 杂货班轮出口货运代理流程图

1. 接受货主委托并报价。货代需向货主了解货物的详细信息，并接受货主提供的必要单证。货代需估算海运运费和利润并报价，与货主签订委托代理合同。

微课4-4

填制海运提单

2. 向船公司订舱。

3. 装船完毕后向船公司换取海运提单（见表4-4）。

4.货主付清货代公司垫付费用及代理费后，凭海运提单到银行收取货款。

表4-4　海运提单（正面）

| | | |
|---|---|---|
| 2.Shipper［Insert Name，Address and Phone］ | | 1.B/L No. |
| | | ×××集装箱运输有限公司<br>××× CONTAINER LINES<br>TLX：33057 ××× CN<br>FAX：+86（021）6545 8984<br>ORIGINAL |
| 3.Consignee［Insert Name，Address and Phone］ | | Port-to-Port or Combined Transport<br>BILL OF LADING<br>RECEIVED in external apparent good order and condition except as otherwise noted. The total number of packages or unites stuffed in the container, the description of the goods and the weights shown in this Bill of Lading are furnished by the Merchants, and which the carrier has no reasonable means of checking and is not a part of this Bill of Lading contract. The carrier has issued the number of Bills of Lading stated below, all of this tenor and date. One of the original Bills of Lading must be surrendered and endorsed or signed against the delivery of the shipment and whereupon any other original Bills of Lading shall be void. The Merchants agree to be bound by the terms and conditions of this Bill of Lading as if each had personally signed this Bill of Lading.<br>SEE clause 4 on the back of this Bill of Lading（terms continued on the back hereof, please read carefully）.<br>*Applicable only when document used as a Combined Transport Bill of Lading. |
| 4.Notify Party［Insert Name，Address and Phone］<br>（It is agreed that no responsibility shall attach to the Carrier or his agents for failure to notify.） | | |
| 5.Combined Transport *<br>Pre-carriage by | 6.Combined Transport*<br>Place of Receipt | |
| 7.Ocean Vessel Voy.No. | 8.Port of Loading | |
| 9.Port of Discharge | 10.Combined Transport*<br>Place of Delivery | |

| 11.Marks & Nos.<br>12.Container / Seal No. | 13.No.of Containers or Packages | 14. Description of Goods（If Dangerous Goods，See Clause 20） | 15.Gross Weight（kg） | 16.Measurement（$m^3$） |
|---|---|---|---|---|
| | | | | |
| | | Description of Contents for Shipper's Use Only（Not Part of This B/L Contract） | | |
| 17.Total Number of Containers and/or Packages（in words） | | | | |
| Subject to Clause 7 Limitation | | | | |

| 18.Freight & Charges | Revenue Tons | Rate | Per | Prepaid | Collect |
|---|---|---|---|---|---|
| 19.Declared Value Charge | | | | | |
| Ex.Rate： | 20.Place and Date of Issue | | | | |
| | 21.No.of Original B（s）/L | | 22.Signed for the Carrier，COSCO CONTAINER LINES | | |
| LADEN ON BOARD THE VESSEL | | | | | |
| Date | | By | | | |

5.海运提单经银行流转至收货人，收货人付款赎单后，凭海运提单到目的港提货。

## 四、智能技术在班轮运输中的应用

（一）智能订舱与需求预测

AI动态订舱系统通过分析历史运单数据（如近3年“深圳—纽约”航线的货量波动规律）、实时市场供需（如跨境电商促销节点的货物激增预警）及船期计划，自动生成订舱建议。例如，系统可提前30天预测“双11”期间电子产品的出货高峰，提示货代提前锁定20%额外舱位，避免旺季爆舱风险。某货代企业应用AI订舱系统后，舱位匹配效率提升40%，空舱率降低15%。

（二）AI三维智能配载

企业引入深度学习算法的配载系统，基于货物尺寸（如40英尺集装箱内200个不同规格的木箱）、重量分布（重货不超过集装箱底板承重的60%）及卸港顺序，生成最优积载方案。系统可在10秒内完成传统人工需2小时的配载计算，集装箱空间利用率从75%提升至92%。例如，运输300台冰箱时，AI配载系统自动将重货置于底部，轻泡货码放在上层，同时预留通道便于中途港卸货，比传统的倒箱率减少50%。

（三）区块链电子提单与智能合约

部署区块链技术的电子提单系统，实现“上海—汉堡”航线全程单证数字化。货主通过手机App即可签署电子提单，系统自动触发智能合约：当货物抵达目的港且清关完成时，区块链节点自动释放提货权限，较传统纸质提单流程缩短2~3天。某跨境电商使用该系统后，单证错误率降为0，付款流程从7天压缩至48小时。

（四）AI全程跟踪与异常预警

依托IoT传感器与边缘计算的跟踪系统，实时采集集装箱温湿度（如冷藏货舱保持在-18℃）、位置（北斗定位精度达10米）及振动数据（避免精密仪器运输颠簸）。当系统检测到某集装箱温度异常升高2℃时，AI算法自动分析可能是制冷设备故障，10秒内推送预警至船长与货主，并建议就近检修，货损风险降低80%。

## 【任务实施】

**全班每5~6人为一组，设1名组长，由组长带领本组同学担任张鑫的角色，按下述步**

骤复习水路运输的基本常识。

步骤一：接受委托并报价

兴乐货代接受森和木业的委托，由海运部工作人员小张具体来操作。他向森和木业了解了货物的详细信息，并接受森和木业提供的必要单证。

兴乐货代估算海运运费和利润并报价，与森和木业确认了费用和各自的权利、义务，随后签订委托代理合同。该票货物从深圳到纽约的运费计收标准为W/M，运价为80美元/运费吨，燃油附加费为10美元/运费吨。现需要计算该票货物产生的运费，并向森和木业报价。

毛重：__________kg=__________t

体积：__________$m^3$

由于计收标准为W/M，因此运费吨为__________

运费=__________（写出计算步骤）

若兴乐货代的代理费为运费的8%，则兴乐货代应向森和木业报价__________。（报价=船公司海运费/（1-毛利率））

步骤二：向船公司订舱

1.订舱申请

2025年8月3日，兴乐货代以森和木业的名义向中远公司订舱。

2.订舱确认

中远公司查询船期表（见表4-5），并与兴乐货代确认了船名、航次。船名为__________，航次为__________。

表4-5　船期表

| 船名 | XIN JIN JIANG | |
|---|---|---|
| 航次 | 075E | |
| | ETA | ETD |
| 深圳（SHENZHEN） | 2025-08-15 08：00 | 2025-08-15 12：00 |
| 波士顿（BOSTON） | 2025-08-31 23：00 | 2025-09-01 00：00 |
| 纽约（NEW YORK） | 2025-09-01 18：00 | 2025-09-01 22：00 |

步骤三：装船

货物于2025年8月15日12：00如数装入船舶内8号舱，装船后大副小赵签发__________给理货员，理货员张远将其返给中远公司。

兴乐货代在支付海运费后，从中远公司拿到____________。

随后，兴乐货代凭收货单到中远公司换取了____________。请代中远船公司签发海运提单（表4-6）。（海运提单号为：COS2025081501）

表4-6　　出口货物海运提单

| | | | | | |
|---|---|---|---|---|---|
| 1.Shipper Insert Name，Address and Phone | | | B/L No. | | |
| | | | ××集装箱运输有限公司<br>××× CONTAINER LINES<br>TLX：33057 ××× CN<br>FAX：+86（021）6545 8984<br>ORIGINAL | | |
| 2.Consignee Insert Name，Address and Phone | | | | | |
| | | | Port-to-Port or Combined Transport<br>BILL OF LADING | | |
| 3.Notify Party Insert Name，Address and Phone<br>（It is agreed that no responsibility shall attach to the Carrier or his agents for failure to notify） | | | RECEIVED in external apparent good order and condition except as otherwise noted. The total number of packages or unites stuffed in the container，the description of the goods and the weights shown in this Bill of Lading are furnished by the Merchants，and which the carrier has no reasonable means of checking and is not a part of this Bill of Lading contract. The carrier has issued the number of Bills of Lading stated below，all of this tenor and date，one of the original Bills of Lading must be surrendered and endorsed or signed against the delivery of the shipment and whereupon any other original Bills of Lading shall be void. The Merchants agree to be bound by the terms and conditions of this Bill of Lading as if each had personally signed this Bill of Lading.<br>SEE clause 4 on the back of this Bill of Lading（terms continued on the back hereof，please read carefully）.<br>*Applicable only when document used as a Combined Transport Bill of Lading. | | |
| | | | | | |
| 4.Combined Transport*<br>Pre-carriage by | 5.Combined Transport*<br>Place of Receipt | | | | |
| 6.Ocean Vessel Voy.No. | 7.Port of Loading | | | | |
| | | | | | |
| 8.Port of Discharge | 9.Combined Transport*<br>Place of Delivery | | | | |
| Marks & Nos.<br>Container / Seal No. | No.of Containers or Packages | Description of Goods（If Dangerous Goods，See Clause 20） | | Gross Weight（kg） | Measurement（$m^3$） |
| | | | | | |
| | | Description of Contents for Shipper's Use Only（Not part of This B/L Contract） | | | |
| 10.Total Number of Containers and/or Packages（in words） | | | | | |
| Subject to Clause 7 Limitation | | | | | |
| 11.Freight & Charges | Revenue Tons | Rate | Per | Prepaid | Collect |
| Declared Value Charge | | | | | |
| Ex.Rate： | Prepaid at | Payable at | Place and Date of Issue | | |
| | | | | | |
| | Total Prepaid | No.of Original B（s）/L | Signed for the Carrier，COSCO CONTAINER LINES | | |
| LADEN ON BOARD THE VESSEL | | | | | |
| Date | | By | | | |

步骤四：收费交单

兴乐货代的小张向森和木业按出口委托合同规定收取____________，收费后，小张将____________交给了森和木业的业务员。

步骤五：智能班轮运输组织

在运输 1 000 张细木工板时，AI 配载系统根据货物重量与体积，自动选择 40 英尺集装箱，并生成堆码示意图：重货靠箱门，轻货居中，确保重心偏移不超过 5%。运输途中，区块链电子提单自动同步报关进度，当货物抵达纽约港时，AI 清关系统已提前 24 小时完成文件审核，提货时间缩短至 4 小时。

步骤六：任务实施完成

## 【任务测评】

### 一、选择题

任务测评4-2

1. 在国际海上货物运输中，若按照货物重量或体积或价值汇总以较高的一种计收海运费，则船公司运价表内，以（　　）表示。

A. “W/M”　　B. “W/M plus Ad Val”

C. “W/M or Ad Val”　　D. “Ad Val”

2. 通常情况下，杂货班轮运输中的收货单由（　　）签署。

A. 托运人　　B. 收货人　　C. 船长　　D. 大副

3. 下列单证中，常被称为“关单”是（　　）。

A. 提单　　B. 装货单　　C. 收货单　　D. 提货单

4. 海运附加费有（　　）。

A.BAF　　B.CAF　　C.PREPAID　　D.COLLECT

### 二、判断题

1. 班轮运输具有“四固定”特点。（　　）

2. 船公司一般按货物的净重计收运费。（　　）

3. 班轮运费由基本运费和附加费构成。 (　　)

## 三、计算题

深圳某公司出口棉布一批到伦敦，共100箱，每箱重50kg，每箱体积为$0.05m^3$。经查运价本得知，深圳到伦敦航线该类货物的计收标准为W/M，等级为12级，基本费率为50美元/运费吨，另有燃油附加费20%，港口附加费10%。试计算该批货物的运费。

## 四、综合题

上海鑫平服饰有限公司（以下简称“鑫平服饰”）欲向日本东京JK贸易公司出口2 000件女士外套，毛重为5 000kg，体积为$4m^3$。每100件为1箱，共20箱。双方于2025年3月25日签订了合同，合同号为XP230325021。鑫平服饰遂于当日委托上海威远国际货运代理有限公司（以下简称“威远货代”）代办相关出口货运事宜。该票货物为海运件杂货出口，商业发票和海运出口货运代理委托书分别见表4-7、表4-8。请根据商业发票和出口委托书及上述基本信息，按步骤完成该票货物的出口代理操作。

表4-7 商业发票

SHANGHAI XINPING CLOTHING CORPORATION
2 JINXIAN ROAD，SHANGHAI，200120，CHINA
Tel:（86）021-54321098 Fax:（86）021-54321099

COMMERCIAL INVOICE

TO: TOKYO JK TRADE CORPORATION　　INV NO.: XP230325021
FROM: SHANGHAI TO TOKYO　　DATE: MAR.25，2025

| Marks & No. | Description of Goods | Quantity | Unit Price | Amount |
| --- | --- | --- | --- | --- |
| JK TOKYO C/NO.1-20 | LADIES COTTON BLAZER | 2 000PCS | CFR TOKYO USD100.00/PC | USD200 000.00 |

表4-8　　出口委托书

<table>
<tr><td colspan="2">Shipper<br>SHANGHAI XINPING CLOTHING CORPORATION<br>2 JINXIAN ROAD，SHANGHAI，200120，CHINA<br>Tel：（86）021-54321098<br>Fax：（86）021-54321099</td><td colspan="3">上海威远国际货运代理有限公司<br><br>威远货代</td></tr>
<tr><td colspan="2">Consignee<br>TOKYO JK TRADE CORPORATION<br>7-5-4 Nishiogu，TOKYO，JAPAN</td><td colspan="3"></td></tr>
<tr><td colspan="2">Notify Party<br>THE SAME AS CONSIGNEE</td><td colspan="3"></td></tr>
<tr><td>Place of Receipt</td><td>Port of Loading<br>SHANGHAI</td><td colspan="2">Pre-carriage</td><td>Number of Original B（s）/L<br>THREE</td></tr>
<tr><td>Ocean Vessel/Voyage</td><td>Port of Discharge<br>TOKYO</td><td colspan="2">Place of Delivery</td><td>Freight Prepaid at<br>SHANGHAI</td></tr>
<tr><td>Marks & No.</td><td>Description of Goods</td><td>Quantity</td><td>Unit Price</td><td>Amount</td></tr>
<tr><td>JK TOKYO<br>C/NO.1-20</td><td>LADIES COTTON BLAZER</td><td>2 000PCS</td><td>CFR TOKYO<br>USD100.00/PC</td><td>USD200 000.00</td></tr>
</table>

# 任务三　组织租船货物运输

## 【任务描述】

2025年5月15日，意大利森特贸易有限公司（以下简称“森特贸易”）与深圳宏源粮食集团（以下简称“宏源粮食”）签订贸易合同，欲进口一批5 000吨袋装小麦，装货港为深圳港，卸货港为安科纳港。发货人为宏源粮食。

宏源粮食需要为这批货物办理租船运输，于是找到深圳远洋船务公司（以下简称“远洋船务”）联系租船事宜。

小张的学长、远洋船务的孙海接受了这一任务，他需要为宏源粮食寻找合适的船东、签订租船合同。

为今后拓展业务需要，小张来到远洋船务，向学长学习具体的租船业务操作。

那么，小孙应如何处理这单租船业务呢？

## 【任务解析】

本任务主要学习租船运输的四种方式及特点，并根据客户要求，完成租船运输中的询盘、报盘、还盘、受盘和租船合同的签订工作。

## 【知识链接】

水路货物运输是指利用船舶、竹筏和其他载运工具，在江河、湖泊、人工水道及海洋运送货物的一种运输方式。水路运输适宜于距离长、对送达时间要求不高的大宗货物运输，也适合集装箱运输。

### 一、认识租船运输

微课4-5

认识租船运输方式

租船运输又称不定期船运输，是相对于班轮运输的另一种海上运输经营方式。它的营运既没有固定的船舶班期，也没有固定的航线和挂靠港，而是按照货源的要求和承租人对货物运输的要求，以事先签订的租船合同来安排船舶航行计划，组织货物运输。

租船运输的方式主要有航次租船、定期租船、光船租船和包运租船四种。

（一）航次租船

航次租船又称程租，是以航次为基础的租船方式，是船舶所有人按双方事先议定的运价与条件向租船人提供船舶全部或部分舱位，在指定的港口之间进行一个或多个航次运输指定货物的租船业务。船方必须按租船合同的规定航程完成货物运输任务，并负责船舶的经营管理及在航行中的费用开支；租船人则应该支付双方约定的运费。

航次租船的特点主要表现在以下几个方面：

1. 船舶所有人负责船舶的营运调度，配备船长和船员，并负责对船舶进行管理。

2. 船舶所有人负责营运所支付的费用。这些费用包括船员工资和伙食、船舶物料、船舶保养费、燃料费、港口使费、引水费及合同规定的装卸费等其他费用。

3. 租船人向船东支付运费（不称租金）。运费金额受货物品种、数量、航线和装卸港条件好坏、租船市场行情等多种因素影响。运费的计收分为按吨收费和包干运费两种。在承运某些难以精确计算吨位或容积的货物时，船东往往采用包干运费，如木材的运输等。

4. 航次租船中都规定在港装卸货物的时间、装卸时间的计算方法和滞期以及其他要求。为了提高经济效益，船东要控制船舶的在港装卸时间。若装卸时间超过规定的天数，租船人要支付滞期费；反之，船东向租船人支付速遣费。

根据船东和租船人约定应该完成的航次数，航次租船可以进行如下分类，见表4-9。

表4-9　航次租船的分类

| 种类 | 含义 |
| --- | --- |
| 单航次租船 | 指仅租一个航次。船舶所有人负责将指定货物由一港口运往另一港口，货物运到目的港卸货完毕后，合同即告终止 |
| 往返航次租船 | 指洽租来回航次的租船方式。在完成一个单航次后，随即在卸货港（或其附近港口）装货，驶返原装货港（或其附近港口）卸货，货物卸毕合同即告终止 |
| 连续单航次或连续往返航次租船 | •指洽租连续完成几个单航次（连续单航次租船）或几个往返航次（连续往返航次租船）的租船方式。在这种方式下，同一艘船舶，在同方向、同航线上，连续完成规定的两个或两个以上的单航次，合同才告结束<br>•这种连续航次租船，可以按照每个单航次各订一个租船合同，也可以共订一个包括各个单航次或往返航次的租船合同，合同中须订明船舶第一个航次的受载日和连续航次数<br>• 如果不影响下一个航次的装运时间，船东可以预先承揽回程货载，否则就得放空至原装运港 |

（二）定期租船

定期租船又称期租，是以租赁期限为基础的租船方式，是船舶所有人把船舶出租给承租人使用一定时期的租船方式。在这个期限内，承租人可以利用船舶的运载能力来安排货运。租期内的船舶燃料费、港口费以及拖轮费等营运费用，都由租船人负担，船东只负责船舶的维修、保养、配备船员和向船员提供给养并支付其他固定费用。

定期租船中有一种特殊的方式称为航次期租，它是介于航次租船和定期租船之间的一种租船方式，没有明确的租期期限，而只确定了特定的航次。以完成航次运输为目的，按实际租用天数和约定的日租金率计算租金，费用和风险则按期租方式处理。

定期租船的特点主要表现在以下几个方面：

1.船舶所有人负责配备船员，并负担其工资和伙食。

2.承租人拥有对船员（包括船长在内）的指挥权，如船员不听从指挥，承租人有权要求船舶所有人予以撤换。

3.承租人负责船舶的营运调度，并负责船舶营运中的可变费用，包括燃料费、港口使费、饮水费、货物装卸费及租船合同中规定的其他费用。

4.船舶所有人负担船舶营运的固定费用，包括船用物料费、润滑油费、船舶保险费和船舶维修保养费等。

5.船舶租赁以整船出租，租金按船舶的载重吨、租期及商定的租金率计收。因此，定期租船是船舶所有人将船舶出租给承租人，供其在一定时期内使用的租船运输业务。租期短的可以是几个月，长的可达几年或几十年。在租赁期内，船舶交租船人掌握和调度。

航次租船与定期租船的区别见表4-10。

表4-10 **航次租船与定期租船的区别**

| 项目 | 航次租船 | 定期租船 |
| --- | --- | --- |
| 租船方式 | 按航程租用船舶 | 按期限租用船舶 |
| 经营管理 | 船方负责船舶的经营管理 | 租船方负责调度和运营 |
| 运费/租金 | 运费的计收分为按吨收费和包干运费两种 | 租金按船舶的载重吨、租期及商定的租金率计收 |
| 是否计算滞期费和速遣费 | 计算滞期费和速遣费 | 不计算滞期费和速遣费 |

（三）光船租船

光船租船实质上是一种财产租赁方式，船舶出租人不具有承揽运输的责任。在租期内，船东不提供船员，由租船人自行配备船员，负责船舶的经营管理和航行等工作并负担除船舶保险、折旧、利息以外的一切船舶营运费用。船舶所有人在租期内除了收取租金外，对船舶及其经营不再承担任何责任和费用。在租赁期间，租船人实际上对船舶有支配权和占有权。

概括起来，光船租船的特点主要表现在以下几个方面：

1.船舶所有人只提供一艘空船。

2.全部船员由承租人配备并听从承租人的指挥。

3.承租人负责船舶的经营及营运调度工作，并承担在租期内的时间损失，即承租人不能“停租”。

4.除船舶的资本费用外，承租人承担船舶的全部固定的及变动的费用。

5.租金按船舶的装载能力、租期及商定的租金率计算。

（四）包运租船

包运租船又称包租船，指船舶出租人向承租人提供一定吨位的运力，在确定的港口之间，按事先约定的时间、航次周期和每航次较为均等的运量，完成合同规定的全部运量的租船方式。

包运租船是基于连续单航次程租船的运营方式发展起来的，实际上是一种多航次的程租。与单航次程租的区别是：单航次程租是用一条船运一批货，而包运合同则是用若干条船来运一批货物，只确定承运货物的数量及承运期限。这种方式对租船人来说，可减轻租船的压力；对船方来说，在营运上比较灵活，他可以用自有船舶来承运，也可以租用其他船公司的船舶来完成规定的任务。

包运租船的特点主要体现在以下几个方面：

1.船东提供一艘适航空船，不负责船舶的运输。

2.承租人配备全部船员，任命船长，并负担船员的工资及伙食等。

3.承租人负责船舶调度与营运安排，并负责一切营运费用。

4.以整船出租，租金按船舶的载重吨、租期及商定的租金率计算。

5.船舶的占有权从船舶交予承租人使用时起，转移至承租人。

6.在租船合同中订明由船舶所有人或由承租人负担船舶保险费。

微课4-6

了解租船业务操作流程

## 二、租船运输业务操作

租船程序与国际贸易的商品交易一样，也有询盘、报盘、还盘、受盘和签订合同5个环节。在租船市场上，由需求船舶的租船人和提供船舶运力的船东通过租船经纪人互通情况，讨价还价，最后达成交易签订合同。

（一）询盘

询盘是在报价之前双方互通情况的联系活动，也可以说是报价的前奏。询盘的作用是让对方知道发盘人的大致情况，内容简单扼要。

租船人的询盘目的是为货物寻找合适的船舶。询租程的内容一般包括数量、货类、包装、装港、卸港、受载期、装卸率、滞期速遣费、佣金以及船东是否负责装卸的报价条件；询租期的内容一般包括船舶类型、载重吨、船龄、吊杆船具、租期、交船地点、还船地点、交船期、航行范围、佣金等。

船东询盘的目的是为船舶寻找合适的货载，其主要内容一般包括：船舶类型、船名、国籍、载重吨、散装和包装容积、船舶供租的位置和时间以及出租方式等。

询盘可以向租船经纪人发出，经纪人将这些要求转告船东或租船人，要求他们作出答复。

（二）报盘

在租船过程中，一般由船东首先报盘。报盘的内容只包括主要的可变项目。因为租船合同条款非常多，不可能在报盘中开列所有的条款。为了解决洽谈中的困难，租船人都是事先拟订好自己的租船合同范本，分送给租船经纪人或船东，等正式报盘时使用。在租船合同范本中，凡是特定的可变项目都是空着的。例如，船东名称、船名、货名、数量、装卸港口、受载期和运价等留待洽租时具体商定。每次洽租时，首先开列上述主要租船条件，而将次要条件留待主要条件达成协议后，再另行商议。

报盘有实盘和虚盘之分。实盘是指报盘中的条件不可改变，并在有效的时间内接受才能有效，否则无效。虚盘是有条件的报盘。这种报盘的有效性必须以满足某种条件为前提。常见的条件有：以船未租出为条件；以货未订妥船为条件；以再确认为条件；以发货人接受船舶的受载期为条件；其他条件，如以船东董事会批准为条件等。

（三）还盘

在接受对方报盘中部分条件的同时，提出自己不同意的条件就是还盘。在还盘时，先要仔细审查对方报盘的内容，看哪些可以接受，哪些需要修改，哪些需要补充，哪些需要删掉，哪些不清楚，都要提出和明确。如果对方报价完全不能接受或者可以接受很少，也可采用报盘方式来回答，要求对方还盘。

还盘也有实、虚之分，对于每一个还盘都要分清对方还的是实盘还是虚盘，同时要重视规定的有效时间按时答复。

（四）受盘

船东和租船人经过反复多次还盘后，双方对合同主要条款意见一致，即最后一次还实盘的全部内容被双方接受，就算成交。当然，有效的接受必须在发盘或还盘的时限之内。如时限已过，则欲接受一方会要求另一方再次确认才算生效。

根据国际上通常的做法，接受订租后，双方当事人应签署一份“订租确认书”。订租确认书无统一的格式，但其内容应详细列出船舶所有人和承租人在洽租过程中双方承诺的主要条款。订租确认书经船舶所有人、承租人和租船经纪人签字后每人保存一份备查。

（五）签订租船合同

微课4-7

认识航次租船合同

正式的租船合同实际是在合同条款被双方接受后开始编制的。双方签署的订租确认书，实质上就是一份供双方履行的简式的租船合同。签署订租确认书后，紧接着船舶所有人还应按照已达成协议的内容编制正式的租船合同，通过租船经纪人送交承租人。承租人接到船舶所有人编制的租船合同后，应进行详细的审核，如发现和原协议内容有不相符之处，应及时向船舶所有人提出异议，并制订补充条款要求船舶所有人修改、更正。如果承租人对船舶所有人编制的租船合同没有异议，即可签署。具体流程如图4-4所示。

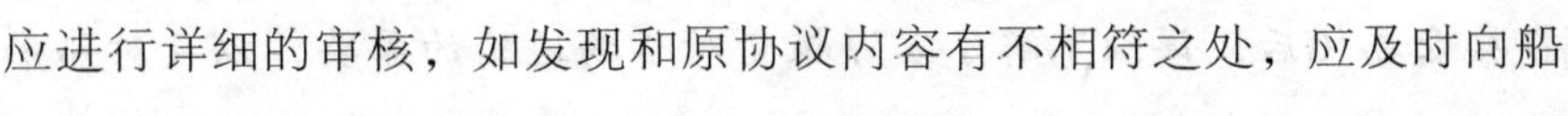


**图4-4　租船业务的具体流程**

## 三、智能技术在租船运输中的应用

（一）智能租船匹配平台

AI租船平台整合全球船东数据库与货主需求，通过自然语言处理解析合同条款，30秒内推荐3组最优船货匹配方案。某粮食贸易商使用该平台后，租船谈判时间从5

天缩短至12小时，运价谈判成本降低30%。

（二）AI运价预测模型

基于长短期记忆网络（LSTM）模型的神经网络运价预测系统，分析过去5年波罗的海干散货运价指数（BDI）、燃油价格及供需数据，提供未来90天的运价趋势预测，误差控制在±5%。例如，系统预测某航线3个月后运价将上涨12%，提示货主提前锁定舱位，节省运费支出8%~15%。

（三）船舶远程运维AI系统

安装在船舶主机的振动传感器实时传输数据至AI运维平台，系统通过频谱分析预测轴承磨损程度，提前14天发出更换预警。某航运公司应用该系统后，主机故障导致的停航时间减少60%，维修成本下降25%。同时，AI能耗管理系统根据实时风向洋流调整航速，每航次节省燃油10吨~15吨。

## 【任务实施】

全班每5~6人为一组，设1名组长，由组长带领本组同学担任孙海的角色，按下述步骤来完成宏源粮食委托的该票货物的租船业务操作。

步骤一：接受委托

孙海在接受委托后，详细了解了宏源粮食对货物运输的需要，以及对船舶是否有特殊要求。

步骤二：租船

由于出口货物量不大，租用一条合适的船舶，一次性就可以完成任务，因此选择了____________。孙海在租船市场发出租用船舶的请求。根据租船市场情况，孙海向上海鸿瑞船舶租赁公司租船，并就小麦运输的具体要求进行了____________。

经发盘、还盘等环节，鸿瑞船舶租赁公司为承租人提供了船名为“长辉”的船舶，于2025年5月23日前到达装货港，供承租人使用。船舶若发生滞期，宏源粮食公司应向鸿瑞船舶公司支付滞期费。宏源粮食于5月17日回电表示接受该盘。

随后，双方签署了____________，鸿瑞船舶按照协议内容编制了____________，并通过孙海送交宏源粮食审核。宏源粮食表示无异议后，在合同上签字。

步骤三：装船

5月23日上午9：00，船舶抵达装货港。9：40，船长向宏源粮食工作人员递交了装卸准备就绪通知书，5月24日8：00开始装货，并于5月27日开航，于6月10日早8：00到达卸货港，并于同日12：00卸货。

步骤四：思考人工智能技术对于租船业务的改革

结合“特殊货物运输额外保险谈判”“港口突发罢工应急处理”等场景，分析AI在非结构化决策、人情关系协调中的局限性，列举2个需人工主导的关键环节及原因。

步骤五：任务实施完成

## 【任务测评】

### 一、选择题

任务测评4-3

1.滞期费由（　　）支付。

A.租船人　　B.船东

C.货运代理人　　D.船务代理人

2.速遣费由（　　）支付。

A.租船人　　B.船东　　C.货运代理人　　D.船务代理人

3.租船运输业务中以完成航次运输为目的，按航次所需的实际天数和约定的日租金计收租金的运输经营方式是（　　）。

A.定期租船　　B.航次期租　　C.光船租船　　D.航次租船

4.航次租船的主要特点包括（　　）。

A.船舶出租人配备船员　　B.船舶出租人负责船舶营运

C.船舶承租人配备船员　　D.船舶承租人负责船舶营运

5.在光船租船方式下，下列说法正确的是（　　）。

A.船长和船员均由船东雇佣和任命

B.租船人负责船舶的调度和营运安排，并负担所有费用

C.在租赁期间，租船人实际上对船舶有着支配权和占有权

D.光船租船是一种财产租赁方式，不具有运输承揽性质

E.租金率根据船舶装载能力和租期等因素由双方协商确定

## 二、判断题

1.航次租船合同由船东负责营运费用。（ ）

2.“GENCON”租船合同是“程租合同”。（ ）

3.解约日是船舶到达合同规定的装运港，并做好装货准备的最后一天。（ ）

## 三、综合题

2025年5月15日，英国杰瑞贸易有限公司（以下简称“杰瑞贸易”）与广州振通矿石集团（以下简称“振通矿石”）签订贸易合同，欲进口一批800吨铁矿石，装货港为广州港，卸货港为伦敦港。发货人为振通矿石。

振通矿石需要为这批货物办理租船运输，于是找到广州浩瀚船务公司（以下简称“浩瀚船务”）联系租船事宜。

浩瀚船务的刘韬接受了这一任务，他需要为振通矿石寻找合适的船东、签订租船合同。

请为客户完成振通矿石委托的该票货物的租船业务操作。

# 任务四 组织内河货物运输

## 【任务描述】

2025年7月25日，天津米乐食品加工厂（以下简称“米乐食品”）与青岛达达食品有限公司达成合同，欲托运一批袋装玉米从天津到青岛，共500袋，毛重为15t，每袋体积为200mm×300mm×400mm。

米乐食品在备好货后，遂于8月1日联系兴乐货代代办内河货运相关事宜。

张鑫应如何组织该票内河货物运输呢？

## 【任务解析】

本任务主要学习内河货物运输的基本条件、内河货运费用的计算，并根据客户要求，完成内河货运的组织工作。

## 【知识链接】

内河运输是指使用船舶通过江湖河流等天然或人工水道运输货物的一种运输方式。我国不仅有四通八达的内河航运网，还与部分邻国有国际河流相连，这为相互的进出口货物通过河流运输和集散提供了十分有利的条件。

### 一、了解内河货物运输的基本条件

（一）航道

内河航道可分为天然航道和人工航道。天然航道系利用天然水域提供的航道尺度行驶相应尺度的船舶；人工航道包括渠化河流航道和人工开挖的运河、渠道。

微课4-8

认识国内主要港口

（二）船舶

船舶是航运经营人从事运输服务的生产工具。

（三）港口

港口是船货结合的集散地和衔接点。

### 二、计算内河货运费用

（一）制定货运基价

货运基价具体包括两种确定方法：

1.综合基价：以综合运输成本为基础，无法体现出运距对运输成本的影响。

2.组合基价：由航行基价和停泊基价组合而成。

组合基价的理论公式为：

组合基价=航行基价×里程+停泊基价（元/t）

其中：

航行基价=（航行成本+利润+税金）/计划期换算周转量（元/（t·km））

停泊基价=（停泊成本+利润+税金）/计划期换算货运量（元/t）

其中：

航行成本、停泊成本分别指与船舶航行、停泊有关的成本；

航行基价、停泊基价中的利润、税金指船舶在航行、停泊期间应分摊的利润和税金；

计划期换算周转量、货运量是以基本货类、基本船型为基础，各货类、船型按运输生产效率进行换算而得的货物周转量、货运量。

组合基价确定后，不同货种、不同运距的货物运价率按下式计算：

运价率=组合基价×级差系数（元/t）

=（航行基价×里程+停泊基价）×级差系数（元/t）

其中，关于里程，运价里程是指由水运主管部门统一颁布的为测定两港间运价率而特设的里程。它不同于实际里程和航行里程，比较稳定，不得任意更改。

我国对沿海航区和长江航区里程区段的划分以及相应采用的计算里程均有不同规定。

1.沿海航区（包括北方、华南沿海）：分区段分里程计费

【例3】上海—青岛为北方沿海航线，其运价里程为404海里，属401～460海里区段，则计算里程为430海里。其航行基价在200海里区间为0.0075元/t·海里，201～400海里区段为0.0070元/t·海里，400海里以上为0.0065元/t·海里。三级货物的级差系数为110.25%，停泊基价为2.6元/t。

求上海—青岛三级货物的运价率。

【解】

运价率=（0.0075×200+0.0070×200+0.0065×30+2.6）×110.25%=6.28（元/t）

2.长江航区：以每10km为一里程区段，运价里程的个位逢十进整。例如，上海—

张家港运价里程为170km，计算里程即为170km；南京—南通运价里程为264km，计算里程即为260km。

【例4】九江—宜昌为长江航线。其中九江—武汉为下游区段，运价里程为269km，以270km计算，航行基价为0.0070元/t·海里；武汉—宜昌为中游区段，运价里程为626km，以630km计算，航行基价为0.0136元/t·海里。木材为四级货物，级差系数为115.76%，停泊基价为1.5元/t。

确定九江—宜昌木材的运价率。

【解】

运价率=（0.0070×270+0.0136×630+1.5）×115.76%=13.84（元/t）

## 三、内河货运的组织

微课4-9

组织内河货运

### （一）询价与报价

托运人可以向多家承运人询价，了解多家承运人所提供的运输服务和运输价格的基本情况。

承运人在接受托运人的询价之后，向托运人发出关于运输时间、数量、运输价格和其他运输条件的回答。

### （二）托运

当托运人与承运人就运输价格达成一致时，托运人可向承运人提交托运单证（见表4-11），就运到期限、起运港、到达港、收货人等运输事项进行说明。

### （三）承运

承运人在接到托运人递交的托运单后，对托运单进行审核。

承托双方对运输单证内容协商一致后，承运人签署此托运单，运输合同即告成立，开始承运。

### （四）货物配载

货物配载是指为船舶的某一具体航次选配货物，即承运人按照托运人提出的货物托运合同要求和计划，将相同航线和相同船期的货物安排给同一艘船舶运输，并编制船舶配载图。

表4-11 **内河货物托运单**

GF-97-0406

本运单经承托双方签章后即行生效，有关承租人与出租人之间的权利、义务和责任界限，适用于《国内水路货物运输规则》及运价、规费的有关规定。

______水路货物运单（示范文本）

月度运输合同号码： 货物交接清单号码： 编号：

<table>
<tr><td colspan="5">船名：<br>航次</td><td>起运港</td><td colspan="3"></td><td colspan="2">到达港</td><td></td><td colspan="3">约定装船日期： 年 月 日</td></tr>
<tr><td rowspan="3">托运人</td><td colspan="4">全称</td><td></td><td colspan="3" rowspan="3">收货人</td><td colspan="2">全称</td><td></td><td colspan="3">约定运到期限：</td></tr>
<tr><td colspan="4">地址、电话</td><td></td><td colspan="2">地址、电话</td><td></td><td colspan="3">费用结算方式：</td></tr>
<tr><td colspan="4">银行、账号</td><td></td><td colspan="2">银行、账号</td><td></td><td colspan="3">应收费用</td></tr>
<tr><td rowspan="2">发货符号</td><td rowspan="2">货名</td><td rowspan="2">件数</td><td rowspan="2">包装</td><td rowspan="2">价值（元）</td><td colspan="2">托运人确定</td><td colspan="2">承运人确定</td><td colspan="3">运费计算</td><td>费用</td><td>费率</td><td>金额（元）</td></tr>
<tr><td>重量（吨）</td><td>体积（长×宽×高，$M^3$）</td><td>重量（吨）</td><td>体积（$M^3$）</td><td>等级</td><td>费率（元/计费吨）</td><td>金额（元）</td><td>运费</td><td></td><td></td></tr>
<tr><td></td><td></td><td></td><td></td><td></td><td></td><td></td><td></td><td></td><td></td><td></td><td></td><td></td><td></td><td></td></tr>
<tr><td></td><td></td><td></td><td></td><td></td><td></td><td></td><td></td><td></td><td></td><td></td><td></td><td></td><td></td><td></td></tr>
<tr><td></td><td></td><td></td><td></td><td></td><td></td><td></td><td></td><td></td><td></td><td></td><td></td><td colspan="2">总计</td><td></td></tr>
<tr><td></td><td></td><td></td><td></td><td></td><td></td><td></td><td></td><td></td><td></td><td></td><td></td><td colspan="3">大写：</td></tr>
<tr><td></td><td></td><td></td><td></td><td></td><td></td><td></td><td></td><td></td><td></td><td></td><td></td><td colspan="2">核算员：</td><td rowspan="2">收款章</td></tr>
<tr><td>合计</td><td></td><td></td><td></td><td></td><td></td><td></td><td></td><td></td><td></td><td></td><td></td><td colspan="2">复核员：</td></tr>
<tr><td>特约事项</td><td colspan="14"></td></tr>
<tr><td colspan="8">装船日期： 月 日 时至 月 日 时<br>运到时间： 月 日 时<br>船舶签章</td><td colspan="2">收货人签章：<br>年 月 日</td><td colspan="3">托运人签章：<br>年 月 日</td><td colspan="2">承运人签章<br>年 月 日</td></tr>
</table>

积载：对货物在船上的配置和堆装方式作出合理的安排，由大副或船长在货物配载的基础上确定货物在各舱各层配装的品种、数量、堆码方法与工艺，并编制积载图。

（五）货物的验收与交付

除另有约定外，散装货物按重量交接，其他货物按件数交接。收货人接到到货通知后，应当及时提货，不得因对货物进行检验而滞留船舶。

收货人提取货物时，应当验收货物，并签发收据，发现货物损坏、灭失的，交接双方应当编制货运记录（见表4-12）。

表4-12　　货运记录　　编号：

| | | | |
|---|---|---|---|
| 交货方 | | 接收方 | |
| 运/提单号码 | 作业合同号码 | 船名 | 航次 |
| 交接时间 | 交接地点 | 车号 | |
| 起运地 | 中转港 | 到达地 | |
| 货物名称 | 包装方式 | 识别标志 | 集装箱号 |
| 记录内容 | | | |

交货方（签章）　　　　　　　　　　接货方（签章）

年　月　日　　　　　　　　　　　　年　月　日

下列情况，应托运人或者收货人的要求，承运人可以编制普通记录（见表4-13）。

1.货物发生损坏、灭失，按照约定或者本规则第四十八条的规定，承运人可以免除责任的。

表4-13　　普通记录　　编号：

| | | | |
|---|---|---|---|
| 运/提单号码 | | 作业合同号码 | |
| 船名 | | 航次 | |
| 起运地 | 中转港 | 到达地 | |
| 货物名称 | 识别标志 | 件数 | 重量、体积 |
| 记录内容 | | | |

记录人（签章）

年　月　日

2.托运人随附在运单上的单证丢失。

3.托运人押运和舱面货物发生非承运人责任造成的损坏、灭失。

4.货物包装经过加固整理。

5.收货人要求证明与货物数量、质量无关的其他情况。

## 四、智能技术在内河货物运输中的应用

### （一）智能航道管理系统

AI赋能的内河智能航道管理系统通过整合多源数据实现动态通航优化，核心应用包括以下几个方面：

1.水位与气象智能分析

利用机器学习算法解析长江、珠江等内河的实时水位数据、气象预报及船舶流量，生成“天津—青岛”等典型航线的最优航行计划。例如，系统预测某河段未来24小时水位下降0.3米，自动提示吃水超2米的船舶调整航速或绕行，避免搁浅风险，较传统人工调度通航效率提升20%。

2.通航风险预警

基于计算机视觉技术识别航道障碍物，结合北斗定位实时标注危险区域，当船舶接近时AI系统自动推送预警，响应时间≤10秒，较人工巡检漏检率降低90%。

### （二）无人内河船舶技术

内河无人船舶通过AI与自动化技术实现少人化作业，关键场景包括：

1.自动驾驶系统

在长江中下游试点的无人集装箱驳船配备多传感器融合系统，可自动规避渔网、浮标等障碍物，船员人力成本降低40%。例如，某内河航运公司的无人船在武汉—上海航线中，自动驾驶时间占比达95%，航行误差≤1.5米。

2.远程运维平台

船舶主机部署振动传感器与AI诊断模型，实时分析缸套磨损、燃油喷射异常等故障，提前72小时发出维护预警，维修成本下降30%。某内河货船应用该系统后，主机故障导致的停航时间减少60%。

### （三）自动化港口作业

内河港口引入AI技术，优化货物装卸流程，核心设备包括：

1.智能理货机器人

智能理货机器人通过计算机视觉识别货物唛头、破损情况，配合机械臂完成散货的自动分拣与堆码，理货效率提升60%，相较人工理货误差率，从5%降至0.5%。例如，

南京港的 AI 理货系统可在 30 分钟内完成 500 吨袋装货物的清点与分类。

2. 自动导引车（AGV）

AGV 基于 5G + 北斗定位实现港口内集装箱无人转运，调度响应时间 < 5 秒，较传统叉车作业效率提升 50%，能耗降低 25%。某内河集装箱码头引入 AGV 车队后，单箱转运时间从 8 分钟缩短至 4 分钟。

（四）AI 能耗优化系统

针对内河船舶燃油效率，AI 系统实现精准能耗管理。

1. 航速智能优化

根据实时水流速度、风向等参数，AI 算法生成最优航速建议，某内河货船应用后每航次节省燃油 15%，$CO_2$排放减少 12 吨。

2. 新能源船舶管理

对电动内河船舶，AI 电池管理系统实时监控电量分布，结合航线里程规划充电站点，续航里程预测误差≤3%。例如，在京杭运河航线中，某电动驳船 AI 系统使电池利用率提升 20%，充电次数减少 30%。

## 【任务实施】

全班每 5~6 人为一组，设 1 名组长，由组长带领本组同学担任张鑫的角色，按下述步骤来完成该票货物的内河运输业务操作。

步骤一：接受委托并报价

张鑫在接受委托后，对货物状况及所走航线进行了详细了解和调查。

已知天津—青岛属____________航区，其运价里程为 461 海里，属 451 ~ 520 海里区段，其计算里程为 490 海里。

已知该票货物为二级货物。

已知航行基价在 200 海里区间为 0.0075 元/t · 海里，201 ~ 400 海里区段为 0.0070 元/t · 海里，400 海里以上为 0.0065 元/t · 海里。二级货物的级差系数为 105%，停泊基价为 2.6 元/t。

则运价率为__________________________________________。

步骤二：托运

经商议，承托双方对运价无异议，米乐食品随即向兴乐货代提交托运单（见表4-14），并告知兴乐货代装船日期为2025年8月5日，运到期限为20天，并支付了运费。

表4-14　　货物托运单

GF-97-0406

本运单经承托双方签章后即行生效，有关承租人与出租人之间的权利、义务和责任界限，适用于《国内水路货物运输规则》及运价、规费的有关规定。

________水路货物运单（示范文本）

月度运输合同号码：　　货物交接清单号码：　　编号：

<table>
<tr><td colspan="5">船名：<br>航次</td><td colspan="2">起运港</td><td colspan="2"></td><td colspan="2">到达港</td><td colspan="2"></td><td colspan="3">约定装船日期：　年　月　日</td></tr>
<tr><td rowspan="3">托运人</td><td colspan="3">全称</td><td colspan="3"></td><td rowspan="3" colspan="2">收货人</td><td colspan="2">全称</td><td colspan="2"></td><td colspan="3">约定运到期限：</td></tr>
<tr><td colspan="3">地址、电话</td><td colspan="3"></td><td colspan="2">地址、电话</td><td colspan="2"></td><td colspan="3">费用结算方式：</td></tr>
<tr><td colspan="3">银行、账号</td><td colspan="3"></td><td colspan="2">银行、账号</td><td colspan="2"></td><td colspan="3">应收费用</td></tr>
<tr><td rowspan="2">发货符号</td><td rowspan="2">货名</td><td rowspan="2">件数</td><td rowspan="2">包装</td><td rowspan="2">价值（元）</td><td colspan="2">托运人确定</td><td colspan="2">承运人确定</td><td colspan="4">运费计算</td><td>费用</td><td>费率</td><td>金额（元）</td></tr>
<tr><td>重量（吨）</td><td>体积（长×宽×高，$M^3$）</td><td>重量（吨）</td><td>体积（$M^3$）</td><td>等级</td><td colspan="2">费率（元/计费吨）</td><td>金额（元）</td><td>运费</td><td></td><td></td></tr>
<tr><td></td><td></td><td></td><td></td><td></td><td></td><td></td><td></td><td></td><td></td><td colspan="2"></td><td></td><td></td><td></td><td></td></tr>
<tr><td></td><td></td><td></td><td></td><td></td><td></td><td></td><td></td><td></td><td></td><td colspan="2"></td><td></td><td></td><td></td><td></td></tr>
<tr><td></td><td></td><td></td><td></td><td></td><td></td><td></td><td></td><td></td><td></td><td colspan="2"></td><td></td><td colspan="3">总计</td></tr>
<tr><td></td><td></td><td></td><td></td><td></td><td></td><td></td><td></td><td></td><td></td><td colspan="2"></td><td></td><td colspan="3">大写：</td></tr>
<tr><td></td><td></td><td></td><td></td><td></td><td></td><td></td><td></td><td></td><td></td><td colspan="2"></td><td></td><td>核算员：</td><td rowspan="2" colspan="2">收款章</td></tr>
<tr><td>合计</td><td></td><td></td><td></td><td></td><td></td><td></td><td></td><td></td><td></td><td colspan="2"></td><td></td><td>复核员：</td></tr>
<tr><td>特约事项</td><td colspan="15"></td></tr>
<tr><td colspan="7">装船日期：　月　日　时至　月　日　时<br>运到时间：　月　日　时<br>船舶签章</td><td colspan="3">收货人签章：<br>年　月　日</td><td colspan="3">托运人签章：<br>年　月　日</td><td colspan="3">承运人签章：<br>年　月　日</td></tr>
</table>

步骤三：承运

兴乐货代在接到托运单后，对托运单进行审核，双方签订运输合同。兴乐货代安排了“大东号”（航次：V107）承担此次货运任务。

请完成该票货物运输合同的缮制与审核工作。

步骤四：货物配载

运输合同成立后，兴乐货代便着手安排船舶，进行货物配载。配载的结果是编制________。

步骤五：货物的验收与交付

货到目的港后，大东号船舶即刻发出________，收货人青岛达达食品有限公司收到通知后，立即到港提取并________。验收后对货物无异议，大东号船舶编制________。

请代大东号船长完成编制（见表4-15）。

表4-15　　普通记录　　编号：

<table>
<tr><td colspan="2">运/提单号码</td><td colspan="2">作业合同号码</td></tr>
<tr><td colspan="2">船名</td><td colspan="2">航次</td></tr>
<tr><td>起运地</td><td colspan="2">中转港</td><td>到达地</td></tr>
<tr><td>货物名称</td><td>识别标志</td><td>件数</td><td>重量、体积</td></tr>
<tr><td colspan="4">记录内容</td></tr>
</table>

记录人（签章）

年　月　日

步骤六：思考人工智能技术对于内河运输业务的改革

设计“AI负责常规操作+船员负责应急决策”的分工框架（如自动驾驶系统处理90%航行任务），说明该模式对航运企业人力成本和安全管理的影响。

________________________________________

________________________________________

步骤七：任务实施完成

# 【任务测评】

## 一、选择题

任务测评4-4

1. 海运提单收货人栏内显示“TO ORDER”表示该提单（　　）。

A.不可转让 B.不经背书即可转让

C.经背书后可以转让 D.可以由持有人提货

2.海运出口货物，实际装运日期为5月5日，迟于信用证规定的最迟装运期4月30日，但仍在信用证有效期5月10日内，出口人要求承运人或其代理人将提单日期填写为4月30日，这种提单叫（　　）。

A.已装船提单 B.预借提单 C.倒签提单 D.过期提单

3.银行在结汇时，一般只接受（　　）提单。

A.清洁提单 B.备运提单 C.不清洁提单 D.记名提单

4.下列属于提单的主要作用是（　　）。

A.物权凭证 B.装船依据 C.货物收据 D.运输合同的证明

5.提单背书一般分为（　　）。

A.记名背书 B.指示背书 C.空白背书 D.任意背书

6.可转让的海运提单有（　　）。

A.指示提单 B.记名提单 C.不记名提单 D.已装船提单

## 二、判断题

1.内河货物运输是指使用船舶通过海上航道在不同国家和地区的港口之间运送货物的一种方式。（　　）

2.不清洁提单是指提单上有污渍的提单。（　　）

3.提单的签发日期是货物开始装船的日期。（　　）

4.海运提单可以通过合法的手续转让，转让也就意味着转让物权。（　　）

**【项目小结】**

本项目系统讲解水路货物运输的核心知识与操作流程，涵盖认识水路货运方式、组织海洋货物运输、组织租船货物运输和组织内河货物运输四大任务。通过理论学习与实践案例分析，深入理解水路运输在国际物流与国内货运中的重要地位，掌握船舶与港口设施、货物分类、运输组织流程及运费核算方法，重点突出人工智能技术在智能船舶、自动化码头、租船匹配及内河航道管理中的应用，提升水路货运业务的智能化操作与管理能力。

## 【项目综合题】

深圳华星电子科技公司委托恒通货代运输500只智能手表至荷兰鹿特丹，货物信息如下：

规格：每只手表包装尺寸15cm×10cm×8cm，50只/箱，共10箱。

毛重：800kg，体积：0.6m$^3$。

运输要求：2025年10月1日前抵达，使用20英尺集装箱，FOB贸易术语。

恒通货代启用AI航运系统进行运输组织，系统反馈了以下信息：

AI智能配载显示：20英尺集装箱（容积33.1m$^3$）若与其他电子产品拼箱，综合利用率可达85%，建议与深圳另一家企业的30m$^3$平板电脑货物拼箱。

航线优化模块提示：基于实时气象数据，预测9月25日北海海域将出现强风暴，建议提前3天发船并绕行英吉利海峡，预计增加航程180海里，但可避开恶劣天气。

1.AI拼箱配载应用

（1）计算该票货物的体积重量，并说明AI建议拼箱的经济逻辑（20英尺箱租金2 000美元，拼箱后每立方米运费80美元）。

（2）解释AI配载系统如何确保智能手表与平板电脑的堆码安全（提示：需考虑承重分布与防震要求）。

2.气象预警与航线调整

（1）列举AI预测北海风暴可能依据的3类数据（如历史气象数据、卫星云图等）。

（2）若接受AI建议调整航线，计算新增航程的燃油成本（船舶油耗30吨/天，油价600美元/吨，航速18节[①]），并分析FOB术语下额外费用的承担方。

---

① “航速18节”表示船舶的航行速度为18海里/小时，约等于33.3公里/小时——编辑注。

# 项目五　航空货物运输

## 【学习目标】

知识目标

（1）能够列举主要的航空货运设施与设备。

（2）能够列举航空货运相关组织。

（3）能够正确描述飞行时间的计算方法。

（4）能列举3~4种当前主要的航空货物运输方式。

（5）能够正确描述集中托运与航空快递的特点与流程。

（6）能正确阐述航空货物运费计算的基本原理，能清楚解释我国航空运价体系。

能力目标

（1）能够根据货主要求组织航空货运业务。

（2）能够正确计算飞行时间。

（3）学会计算航空货物运输普通货物运费、指定商品运费和等级货物运费。

（4）能够正确处理航空货运中出现的不正常运输现象。

（5）作为货运代理，能够与各关联方及时沟通业务办理情况。

素养目标

（1）具有良好的沟通能力和团队合作精神。

（2）具有良好的物流职业道德和个人品德。

（3）具有关注航空运输业国内和国外形势及政策法规的习惯。

【项目导入】

上海环航货运代理有限公司（以下简称“环航货代”）是一家专注于国际空运业务的大型货运代理公司，拥有遍及欧洲、中东、北美、南美、非洲等国际代理网络。公司可代理空运出口、进口、报关、商检、清关、转运等服务。此外，还可提供国际航空快递等业务。

经过层层筛选和多轮面试，刚毕业的王明顺利进入环航货代空运部工作。进入公司后，王明的师傅便带着他接触了这样一项业务：

上海君威设备有限公司（以下简称“君威设备”）于2025年5月2日与德国迈兹科技有限公司（以下简称“迈兹科技”）签订合同号为MZ230502的买卖合同，欲向迈兹科技公司出口3台贵金属检测仪器。按照合同规定装运期为2025年5月20日以前。君威设备遂联系环航货代，委托其代办航空运输、报检报关等发运手续。

王明准备跟着师傅一起学习处理这票航空货运业务。那么，这票业务应如何办理托运手续？具体如何来操作呢？

# 任务一　认识航空货运方式

## 【任务描述】

航空货物运输是交通运输体系的一个重要组成部分，航空货物运输促进了经济的全球化发展。航空货物运输本身是经济领域的一个重要行业，除了其自身的经济效益外，还带动了一批相关产业的发展，如跨境电商等。

总而言之，在整个物流业务活动中，航空运输占有很重要的地位。接下来，我们就一起来了解航空货运的基本知识吧！

# 【任务解析】

本任务主要了解航空货运设施与设备和航空货运相关组织，学习飞行时间的计算，了解航空货运的组织形式及航空货运的主要方式。

# 【知识链接】

航空货物运输指一票货物通过航空器自始发地运往目的地的运输，包括市区和机场的地面运输。航空货物运输虽然起步较晚，但是发展异常迅速，尤其受到企业客户的青睐。

## 一、认识航空货运设施与设备

### （一）航空港

航空港（又称航空站或机场）是为航空运输提供服务的永久性基础设施，包括跑道、航站楼、停机坪等设施，主要功能包括飞机起降、停放、旅客与货物集散，同时涵盖空中交通管理、安全检查和商业服务等配套保障体系。通常来讲，分为飞行区、客货运输服务区和机务维修区三部分。

### （二）航空器

航空器主要指飞机。按机身不同，可分为宽体飞机和窄体飞机；按用途不同，可分为客机、全货机和客货混合机。

### （三）集装器

集装器主要指为提高运输效率而采用的托盘和集装箱等成组装载设备。除特殊情况外，货物均是以“集装箱”“集装板”形式进行运输。

### （四）智能航空器与智慧空港

#### 1.智能航空器

智能航空器通过集成物联网传感器、边缘计算与AI决策系统，实现全流程智能化运营。核心应用包括：

（1）飞行路径优化

AI 算法基于实时气象数据（如台风路径、高空风切变）与空中交通流量，动态生成燃油消耗最低的飞行路线。例如，某航空公司使用强化学习模型优化“上海—纽约”的航线，单程节省燃油 12%，飞行时间缩短 40 分钟。

（2）预测性维护系统

发动机内置振动传感器与温度传感器，AI 通过分析 2 000 余项参数，提前 14 天预测部件故障（如涡轮叶片磨损），故障预警准确率达 92%，维修成本降低 25%。

（3）智能货舱管理

货运飞机货舱部署射频识别（RFID）货物追踪系统，AI 实时监控货物位置与状态，当运输疫苗等温控货物时，自动调节货舱温度至指定区间（如 2℃~8℃），温度波动控制在 ±0.5℃以内。

2. 智慧空港

智慧空港通过 AI 与自动化技术重建货物处理流程，关键设施包括：

（1）自动化分拣系统

自动化分拣系统采用计算机视觉与机械臂，对航空货物进行智能分拣，处理效率达 2 000 件 / 小时，较人工分拣提升 5 倍，差错率低于 0.01%。例如，深圳宝安国际机场的 AI 分拣系统可识别不同尺寸的包裹，自动归类至“易碎品”“急件”等通道。

（2）智能安检设备

计算机断层扫描（CT）安检机结合 AI 图像识别算法，自动标注货物中的疑似危险品（如锂电池过载），安检效率提升 40%，漏检率降至 0.005%。系统可存储历史安检数据，通过机器学习不断优化危险品识别模型。

（3）数字孪生航站楼

构建空港三维虚拟模型，AI 基于航班时刻、货物流量、设备状态进行资源调度，如自动分配廊桥、货运车辆，使货物转运时间缩短 30%。

## 二、了解航空货运相关组织

### （一）国际民用航空组织

国际民用航空组织（International Civil Aviation Organization，ICAO）是政府间的国际航空机构，它是根据《1944年芝加哥国际民用航空公约》设立的，是联合国所属的专门机构之一。我国是该组织成员，也是理事国。

国际民用航空组织成立于1947年，总部设在加拿大的蒙特利尔。该组织的宗旨为发展国际航行的原则和技术，并促进国际航空运输的规划和发展。宗旨的内容主要包括：

1.保证全世界国际民用航空安全地和有秩序地发展。

2.鼓励为和平用途发展航空器的设计和操作技术。

3.鼓励发展国际民用航空的航路、机场和航行设施。

4.满足世界人民对安全、正常、有效和经济的航空运输的需要。

5.防止因不合理的竞争造成经济上的浪费。

6.保证缔约各国的权利充分受到尊重，各缔约国均有经营国际空运企业的公平的机会。

7.避免缔约各国之间的差别待遇。

8.促进国际航行的飞行安全。

9.普遍促进国际民用航空在各方面的发展。

### （二）国际航空运输协会

国际航空运输协会（以下简称国际航协）（International Air Transport Association，IATA）是各国航空运输企业之间的组织，其会员包括全世界100多个国家中经营国际、国内定期航班的航空公司。我国的国际航空公司、东方航空公司等多家航空公司近年来也陆续加入了国际航协。

国际航协于1945年4月16日在古巴哈瓦那成立，目前下设公共关系、法律、技术、运输、财务、政府和行业事务6个部门。其主要宗旨是：

（1）促进安全、正常和经济的航空运输以造福于世界各族人民，培植航空商业并研究与其有关的问题。

（2）为直接或间接从事国际航空运输服务的各航空运输企业提供协作的途径。

（3）与国际民航组织及其他国际组织合作。

（三）人工智能赋能下的行业协作平台

1.智能航空货运网络平台

平台通过人工智能技术整合航空公司、货代、海关等多方数据，实现全链条可视化管理。

（1）运力智能匹配

输入货物参数，人工智能技术从200余家航空公司中推荐最优航班，匹配效率提升60%。例如，从北京运输一批紧急医疗物资至伦敦，系统自动筛选出3个备选航班，综合比较价格、时效与舱位利用率。

（2）动态定价模型

基于实时舱位供需、燃油价格与季节因素，AI生成浮动运价，误差控制在±3%。某货代公司应用该模型后，旺季运价谈判时间从4小时缩短至30分钟。

2.全球航空货运数据中台

中台整合全球300多个机场的货物吞吐量、航班准点率等数据，AI通过数据挖掘提供决策支持。

（1）异常预警系统

异常预警系统可监测到某机场连续3天货物积压超阈值，自动提示调整航班计划，如重新规划路径（Reroute）至邻近机场，避免延误。

（2）碳足迹核算工具

根据航班航程、载重量与燃油类型，AI自动计算货物运输的碳排放，助力企业实现绿色物流认证。

## 三、计算飞行时间

（一）航空运输地理

微课5-1

计算航空飞行时间

出于保证国际航空运输的运营安全，依据不同国家（地区）经济、社会及商业条件，国际民航组织（ICAO）规定，各国航空运输企业在技术规范、航行程序、操作规则上的一致性原则，国际航空运输协会（IATA）将世界划分为三个航空运输业务区，称为“国际航协交通会议区”（IATA Traffic Conference Areas），以方便各国及地区航空运输企业之间的运输业务划分与合作。因此，航空运输业务区和我们熟悉的世界行政区划有所不同。这三个航空运输业务区分为Area TC1、Area TC2、Area TC3三个大区，简称TC1、TC2、TC3，其下又可以进行次一级的分区，称为次区（Sub-area）。

（二）飞行时间的计算

世界时区以本初子午线为基准，以西经7.5度至东经7.5度为0时区，以东依次为东1~12区，以西依次为西1~12区，1个时区就是1小时。实际上，每个国家或地区，为了采用统一时间，一般都不严格沿着经线划分时区，而是考虑它自己的行政边界和自然边界。格林尼治以子午线为中心，即从西经7.5度至东经7.5度为0时区，该时区正午时间为12：00，称为格林尼治时间（GMT）。中国采用首都北京所在地东八区的时间为全国统一使用时间。

当地时间（Local Time）=GMT+/-某一数值

其中：某一数值的计算，0时区向东隔几个时区，时间加几小时；向西隔几个时区，时间减几小时。具体数值可查国际时间计算器（International Time Calculator）。如当前伦敦时间是正午12点，北京时间=12：00+8：00=20：00（伦敦为0时区，北京为东八区），此时北京时间已是晚上8点。

飞行时间的计算步骤如下：

第一步：查出始发地与目的地的标准时区。

第二步：将始发地与目的地的时间换算成同一时间，确定飞机起飞时间。

方法1：将两地的时间均换算成GMT时间。

方法2：将一地的时间换算成另一地的时间。

第三步：用到达时间减去起飞时间。

【例1】飞机承载货物离开希腊雅典圣托里尼机场（JTR）为当地时间11月1日13：30，到达北京首都国际机场（PEK）为当地时间11月2日9：50，试计算该航班飞行时间。

【解】

查国际时间计算器，雅典（JTR）在东2区（时区GMT+2），北京（PEK）在东8区

（时区GMT+8），时差6小时。

方法1：始发GMT =13：30（JTR）-2：00（东2区）=11：30，到达GMT=（9：50（PEK）+24：00）-8：00（东8区）=次日9：50-8：00=次日1：50，该航班飞行时间=次日1：50（即24：00+1：50）-11：30=14：20，即14小时20分。

方法2：飞机起飞时，北京时间是=13：30+6小时=19：30，即11月1日19点30分；该航班飞行时间=9：50（PEK）+24：00-（13：30（JTR）+6小时）=次日9：50-19：30=14：20，即14小时20分。

## 四、航空货物运输的组织

目前，在国际航空货物运输中，航空公司的方式主要有集中托运和航空快递两种组织形式。

微课5-2

组织航空货物运输

（一）集中托运

由于航空运价随着货物重量递增而递减，许多大的代理人不再局限于仅仅作为航空公司。

微课5-3

航空集中托运业务操作

集中托运（Consolidation）是指航空货运代理公司将若干批单独发运的货物集中成一批向航空公司办理托运，填写一份总运单送至同一目的地，然后由其委托当地的代理人负责分发给各个实际收货人。这种托运方式可降低运费，是航空货运代理的主要业务之一。

集中托运的具体做法是：

1.对每一票货物分别填制航空分运单（House Airway Bill，HAWB），即出具货运代理的运单。

2.将所有货物区分方向，按照其目的地相同的同一国家、同一城市来集中，填制航空主运单（Master Air Waybill，MAWB）。总运单的发货人和收货人均为航空货运代理公司。

3.打印出该总运单项下的货运清单（Manifest），即此总运单有几个分运单，号码各是多少，件数、重量各是多少等。

4.把该总运单和货运清单作为一整票货物交给航空公司。一个总运单可视货物具体情况随附分运单（可以是一个分运单，也可以是多个分运单）。例如，一个MAWB内有10个HAWB，说明此总运单内有10票货，发给10个不同的收货人。

5.货物到达目的地站机场后，当地的货运代理公司作为总运单的收货人负责接货、分拨，按不同的分运单制定各自的报关单据并代为报关、为实际收货人办理有关接货送货事宜。

6.实际收货人在分运单上签收以后，目的站货运代理公司以此向发货的货运代理公司反馈到货信息。

具体流程如图5-1所示。

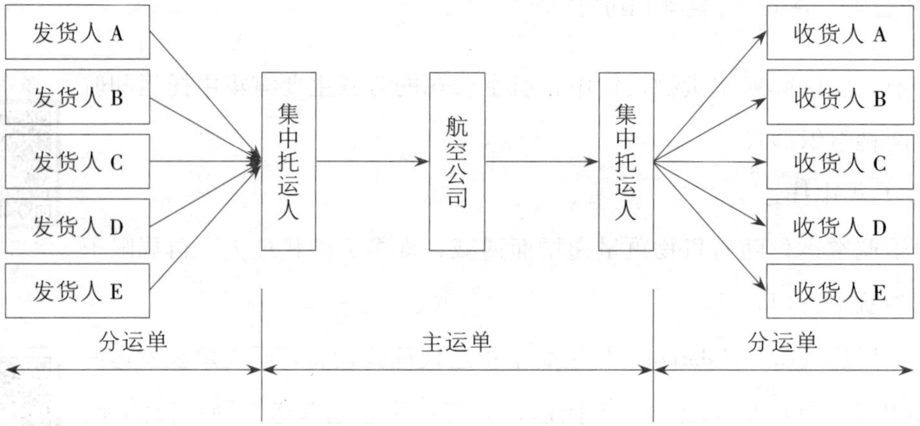


**图5-1 集中托运流程图**

同时，集中托运具有一定的局限性。

1.集中托运只适合办理普通货物，对于等级运价的货物，如贵重物品、危险品、活动物以及文物等不能办理集中托运。

2.目的地相同或邻近的可以办理，如某一国家或地区，其他则不宜办理。

3.集中托运下货物的出运时间不能确定，所以不适合易腐烂变质的货物、紧急货物或其他对时间要求高的货物的运输。

4.对书本等可以享受航空公司优惠运价的货物来讲，使用集中托运的形式可能不仅不能享受到运费的节约，反而使托运人运费负担加重。

（二）航空快递

航空快递（Air Express Service）是指从事快件运输的专业快递公司与航空公司合

作，以最快的速度在发件人、机场、收件人之间递送货物的一种快速运输方式，快递运输紧紧抓住“迅速”和“安全”这两大要素以收取客户较高的运费。

按照服务的范围，国际航空快递运输的运作形式一般有三种：门到门服务（Door to Door）、门到机场服务（Door to Airport）、专属派送（Dedicated Courier Service）。门到门服务最简单、最方便，也是目前使用最多的一种快递运输方式。实际上，大多数航空货运代理公司都在经营着快递业务，即所谓的空运普货门到门服务。

航空快递与普通航空货物运输相比，其基本程序和需要办理的手续相同，所需的运输单据和报关单证也基本一样，都要向航空公司办理托运；都要求收、发货人及承运人办理单货交接手续；都要提供相应的报关单证向海关办理进、出口报关手续。

但是，航空快递作为一项专门的业务，亦有其独特的地方，主要表现在以下几个方面：

1.快递公司有完善的快递网络。航空快递的高效运转只有依靠完善的网络才能进行。这种网络要求，无论始发地、中转地、到达地都能服务于网络，同时网络具有相当强的整合能力。

2.从收运范围来看，航空快递以收运文件和小包裹为主。文件包括银行票据、贸易合同、商务信函、装船单据、小件资料等，包括机器上的小零件、小件样品、急用备件等。航空快递公司对收件有最大重量和最大体积的限制。

3.特殊的单据。航空货运使用的是航空货运单，而航空快递也有自己独特的运输单据，即交付凭证（Proof of Delivery，POD）。

4.流程环节全程控制。从服务层次来看，航空快递因设有专人负责，减少内部交接环节，缩短衔接时间，操作全程更为安全可靠。

5.高度的信息化控制。从服务质量来看，航空快件在整个运输过程中都处于电脑的监控之下，快件每经一个中转港或目的港，电脑都得输入其动态（提货、转运、报关等），派送员将货送交收货人时，让其在POD上签收（日期、姓名）后，电脑操作员将送货情况输入电脑，反馈给发货方。一旦查询，立刻就能得到准确的回复。这种运输方式使收、发货人都感到安全、可靠。

## 五、航空货物运输的方式

微课5-4

了解航空货物运输的方式

航空运输企业为了满足不同客户的需要，合理地利用有限的航空运输资源，追求良好的经济效益，采用了不同的经营方式。目前，在国际航空货物运输中，航空公司的方式主要有班机运输和包机运输两种方式。

（一）班机运输

班机运输（Scheduled Airline）是指具有固定开航时间、航线和停靠航站的飞机。通常为客货混合型飞机，货舱容量较小，运价较贵，但由于航期固定，有利于客户安排鲜活商品或急需商品的运送。

班机运输具有以下特点：

1.班机运输由于具有固定的航线、固定的停靠港和固定的航期，在一定时间内有相对固定的收费标准，对进出口商来讲可以在贸易合同签署之前预期货物的起运和到达时间，核算运费成本，合同的履行也较有保障，因此成为多数贸易商的首选航空货运形式。

2.班机运输便于收、发货人确切掌握货物起运和到达的时间，这对市场上的急需商品、鲜活商品、易腐商品以及贵重商品的运送是非常有利的。

3.班机运输大多采用客货混合机型，航班以客运服务为主，货物舱位有限，不能满足大批量货物及时出运的要求，对货量大的货物往往只能分批运输。另外，不同季节同一航线客运量的变化也会直接影响货物装载的数量，使得班机运输在货物运输方面存在很大的局限性，这是班机运输的不足之处。

（二）包机运输

包机运输（Charter Flight）是指航空公司按照约定的条件和费率，将整架飞机租给一个或若干个包机人（包机人指发货人或航空货运代理公司），从一个或几个航空站装运货物至指定目的地。包机运输适合于大宗货物运输，费率低于班机，但运送时间则比班机要长些。

包机运输方式可分为整架包机和部分包机两类。

1.整架包机

整架包机也叫整机包机或整包机，指航空公司按照与租机人事先约定的条件及费用，将整架飞机租给包机人，从一个或几个航空港装运货物至目的地。包机人一般要在货物装运前一个月与航空公司联系，以便航空公司安排运载和向起降机场及有关政府部门申请、办理过境或入境的有关手续。

包机的费用一次一议，随国际市场供求情况变化。原则上包机运费，是按每一飞行千米固定费率核收费用，并按每一飞行千米费用的80%收取空放费（即若回程为空载也要收取80%的费用）。因此，大批量货物使用包机时，均要争取来回程都有货载，这样费用比较低。只使用单程，运费比较高。

2.部分包机

部分包机指由几家航空货运公司或发货人联合包租一架飞机，或者由航空公司把一架飞机的舱位分别卖给几家航空货运公司装载货物。相对而言，部分包机适合于运送1t以上但货量不足整机的货物，在这种形势下货物运费较班机运输低。

## 【任务实施】

全班每5~6人为一组，设1名组长，由组长带领本组同学担任王明的角色，按下述步骤复习航空运输的基本常识。

步骤一：掌握航空运输的特点

航空运输的主要特点有哪些？主要适合运送哪类货物？

______________________________

______________________________

______________________________

步骤二：掌握航空货物运输方式

某货主托运一只宠物狗，自上海至汉堡，毛重40kg，规格为75cm×75cm ×65cm，采用空运。

如果你是货主，你会选择哪种航空运输方式？你需要做哪些准备工作？

步骤三：了解航空货运当事人

王明为做好航空货运客户服务，必须熟悉航空货运的相关当事人及其责任。

请查找相关资料，写出航空货运的相关当事人，并简要叙述（或画图说明）他们之间的关系。

步骤四：了解AI与人工飞行计划制订的协作模式

请设计“AI负责数据计算+飞行员负责策略决策”的分工框架，举例说明（如台风天气下，AI提供3条备选航线，飞行员综合判断后选择最终方案），并分析该模式对航空货运安全的影响。

步骤五：任务实施完成

## 【任务测评】

### 一、选择题

任务测评5-1

1.在航空货物运输中，某集装器代号为PAP2334CA，其中第三个字母“P”表示（　　）。

A.集装器的底板尺寸　　B.集装器的种类

C.集装器所有人　　D.集装器的外形以及与飞机的适配性

2.国际航空货物运输具有（　　）的优势。

A.成本高、运价高　　B.实际可用商载量小

C.易受天气影响　　D.节省包装、保险、利息和存储等费用

3.下列城市属于IATA三个航空运输业务区中的TC1区的是（　　）。

A.纽约　　B.北京　　C.伦敦　　D.堪培拉

4.航空飞机对货物的装载限制包括（　　）。

A.重量限制　　B.容积限制　　C.舱门限制　　D.面积限制

5.不能以集中托运形式运输的货物有（　　）。

A.贵重物品　　B.活体动物、尸体、骨灰

C.外交信袋　　D.危险物品

6.航空快递业务有（　　）。

A.门到机场　　B.门到门　　C.专属派送　　D.集中托运

## 二、判断题

1.航空快递业务中有一种其他运输形式所没有的单据，即交付凭证。（　　）

2.集装箱是航空货运中唯一的集装设备。（　　）

3.某飞机只在下舱载货，则该飞机属于全货机。（　　）

## 三、简答题

1.简述航空运输的优势和劣势。

2.简述两种航空运输组织形式的优缺点。

## 四、计算题

飞机承载货物离开希腊雅典圣托里尼机场（东2区）为当地时间11月1日13：30，到达北京首都国际机场为当地时间11月2日9：50，试计算该航班飞行时间。

# 任务二　组织航空货物运输

## 【任务描述】

上海君威设备有限公司（以下简称“君威设备”）于2025年5月2日与德国迈兹科技有限公司（以下简称“迈兹科技”）签订合同号为MZ230502的买卖合同，欲向迈兹科技公司出口3台贵金属检测仪器。按照合同规定装运期为2025年5月20日以前。君威设备遂联系环航货代，委托其代办航空运输、报检报关等发运手续。该票货物的商业发票及装箱单分别见表5-1和表5-2。

表5-1　　商业发票

SHANGHAI JUNWEI EQUIPMENT CORPORATION

166 LINGYUN ROAD，SHANGHAI，200030，CHINA

Tel：（86） 021-82495033　　Fax：（86） 021-82495033

**COMMERCIAL INVOICE**

TO： MERZ TECHNOLOGY CORPORATION　　INV NO.：MZ230502

FROM：SHANGHAI TO BERLIN　　DATE：MAY.15.2025

| Marks & No. | Description of Goods | Quantity | Unit Price | Amount |
| --- | --- | --- | --- | --- |
| MERZ<br>BERLIN<br>C/NO.1-3 | PRECIOUS METAL DETECTOR<br>PACKED IN 3 CARTONS | 3PCS | CFR BERLIN<br>USD50 000.00/PC | USD150 000.00 |

SHANGHAI JUNWEI EQUIPMENT CORPORATION

LI BIN

王明准备跟着师傅一起学习处理这票航空货运业务。那么，这票业务应如何办理托运手续？具体如何来操作呢？

表5-2　装箱单

<table>
<tr><td colspan="3">ISSUER：<br>SHANGHAI JUNWEI EQUIPMENT CORPORATION<br>166 LINGYUN ROAD，SHANGHAI，200030，CHINA<br>Tel：（86）021-82495033　Fax：（86）021-82495033</td><td colspan="4">装箱单<br>PACKING LIST</td></tr>
<tr><td colspan="3">TO：<br>MERZ TECHNOLOGY CORPORATION<br>NO.567 AVE STREET BERLIN GERMANY</td><td colspan="2">INVOICE NO.<br>MZ230502</td><td colspan="2">DATE<br>MAY 15，2025</td></tr>
<tr><td>Marks and Numbers</td><td>Number and Kind of Package Description of Goods</td><td>Quantity</td><td>Package</td><td>G.W</td><td>N.W</td><td>Meas.（cm³）</td></tr>
<tr><td>MERZ BERLIN C/NO.1-3</td><td>PRECIOUS METAL DETECTOR PACKED IN 3 CARTONS</td><td>3</td><td>3 CARTONS</td><td>18.6kg/c</td><td>17.5kg/c</td><td>42×38×22</td></tr>
<tr><td colspan="2">TOTAL</td><td>3</td><td>3 CARTONS</td><td>55.8kg</td><td>52.5kg</td><td>82×48×32</td></tr>
</table>

# 【任务解析】

本任务主要学习航空货运涉及的相关单证的缮制，航空货运费用的计算，并根据客户的具体货运要求，完成航空货物运输的组织工作。

# 【知识链接】

## 一、认识航空货运主要单证

### （一）国际货物托运书

航空货运代理与出口企业（发货人）就空运出口代理事宜达成协议后，航空货运代理即向发货人提供所代理的航空公司的国际货物托运书，由发货人填写并加盖公章，作为货主委托货运代理承办空运出口的依据，并据此结算费用。托运书填写完毕，航空货代需对托运书的内容进行审核，并签字确认。

对于长期出口或出口货量较大的企业，航空货运代理一般都与之签订长期的代理协议。

（二）航空货运单

航空货运单（Air Waybill，AWB）是由托运人或者以托运人的名义填制，是托运人和承运人之间在承运人的航线上运输货物所订立合同的初步证明。

航空货运单与海运提单不同，航空运单不是物权凭证，不能通过背书转移货物所有权，持有航空运单也并不能说明可以对货物要求所有权。航空运单不能转让，所有权属于出票航空公司，即货运单所属的空运企业。在货运单的右上端印有“不可转让”（Not Negotiable）字样，任何IATA成员公司均不得印刷可以转让的航空货运单，“不可转让”字样不可被删去或篡改。

国际航空货运单一般由一式十二联组成，其中有正本三份，副本六份，额外副本三份，分别用不同的颜色表示，见表5-3。

表5-3　航空货运单各联

| 序号 | 名称及发放对象 | 颜色 |
|---|---|---|
| 1 | Original 1（正本第一联，交填开承运人或代理人） | 绿色 |
| 2 | Original 2（正本第二联，交收货人） | 粉红色 |
| 3 | Original 3（正本第三联，交托运人） | 蓝色 |
| 4 | Copy 4（副本第四联，提取货物收据联） | 黄色 |
| 5 | Copy 5（副本第五联，交目的站机场） | 白色 |
| 6 | Copy 6（副本第六联，交第三承运人） | 白色 |
| 7 | Copy 7（副本第七联，交第二承运人） | 白色 |
| 8 | Copy 8（副本第八联，交第一承运人） | 白色 |
| 9 | Copy 9（副本第九联，交代理人） | 白色 |
| 10 | Extra Copy 10（额外副本第十联，承运人留存） | 白色 |
| 11 | Extra Copy 11（额外副本第十一联，承运人留存） | 白色 |
| 12 | Extra Copy 12（额外副本第十二联，承运人留存） | 白色 |

根据签发人的不同，航空货运单分为航空主运单和航空分运单。

1.航空主运单。凡由航空运输公司签发的，以托运人名义填写的航空运单就称为航空主运单（MWB）。它是航空运输公司据以办理货物运输和交付的依据，是航空公司和托运人订立的运输合同。

2.航空分运单。在办理集中托运的时候，由集中托运人（或称航空货运代理公司）签发给托运人的航空货运单被称作航空分运单（HWB）。航空分运单是集中托运人（或航空货运代理公司）与托运人之间的运输合同。

微课 5-5

缮制航空货运单

航空货运单与海运提单相似，也有正面、背面条款之分，不同的航空公司也会有自己独特的航空货运单格式。但各航空公司所使用的航空货运单则大多借鉴IATA所推荐的标准格式，差别并不大。航空货运单正面条款见表5-4，其缮制方法见表5-5。

表5-4　航空货运单

<table>
<tr><td>1A</td><td>1</td><td>1B</td><td colspan="11">1A　1B</td></tr>
<tr><td colspan="2" rowspan="2">SHIPPER'S NAME AND ADDRESS<br>2</td><td colspan="3">SHIPPER'S ACCOUNT NUMBER<br>3</td><td colspan="9">NOT NEGOTIABLE<br>AIR WAYBILL<br>ISSUED BY　1C</td></tr>
<tr><td colspan="3"></td><td colspan="9">COPIES 1, 2 AND 3 OF THIS AIR WAYBILL ARE ORIGINALS AND HAVE THE SAME VALIDITY</td></tr>
<tr><td colspan="2">CONSIGNEE'S NAME AND ADDRESS<br>4</td><td colspan="3">CONSIGNEE'S ACCOUNT NUMBER<br>5</td><td colspan="9">Reference to Conditions of Contract（参照合同条件）</td></tr>
<tr><td colspan="5">Issuing Carrier's Agent Name and City<br>6</td><td colspan="9" rowspan="3">Accounting Information<br>10</td></tr>
<tr><td colspan="2">Agent's IATA Code<br>7</td><td colspan="3">Account No.<br>8</td></tr>
<tr><td colspan="5">Airport of Departure and Requested Routing<br>9</td></tr>
<tr><td>To</td><td>By First Carrier Routing and Destination</td><td>To</td><td>By</td><td>To</td><td>By</td><td>Currency</td><td>CHGS Code</td><td colspan="2">WT/VAL</td><td colspan="2">Other</td><td>Declared Value for Carriage</td><td>Declared Value for Customs</td></tr>
<tr><td>11A</td><td>11B</td><td>11C</td><td>11D</td><td>11E</td><td>11F</td><td>12</td><td>13</td><td>PPD<br>14A</td><td>COLL<br>14B</td><td>PPD<br>15A</td><td>COLL<br>15B</td><td>16</td><td>17</td></tr>
<tr><td colspan="2">Airport of Destination<br>18</td><td colspan="5">Flight/Date（for Carrier Use only）<br>19A</td><td>Flight/Date<br>19B</td><td colspan="4">Amount of Insurance<br>20</td><td colspan="2">Insurance<br>20A</td></tr>
<tr><td colspan="14">Handing Information<br>21</td></tr>
<tr><td>No. of Pieces/RCP</td><td>Gross Weight</td><td colspan="2">kg/lb</td><td></td><td colspan="2">Rate Class</td><td>Commodity Item No.</td><td colspan="2">Chargeable Weight</td><td colspan="2">Rate / Charge</td><td>Total</td><td>Nature and Quantity of Goods</td></tr>
<tr><td>22A</td><td>22B</td><td colspan="2" rowspan="2">22C</td><td rowspan="2"></td><td colspan="2" rowspan="2">22D</td><td rowspan="2">22E</td><td colspan="2" rowspan="2">22F</td><td colspan="2" rowspan="2">22G</td><td>22H</td><td rowspan="2">22I</td></tr>
<tr><td>22J</td><td>22K</td><td>22L</td></tr>
</table>

续表

| | | | | |
|---|---|---|---|---|
| Prepaid （Weight Charge） Collect | | Other Charges | | |
| 24A | 24B | 23 | | |
| Valuation Charge | | | | |
| 25A | 25B | | | |
| Tax | | | | |
| 26A | 26B | | | |
| Total Other Charges Due to Agent | | Shipper's Certification Box（托运人认证栏） | | |
| 27A | 27B | 31 | | |
| Total Other Charges Due to Carrier | | | | |
| 28A | 28B | | | |
| 29A | 29B | | | |
| Total Prepaid | Total Collect | | | |
| 30A | 30B | | | |
| Currency Conversion Rate 33A | CC Charges in Destination Currency 33B | | | |
| | | Executed on （Date） 32A | At （Place） 32B | Signature of Issuing Carrier or It's Agent 32C |
| For Carrier's Use Only at Destination | Charge at Destination 33C | Total Collect Charges 33D | | |

表5-5 航空货运单的缮制方法

| 栏目 | 填写内容 | 注意事项 |
|---|---|---|
| 1.货运单号码 | 填写始发站机场的IATA三字代码，由承运人填写。如果没有机场的IATA三字代码，可以填写机场所在城市的IATA三字代码 | |
| 1A | 印制或用电脑打印承运人的票证注册代号 | |
| 1B | 货运单号码由八位数字组成，前七位为顺序号，第八位为检查号 | |
| 1C | 填开列货运单承运人名称及地址，此栏一般印有航空公司名称、总部和地址 | |
| 2.托运人姓名和地址 | 姓名填写托运人的全名。地址填写国家、城市、街道的名称，以及门牌号、邮编和电话号码 | |

续表

| 栏目 | 填写内容 | 注意事项 |
| --- | --- | --- |
| 3.托运人账号 | 可根据承运人需要，填写托运人账号。一般情况下不填 | |
| 4.收货人姓名和地址 | 姓名填写收货人全名。地址填写国家、城市、街道的名称，以及门牌号、邮编和电话号码 | 因航空货运单不可转让，故此栏内不可填写“TO ORDER”字样 |
| 5.收货人账号 | 此栏可根据承运人需要，填写收货人账号。一般情况下不填 | |
| 6.代理人名称和城市 | 填写制单代理人的名称及其所在的城市 | |
| 7.代理人的IATA代号 | 在代理人NON-CASS系统区，必须填写IATA七位数字的代码；在代理人CASS系统区，还应填写三位数字的地址代码及检查号 | |
| 8.代理人账号 | 此栏可根据承运人需要，填写代理人账号 | |
| 9.始发站机场和所要求的运输路线 | 此栏填写货物始发站机场名称和运输路线 | 机场名称填英文全称，不可使用简称或代码，且应与1C中所填内容一致。可用IATA三字代码表示托运人所要求的运输路线 |
| 10.财务结算注意事项 | 此栏填写与结算有关的注意事项 | ①货物运费以现金或支票支付，应予注明，如现金（Cash）、支票（Check）<br>②货物运费以正副提单支付，应填写正副提单的号码<br>③退运货物在新的货运单此栏内填写原货运单的号码<br>④空运代理不接受货物运费以旅费证（MCO）支付的方式 |
| 11.运输路线和目的站 | | |

续表

| 栏目 | 填写内容 | 注意事项 |
|---|---|---|
| 11A | 填写目的站或第一中转站机场的IATA三字代码，不清楚机场名称时，可填城市三字代码 | |
| 11B | 填写第一承运人的全程或者IATA三字代码 | |
| 11C | 填写目的站或第三中转站机场的IATA三字代码，不清楚机场名称时，可填城市三字代码 | 11C-11F为选填栏，只有运输过程中需要经过其他承运人联运时才填写 |
| 11D | 填写第二承运人的全程或者IATA三字代码 | |
| 11E | 填写目的站或第三中转站机场的IATA三字代码，不清楚机场名称时，可填城市三字代码 | |
| 11F | 填写第三承运人的全程或者IATA三字代码 | |
| 12.币种 | 填写始发站所在国家货币的三字代码 | 除33A-33D外，货运单上所有货物运费均应以此币种表示 |
| 13.付款方式 | 填写货物运费的支付方式。本栏一般无须填写，仅供电子传送货运单信息时使用 | PP——全部运费预付<br>CC——全部运费到付<br>NC——免费 |
| 14.航空运费/声明价值附加费的付款方式 | 14A/14B（WT/VAL），航空运费和声明价值附加费必须同时全部预付或者到付，并在相应的栏目“PPD”（预付）、“COLL”（到付）内填写“×” | |
| 15.其他费用的付款方式 | 15A/15B（Other），其他费用必须同时全部预付或者到付，并在相应的栏目“PPD”（预付）、“COLL”（到付）内填写“×” | |

续表

| 栏目 | 填写内容 | 注意事项 |
| --- | --- | --- |
| 16.供运输用声明价值 | 填写托运人向承运人声明的货物价值，未办理货物声明价值的，须填写“NVD”字样 | |
| 17.供海关用声明价值 | 填写托运人向海关申报的货物价值，未办理此声明价值的，须填写“NCV”字样 | |
| 18.目的站机场 | 填写目的站机场的英文全称 | 不得使用简称或代码 |
| 19.航班/日期 | 19A/19B （Flight/Date （for carrier use only ）/Flight/Date），填写托运人已经定妥的航班/日期，包括续程的航班/日期 | |
| 20.保险金额 | 中国民航不代理国际货物的保险业务，此栏填写“NIL”或“×××”字样 | |
| 21.储运事项 | 填写货物在运输和仓储过程中需要注意的事项，如包装、唛头、通知方、特殊要求和随附单据等 | |
| 22.航空运费计算相关栏 | | M——最低运价<br>N——45千克以下普通货物运价<br>Q——45千克以上普通货物运价<br>R——等级货物附加运价<br>S——等级货物附减运价<br>U——集装货物基础运价<br>C——指定商品运价 |
| 22A | No. of Pieces/RCP（Rate Comb. Point）（件数/运价组成点），填写货物的件数；若使用非公布直达运价，则在件数下面填写运价组合点城市的IATA代码 | |
| 22B | Gross Weight（毛重），填写与22A中货物件数相对应的货物毛重 | |

续表

| 栏目 | 填写内容 | 注意事项 |
| --- | --- | --- |
| 22C | kg/lb（毛重计量单位），填写货物毛重的计量单位，“kg”和“lb”分别表示“千克”和“磅” | |
| 22D | Rate Class（运价种类），填写所采用货物运价种类代号 | |
| 22E | Commodity Item No.（商品品名编号） | ①使用指定商品运价，此栏填写指定商品品名代号<br>②使用等级货物运价，此栏填写附加或附减运价的百分比<br>③集装货物，此栏填写集装货物运价等级 |
| 22F | Chargeable Weight（计费重量），填写计收航空运费的货物重量 | |
| 22G | Rate/Charge（费率），填写所适用的货物运价 | |
| 22H | Total（航空运费），填写根据货物运价和货物计费重量计算出的航空运费金额 | |
| 22I | Nature and Quantity of Goods（货物品名及数量），填写货物的具体名称和数量，包括尺寸或体积 | ①货物品名须用英文大写字母，且不得填写表示货物类别的统称<br>②货物中含危险物品时，应分列填写，危险物品列在第一行，且须填写其标准学术名称<br>③货物为活动物时，应根据IATA活动物运输规定填写<br>④集装货物，应填写“Consolidation as Per Attached List”<br>⑤货物的体积用“长×宽×高”表示<br>⑥当合同或信用证要求标明产地国时，可在此栏内填写货物的产地国 |

续表

| 栏目 | 填写内容 | 注意事项 |
|---|---|---|
| 22J | 该运单项下货物总件数 | |
| 22K | 该运单项下货物总毛重 | |
| 22L | 该运单项下货物总运费 | |
| 22Z | 服务代码，此栏一般不填，除非承运人需要 | |
| 23.其他费用 | 填写除运费和声明价值附加费以外的其他费用。根据IATA规则，各项费用分别用三个英文字母表示，前两个字母是某项费用的代码；第三个字母是“C”表示该项费用由承运人收取，是“A”表示由货运代理人收取 | |
| 24.航空运费 | 24A/24B（Weight Charge），填写22H中的航空运费总额，可以预付或到付，根据付款方式分别填写 | |
| 25.声明价值附加费 | 25A/25B（Valuation Charge），填写按规定收取的声明价值附加费，可以预付或到付，根据付款方式分别填写 | |
| 26.税款 | 26A/26B（Tax），填写按规定收取的税额款，可以预付或到付，根据付款方式填写 | |
| 27.交代理人的其他费用总额 | 27A/27B（Total Other Charges Due to Agent），填写交代理人的其他费用总额，可以预付或到付，根据付款方式分别填写 | |
| 28.交承运人的其他费用总额 | 28A/28B（Total Other Charges Due to Carrier），填写交承运人的其他费用总额，可以预付或到付，根据付款方式分别填写 | |

续表

| 栏目 | 填写内容 | 注意事项 |
| --- | --- | --- |
| 29.应收取的有关费用金额 | 29A/29B，根据承运人要求，填写应收取的有关费用金额，可以预付或到付，根据付款方式分别填写 | |
| 30. 全部费用总额 | 30A（Total Prepaid），填写全部预付货物费用的总额，即24A、25A、26A、27A、28A、29A合计的总额；<br>30B（Total Collect），填写全部到付货物费用的总额，即24B、25B、26B、27B、28B、29B合计的总额 | |
| 31.托运人或其代理人签字、盖章 | 由托运人或其代理人签字盖章 | |
| 32. 开单相关信息 | | |
| 32A | 填写货运单的填开日期 | |
| 32B | 填写货运单的填开地点 | |
| 32C | 由填制货运单的承运人或其代理人签字、盖章 | |
| 33.仅限在目的站由承运人填写 | | |
| 33A | 填写目的站国家的币种和汇率 | |
| 33B | 填写根据33A中的汇率将30B中的到付货物运费进行换算后的金额 | |
| 33C | 填写在目的站发生的货物运费金额 | |
| 33D | 填写33B和33C的合计金额 | |

除上述填制要求外，在填制航空货运单时，还要注意以下事项：

1.航空货运单一般应使用英文大写字母，用电脑打印。各栏内容必须准确、清楚、齐全，不得随意涂改。

2.货运单已填好内容，在运输过程中需要修改时，必须在修改项目的近处盖章并注明修改货运单的空运企业名称、地址和日期。修改货运单时，应将所有剩余的各联一同修改。

3.在始发站货物运输开始后，货运单上的“运输声明价值（Declared Value for Carriage）”一栏的内容不得再做任何修改。

4.每批货物必须全部收齐后，方可填开货运单，每一批货物或集中托运的货物均填写一份货运单。

## 二、计算航空货运费用

货物的航空运费是指将一票货物自始发地机场运输到目的地机场所应收取的航空运输费用。货物的航空运费主要由两个因素组成，即货物适用的运价与货物的计费重量。航空运费的计算公式为：

航空运费=计费重量×适用的运价

### （一）计费重量

计费重量（Chargeable Weight）是指用以计算货物航空运费的重量。货物的计费重量或者是货物的实际毛重，或者是货物的体积重量，或者是较高重量分界点的重量。

1.实际毛重（Actual Gross Weight）。实际毛重是指包括货物包装在内的货物重量。凡质量大而体积相对小的高密度货物（指每千克体积不足6 000立方厘米或366立方英寸，或每磅不足166立方英寸的货物，又称“重货”），都须考虑用实际毛重作为其计费重量，如机械、金属零件等。

2.体积重量。体积重量（Volume Weight）是指将货物的体积按一定的比例折合的重量。由于飞机舱容的限制，对于质量小而体积相对较大的低密度货物（指每千克体积超过6 000立方厘米或366立方英寸，或每磅超过166立方英寸的货物，又称“轻货”），应考虑用体积重量作为其计费重量，如棉花、泡沫等。

3. 计费重量。一般地，采用货物的实际毛重与货物的体积重量两者比较取高者；但当货物按较高重量分界点的较低运价计算的航空运费较低时，则以此较高重量分界点的货物起始重量作为货物的计费重量。国际航协规定，国际货物的计费重量以0.5千克为最小单位，重量尾数不足0.5千克的，按0.5千克计算；0.5千克以上不足1千克的，按1千克计算。

例如：

101.001kg →101.5kg

101.501kg →102.0kg

当使用同一份运单，收运两件或两件以上可以采用同类运价计算运费的货物时，其计费重量规定如下：

计费重量为货物总的实际毛重与总的体积重量两者较高者。同上所述，较高重量分界点重量也可能成为货物的计费重量。

（二）最低运费

最低运费（Minimum Charge）是指一票货物自始发地机场至目的地机场航空运费的最低限额。

货物按其适用的航空运价与其计费重量计算所得的航空运费，应与货物最低运费相比，取高者。

（三）运价

运价（Rate）又称费率，是指承运人对所运输的每一重量单位货物（千克或磅）所收取的自始发地机场至目的地机场的航空费用。

目前国际货物运价按制定的途径划分，主要分为协议运价和国际航协运价。

1. 协议运价

协议运价是指航空公司与托运人签订协议，托运人保证每年向航空公司交运一定数量的货物，航空公司则向托运人提供一定数量的运价折扣。

目前航空公司使用的运价大多是协议运价，但在协议运价中又根据不同的协议方式进行细分，见表5-6。

表5-6　航空国际货物运价构成表

<table>
<tr><td colspan="2" rowspan="2">协议定价</td><td rowspan="2">包板（舱）</td><td>死包板（舱）</td></tr>
<tr><td>软包板（舱）</td></tr>
<tr><td rowspan="2">长期协议</td><td rowspan="2">短期协议</td><td rowspan="2">返还</td><td>销售量返还</td></tr>
<tr><td>销售额返还</td></tr>
<tr><td colspan="2">自由销售</td><td></td><td></td></tr>
</table>

（1）长期协议：通常航空公司同代理人签订的协议是一年的期限。

（2）短期协议：通常航空公司同代理人签订的协议是半年或半年以下的期限。

（3）包板（舱）：指托运人在一定航线上包用承运人的全部或部分的舱位或集装器来运送货物。

①死包板（舱）：托运人在承运人的航线上通过包板（舱）的方式运输时，托运人无论向承运人是否交付货物，都必须支付协议上规定的运费。

②软包板（舱）：托运人在承运人的航线上通过包板（舱）的方式运输时，托运人在航班起飞前72小时如果没有确定舱位，承运人则可以自由销售舱位，但承运人对代理人的包板（舱）的总量有一个控制。

（4）销售量返还：如果代理人在规定期限内完成了一定的货量，航空公司则可以按一定的比例返还运费。

（5）销售额返还：如果代理人在规定期限内完成了一定的销售额，航空公司则可以按一定的比例返还运费。

（6）自由销售：也称议价货物或是一票一价。除协议货物，都是一票货物一个定价。

2.国际航协运价

国际航协运价是指IATA在TACT运价资料上公布的运价。国际货物运价使用IATA的运价手册——《TACT运价手册》（The Air Cargo Tariff and Rules Book），结合并遵守《国际航空货运规则》（TACT Rules）。按照IATA货物运价公布的形式划分，国际货物运价可分为公布直达运价和非公布直达运价，见表5-7。

表5-7 国际航协（IATA）运价体系

| | | |
|---|---|---|
| IATA 运价 | 公布直达运价（Published Though Rates） | 普通货物运价（General Cargo Rate） |
| | | 指定商品运价（Specific Commodity Rate） |
| | | 等级货物运价（Commodity Classification） |
| | 非公布直达运价（Unpublished Though Rates） | 集装货物运价（Unit Load Device Rate） |
| | | 比例运价（Construction Rate） |
| | | 分段相加运价（Combination Rate ） |

公布直达运价是指承运人直接在运价资料上查找从运输始发地到运输目的地的航空运价。IATA公布的直达运价主要有普通货物运价（General Cargo Rate，GCR）、指定商品运价（Special Commodity Rate，SCR）、等级货物运价（Class Rate）和集装货物运价(Unit Load Device Rate)。

非公布直达运价是指当始发地至目的地没有公布直达运价时，则可以采用比例运价和分段相加运价的方法构成全程直达运价，计算全程运费。

（四）我国国内航空货物运价体系

我国国内航线货物运价结构为：

1.最低运费（运价代号M）。每票国内航空货物最低运费为30元。

2.普通货物运价（运价代号N/Q）。普通货物运价包括基础运价和重量分界点运价。①基础运价为45千克以下普通货物运价（代号N），费率按照中国民航局公布的《航空货物运价管理规定》执行。为体现货物流向差异，同一航线不同方向可实行差别运价，但需报民航主管部门备案。②45千克以上重量分界点运价（代号Q45），按照中国民航局公布的普通货物标准运价的80%执行。此外，航空公司可根据运营航线的特点，建立其他重量分界点运价，共飞航线由运营航空公司协商协定，报中国民航局批准执行。

3.指定商品运价（运价代号C）。对于一些批量大、季节性强、单位价值小的货物，航空公司可建立指定商品运价，运价优惠幅度不限，报中国民航局批准执行。

4.等级货物运价（运价代号S）。生物制品、植物和植物制品、活动物、骨灰、灵柩、鲜活易腐物品、贵重物品、机械、弹药、押运货物等特种货物的国际航空运费按普通货物标准运价的150%计收。

根据货物类型的不同，航空运费的计算方法与步骤亦有不同，下面一一进行说明。

1.普通货物运费计算

微课5-6

计算普通货物航空运费

普通货物运价（General Cargo Rate，GCR）是指除了货物运价和指定商品运价以外的适合于普通货物运输的运价。一般地，普通货物运价根据货物重量的不同，分为若干个重量等级分界点运价。例如，“N”表示标准普通货物运价，指的是45千克以下的普通货物运价（如无45千克以下运价时，N表示100千克以下普通货物运价）。同时，普通货物运价还公布有“Q45”“Q100”“Q300”等不同重量等级分界点的运价。这里“Q45”表示45千克以上（包括45千克）、100千克以下普通货物的运价，依次类推。对于45千克以上的不同重量分界点的普通货物运价均用“Q”表示。

根据货物计费重量和适用普通货物运价（N运价）计算的航空运费，不得低于运价手册公布的该航线最低运费（M运价）。

普通货物运费的计算步骤如下：

（1）计算货物的体积重量。

（2）比较货物的体积重量与实际毛重，取高者作为暂时的计费重量，根据计费重量找出货物所使用的运价。

（3）计算航空运费。

（4）若采用较高重量分界点的较低运价计算出的运费比第三步计算出的航空运费低时，取低者。

（5）比较第四步计算出的航空运费与最低运费，取高者。

（6）填写航空货运单的运费计算栏。

【例2】根据下列信息计算航空运费。

Routing：BEIJING，CHINA TO TOKYO，JAPAN

Commodity：CLOTHES

Gross Weight：29.2kg

Dimensions：80cm×49cm×30cm

公布运价如下：

| | | | |
|---|---|---|---|
| BEIJING | CY | | BJS |
| RENMINBI | CNY | | kg |
| TOKYO | JP | M | 230.00 |
| | | N | 37.28 |
| | | 45 | 28.25 |

【解】

1.该货物体积为80cm×49cm×30cm=117 600cm$^3$，则该货物体积重量为：117 600÷6 000=19.6（kg）。

2.由于该货物实际毛重为29.2kg，大于货物的体积重量，根据国际航协对计费重量的规定，该批货物的计费重量为29.5kg。

3.从公布运价中找到计费重量对应的运价为GCR N 37.28 CNY/kg，则：

该票货物的航空运费=29.5kg×37.28 CNY/kg=1 099.76 CNY

4.采用较高重量分界点计算该票货物的航空运费=45kg×28.25 CNY=1 271.25 CNY，取低者为1 099.76 CNY。

5.将计算出来的数据填制到航空货运单运费计算栏中，见表5-8。

表5-8 运费计算栏

| No. of Pieces / RCP | Gross Weight | kg/lb | N | Rate Class / Commodity Item No. | Chargeable Weight | Rate/ Charge | Total | Nature and Quantity of Goods（Incl dimensions or Volume） |
|---|---|---|---|---|---|---|---|---|
| 1 | 29.2 | kg | | | 29.5 | 37.28 | 1 099.76 CNY | CLOTHES<br>80cm×49cm×30cm |

2.指定商品运费计算

指定商品运价（Special Commodity Rate，SCR）是指适用于自规定的始发地至目的地运输特定品名货物的运价。

通常情况下，指定商品运价低于相应的普通货物运价。就其性质而言，该运价是一种优惠性质的运价。鉴于此，在使用指定商品运价时，对货物的起讫地点、运价使用期限、货物运价的最低重量等均有特定的条件。

指定商品运价的原因可归纳为以下两方面：其一，在某特定航线上，一些较为稳定的货主经常或者是定期托运特定品名的货物，托运人要求承运人提供一个较低的优惠运价；其二，航空公司为了有效地利用其运力、争取货源并保证飞机有较高的载运率，向市场推出一个较有竞争力的优惠运价。有些指定商品运价也公布了不同的重量等级分界点，旨在鼓励货主托运大宗货物，并意识到选择空运的经济性及可行性。

根据货物的性质、属性以及特点等对指定商品进行分类，共分为10大组，每一组又分为10个小组。同时，对其分组形式用四位阿拉伯数字进行编号，该编号即为指定商品的品名编号。例如：0001~0999表示可食用的动植物产品，1000~1999表示活动物及非食用的动植物产品，2000~2999表示纺织品、纤维及其制品等。每一大的品类又细分为10个品类，较详细地解释了各类货物的归属。

中国国内航空货物部分指定商品种类及代号见表5-9。

表5-9　中国国内航空货物部分指定商品种类及代号

| 代号 | 种类 |
| --- | --- |
| 0007 | 新鲜水果和蔬菜 |
| 0300 | 鱼（可食用的）、海鲜、海味 |
| 0600 | 肉、肉制品，包括家禽、野味和猎物 |
| 1201 | 皮革和皮制品 |
| 1401 | 花木、幼苗、根茎、种子、植物和鲜花 |
| 2195 | 成包（卷、块）供继续加工用的纱、线、纤维、布、服装和纺织品 |
| 6001 | 化学制品、药品、药材 |

在使用指定商品运价时，只要所运输的货物满足下述三个条件，则运输始发地和运

输目的地就可以直接使用指定商品运价：

（1）运输始发地和运输目的地有公布的指定商品运价；

（2）托运人所交运的货物，其品名与有关指定商品运价的货物品名相吻合；

（3）货物的计费重量满足使用指定商品运价时的最低重量要求。

使用指定商品运价计算航空运费的货物，其航空货运单的“Rate Class”一栏，用字母“C”表示。

指定商品运费的计算步骤如下：

（1）先查询运价表，如有指定商品代号，则考虑使用指定商品运价。

（2）查找《TACT 运价手册》的品名表，找出与运输品名相对应的指定商品代号。

（3）如果货物的计费重量超过指定商品运价的最低重量，则优先使用指定商品运价。

（4）如果货物的计费重量没有达到指定商品运价的最低重量，则需要进行比较计算。

（5）填写航空货运单的运费计算栏。

【例 3】根据下列信息计算航空运费。

Routing：BEIJING，CHINA TO KOBE，JAPAN
Commodity：FRESH APPLES
Gross Weight：8 pieces，40kg/piece
Dimensions：110cm×49cm×30cm
公布运价如下：

| | | | |
|---|---|---|---|
| BEIJING | CY | | BJS |
| RENMINBI | CNY | | KGS |
| KOBE | JP | M | 230.00 |
| | | N | 38.50 |
| | | 45 | 29.04 |
| | 0007 | 300 | 22.50 |

【解】

1. 查找 TACT Rktes Books 的品名表，品名编号“0007”所对应的货物名称为“FRUIT，

VEGETABLES-FRESH”，现在承运的货物是FRESH APPLES，符合指定商品代码“0007”。而且货主交运的货物重量符合“0007”指定商品运价使用时的最低重量300kg的要求。

2. 该货物体积为110cm×49cm×30cm×8=1 293 600cm$^3$，则该货物体积重量为：1 293 600÷6 000=215.6（kg）。

3. 由于该货物实际毛重为40kg×8=320kg，大于货物的体积重量，根据国际航协对计费重量的规定，该批货物的计费重量为320kg。

4. 从公布运价中找到计费重量对应的运价为SCR 0007/Q300 22.50 CNY/kg，则该票货物的航空运费=320kg×22.50 CNY/kg=7 200.00 CNY。

5. 将计算出来的数据填到航空货运单运费计算栏中，见表5-10。

表5-10　　运费计算栏

| No. of Pieces RCP | Gross Weight | kg/lb | C | Rate Class / Commodity Item No | Chargeable Weight | Rate/ Charge | Total | Nature and Quantity of Goods (Incl Dimensions or Volume) |
|---|---|---|---|---|---|---|---|---|
| 8 | 320 | kg | | 0007 | 320 | 22.50 | 7 200.00 CNY | FRESH APPLES 110cm×49cm×30cm×8 |

【例4】根据下列信息计算航空运费。

Routing：BEIJING，CHINA TO OSAKA，JAPAN
Commodity：VEGETABLES
Gross Weight：5 pieces，40kg/piece
Dimensions：100cm×49cm×25cm
公布运价如下：

| | | | |
|---|---|---|---|
| BEIJNG | CY | | BJS |
| YRENMINBICNY | CNY | | KGS |
| OSAKA | JP | M | 230.00 |
| | | N | 45.00 |
| | | 45 | 37.50 |
| | | 100 | 26.50 |
| | 0007 | 250 | 17.50 |

【解】

查找TACT RKTES BOOKS的品名表，品名编号“0007”所对应的货物名称为“FRESH FRUIT AND VEGETABLES”，现在承运的货物是VEGETABLES，符合指定商品代码“0007”。但是货主交运的货物重量未超过“0007”指定商品运价使用时的最低重量250kg的要求。

1.按普通货物运价计算

（1）该货物体积为100cm×49cm×25cm×5=612 500cm³，则该货物体积重量为612 500÷6 000=102.083（kg）

（2）由于该货物实际毛重为40kg×5=200kg，大于货物的体积重量，根据国际航协对计费重量的规定，该批货物的计费重量为200kg。

（3）从公布运价中找到计费重量对应的运价为GCR Q100 26.50 CNY/kg。

航空运费=200kg×26.50 CNY/kg=5 300.00 CNY

2.按指定商品运价计算

（1）由于货物的毛重200kg小于“0007”指定商品运价使用时的最低重量250kg，因此计费重量为250kg。

（2）从公布运价中找到计费重量对应的运价为SCR 0007/Q250 17.50 CNY/kg。

航空运费=250kg×17.50 CNY/kg=4 375.00 CNY

二者比较取运费较低者。因此该票货物航空运费为4 375 CNY。

将计算出来的数据填制到航空货运单运费计算栏中，见表5-11。

表5-11 运费计算栏

| No.of Pieces RCP | Gross Weight | kg/lb | | Rate Class | Chargeable Weight | Rate/ Charge | Total | Nature and Quantity of Goods（Incl Dimensions or Volume） |
|---|---|---|---|---|---|---|---|---|
| | | | C | Commodity Item No | | | | |
| 5 | 200 | kg | | 0007 | 250 | 17.50 | 4 375.00 CNY | VEGETABLES<br>100cm×49cm×25cm×5 |

3.等级货物运费计算

等级货物运价（Commodity Classification Rate）是指在规定的业务区内或业务区之

间运输特别指定的等级货物的运价。IATA规定，等级货物包括下列各种货物：活动物；贵重货物；书报杂志类货物；作为货物运输的行李；尸体、骨灰；汽车等。

等级货物运价的使用规则如下：

（1）等级货物运价以普通货物运价（GCR）为基准，通过民航主管部门批准的附加或附减比例或固定金额调整构成，附加或附减规则公布在TACT Rules中，运价的使用须结合《TACT运价手册》一同使用。通常附加或不附加也不附减的等级货物用代号（S）表示。附减的等级货物用代号（R）表示。

（2）"the Normal GCR"表示使用运价表中的45kg以下普货运价，即N运价（当不存在45kg重量点时，N运价表示100kg以下普通货物运价）。此时，运价的使用与计费重量无关。

（3）"as a Percentage of the Normal GCR"（如：150% of the Normal GCR）表示在运价表中N运价的基础上乘以这个百分比（如150%N）。此时，运价的使用与计费重量无关。

（4）"Appl.GCR"表示使用适用的普通货物运价（如N、Q45、Q100），且须比较较高重量分界点较低运价，取运费较低者。

（5）"as a Percentage of Appl.GCR"表示在所适用的普通货物运价基础上乘以该百分比，且须比较较高重量分界点较低运价，取运费较低者。

等级货物运费的计算步骤如下：

（1）根据货物品名判断其是否适用等级货物运价。

（2）用适用的公布运价乘以附加（或附减）百分比，得到等级货物运价。

（3）用适用的等级货物运价乘以计费重量，得到货物运费。

（4）判断是否需要比较较高重量分界点较低运价。

【例5】根据下列信息计算航空运费。

| |
|---|
| Routing：BEIJING，CHINA TO WASHINGTON，USA |
| Commodity：MONKEYS |
| Gross Weight：4 pieces，46kg/piece |
| Dimensions：90cm×74cm×42cm |

公布运价如下：

| | | | |
|---|---|---|---|
| BEIJING | CY | | BJS |
| RENMINBI | CNY | | kg |
| WASHINGTON | US | M | 230.00 |
| | | N | 78.50 |
| | | 45 | 58.26 |
| | | 100 | 52.13 |
| | | 300 | 46.25 |

【解】

承运的货物为MONKEYS，是活动物，适用等级货物运价。查活动物运价表，其运价构成形式为“150% of the Normal GCR”。

1.该货物体积为90cm×74cm×42cm×4=1 118 880cm$^3$，则该货物体积重量为：1 118 880÷6 000=186.48（kg）。

2.由于该货物实际毛重为46kg×4=184kg，小于货物的体积重量，根据国际航协对计费重量的规定，该批货物的计费重量为186.5kg。

3.活动物适用的运价为150% of the Normal GCR，即：150%×78.5 CNY/kg=117.75 CNY/kg，则该票货物的航空运费=186.5kg×117.75 CNY/kg=21 960.38 CNY。

4.将计算出来的数据填到航空货运单运费计算栏中，见表5-12。

表5-12 运费计算栏

| No. of Pieces RCP | Gross Weight | kg/lb | S | Rate Class / Commodity Item No. | Chargeable Weight | Rate/Charge | Total | Nature and Quantity of Goods（Incl Dimensions or Volume） |
|---|---|---|---|---|---|---|---|---|
| 4 | 184 | kg | | N150 | 186.5 | 117.75 | 21 960.38 CNY | MONKEYS<br>90cm×74cm×42cm×4 |

## 三、航空货物运输组织流程

国际航空货物运输业务流程主要包括以下20个环节：市场销售→委托运输→审核单证→预配舱→预订舱→接单→制单→接货→标记和标签→配舱→订舱→出口报关→出仓单→提板、箱→货物装箱装板→签单→交接发运→航班跟踪→信息服务→费用结算。

微课5-7

组织航空货物运输

(一) 市场销售

作为航空货物运输销售代理人，其销售的产品是航空公司的舱位，只有飞机舱位配载了货物，航空货运才真正具有了实质性的内容，因此承揽货物处于航空货物出口运输代理业务流程的核心地位。

(二) 委托运输

航空公司代理公司与出口单位（发货人）就出口货物运输事宜达成意向后，可以向发货人提供所代理的有关航空公司的“国际货物托运书”。对于长期出口或出口量大的单位，航空货运代理公司一般都与之签订长期的代理协议。发货人发货时，首先需填写委托书，并加盖公章，作为货主委托代理承办航空货物出口货运的依据。航空货运代理公司根据委托书要求办理出口手续，并据以结算费用。

(三) 审核单证

代理人首先要对托运人填写的托运书进行审核。此外，审核单证时主要清点单证是否齐全，检查填写内容是否规范、正确。

审核的单证包括报关报检所必需的各项单证，包括以下部分：

1.发票、装箱单：发票上一定要加盖公司公章（业务科室、部门章无效），标明价格术语和货价（包括样品的发票）。

2.托运书：一定要注明目的港名称和目的港所在城市名称，明确运费预付或运费到付、货物毛重、收发货人、电话（电传或传真）号码。托运人签字处一定要有托运人签名。

3.报关单：注明经营单位注册号、贸易性质、收汇方式，并要求在申报单位处加盖公章。

4.外汇核销单：在出口单位备注栏内，一定要加盖公司章。

5.许可证：合同号、出口口岸、贸易国别、有效期，一定要符合要求并与其他单据相符。

6.商检证：商检证、商检放行单、盖有商检放行章的报关单均可。商检证上应有海关放行联字样。

7.进料/来料加工核销本：要注意本上的合同号与发票相符。

8.索赔/返修协议：要求提供正本，要求合同双方盖章，外方没有印章时，可以签字。

9.到付保函：凡到付运费的货物，发货人都应提供保函。

10.关封。

（四）预配舱

代理人汇总所接受的委托和客户的预填信息，并输入电脑，计算出各航线的件数、重量、体积，按照客户的要求和货物重、泡情况，根据各航空公司不同机型对不同板箱的重量和高度要求，制订预配舱方案，并对每票货配上运单号。

（五）预订舱

代理人根据所制订的预配舱方案，按航班、日期打印出总运单号、件数、重量、体积，向航空公司预订舱。

（六）接单

接单是指接收托运人或其代理人送交的已经审核确认的托运书及报送单证和收货凭证。代理人将收货记录与收货凭证核对，制作操作交接单，填上所收到的各种报关单证份数，给每份交接单配一份总运单或分运单。然后将制作好的交接单、配好的总运单或分运单、报关单证移交制单。

（七）制单

航空货运单包括总运单和分运单，填制航空货运单的主要依据是发货人提供的国际货运委托书，委托书上的各项内容都应体现在航空货运单上，一般用英文填写。

（八）接货

接货是指航空货运代理公司把即将发运的货物从发货人手中接过来并运送到自己的

仓库。

接货一般与接单同时进行。对于通过空运或铁路从内地运往出境地的出口货物，货运代理人按照发货人提供的运单号、航班号及接货地点、日期，代其提取货物。如货物已在始发地办理了出口海关手续，发货人应同时提供始发地海关的关封。

接货时应对货物进行过磅和丈量，并根据发票、装箱单或送货单清点货物，核对货物的数量、品名、合同号或唛头等是否与货运单上所列一致。

（九）标记和标签

标记的内容包括：托运人和收货人的姓名、地址、联系电话、传真、合同号等；操作（运输）注意事项；单件超过150千克的货物，需在包装四面标注重量及超重标识。关于标签，航空公司标签上三位阿拉伯数字代表所承运航空公司的代号，后八位数字是总运单号码。分标签（HAWB Label）是货运代理在分拆主运单货物时使用的标识，需包含分运单号（HAWB）、主运单号（MAWB）、目的机场三字码、货物件数序号及代理公司标识。一件货物贴一张航空公司标签，有分运单的货物，再贴一张分标签。

（十）配舱

货运代理人核对货物的实际件数、重量、体积与托运书上预报数量的差别，对预订舱位、板箱进行有效利用、合理搭配，按照各航班机型、板箱型号、高度、数量进行配载。

（十一）订舱

货运代理人接到发货人的发货预报后，向航空公司吨控部门领取并填写订舱单，同时提供相应的信息：货物的名称、体积、重量、件数、目的地、要求出运的时间等。航空公司根据实际情况安排舱位和航班。货运代理人订舱时，可依照发货人的要求选择最佳的航线和承运人，同时为发货人争取最低、最合理的运价。

订舱后，航空公司签发舱位确认书（舱单），同时给予装货集装器领取凭证，以表示舱位订妥。

（十二）出口报关

货运代理人首先将发货人提供的出口货物报关单的各项内容输入电脑，即电脑预录入。接着在通过电脑填制的报关单上加盖报关单位的报关专用章；然后将报关单与有关的发票、装箱单和货运单综合在一起，并根据需要随附有关的证明文件；以上报关单证齐全后，由持有报关证的报关员正式向海关申报；海关审核无误后，海关关员即在用于发运的运单正本上加盖放行章，同时在出口收汇核销单和出口报关单上加盖放行章，在发货人用于产品退税的单证上加盖验讫章，贴上防伪标志；完成出口报关手续。

（十三）出仓单

配舱方案制订后，货运代理人就可着手编制出仓单：出仓单的日期、承运航班的日期、装载板箱形式及数量、货物进仓顺序编号、总运单号、件数、重量、体积、目的地三字代码和备注。

（十四）提板、箱

货运代理人需向航空公司申领航空集装器（ULD，包括集装板/箱），提交航班与货物信息并签署使用协议。提货时须领取配套的塑料薄膜、网及加固材料，确保货物符合ULD装载标准。使用前后需在航司系统中登记ULD编号、航班及货物详情，归还时完成销号并检查设备状态。

（十五）货物装箱装板

注意事项：不要用错集装箱、集装板，不要用错板型、箱型；不要超过集装箱（板）尺寸；要垫衬，封盖好塑料纸，防潮、防雨淋；集装箱、板内货物尽可能配装整齐，结构稳定，并拴紧网索，防止运输途中倒塌；对于大宗货物、集中托运货物，尽可能将整票货物装一个或几个板（箱）内运输。

（十六）签单

货运单在盖好海关放行章后还需要到航空公司签单，只有签单确认后才允许将单、货交给航空公司。

（十七）交接发运

交接是向航空公司交单交货，由航空公司安排航空运输。交单就是将随机单据和应由承运人留存的单据交给航空公司。随机单据包括第二联航空运单正本、发票、装箱单、产地证明、品质鉴定证书。交货即把与单据相符的货物交给航空公司。交货前必须粘贴或拴挂货物标签，清点和核对货物，填制货物交接清单。大宗货、集中托运货，以整板、整箱称重交接。零散小货按票称重，计件交接。

(十八) 航班跟踪

需要联程中转的货物，在货物运出后，由航空公司提供二程、三程航班中转信息，确认中转情况。货运代理人应及时将上述信息反馈给客户，以便遇到不正常情况时及时处理。

(十九) 信息服务

货运代理人需从多个方面做好信息服务：订舱信息、审单及报关信息、仓库收货信息、交运称重信息、一程二程航班信息、集中托运信息、单证信息。

(二十) 费用结算

费用结算主要涉及同发货人、承运人和国外代理人三方面的结算。

1. 与发货人结算费用。在运费预付的情况下，货运代理人要收取航空运费、地面运输费、各种服务费和手续费。

2. 货运代理人根据与客户的约定（预付/到付），向承运人支付航空运费（含附加费）及代理操作费，同时从运费中按协议比例扣除代理佣金。结算需基于主运单或总运单（Master Air Waybill，MAWB）和货运账目清算系统（Cargo Accounts Settlement System，CASS）对账单，并符合IATA佣金披露规则。

3. 与国外代理结算主要涉及支付运费和利润分成等。到付运费实际上是发货方的航空货运代理人为收货人垫付的，因此收货方的航空货运代理公司在将货物移交收货人时，应收回到付运费并将有关款项退还发货方的货运代理人。同时发货方的货运代理人应将代理佣金的一部分分给其收货地的货运代理人。

由于航空货运代理公司之间存在长期的互为代理协议，因此与国外代理人结算时一般不采取一票一结的办法，而采取应收应付互相抵消、在一定期限内以清单冲账的办法。具体流程概括如图5-2所示。

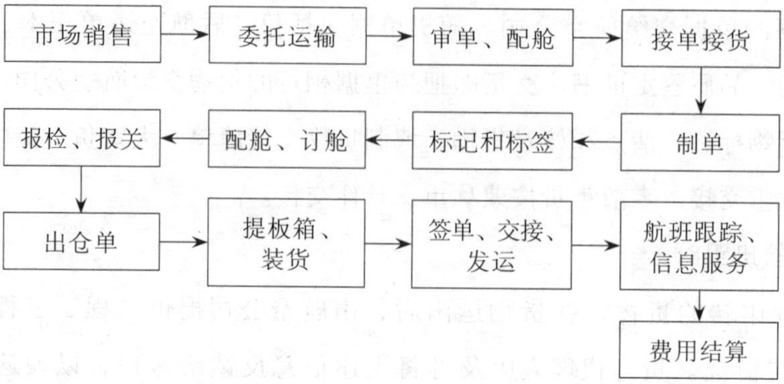


图5-2 国际航空货物出口业务流程

## 四、智能技术赋能航空货物运输全流程升级

(一)智能订舱与运力优化

1.AI 动态订舱系统

航空货运订舱环节引入机器学习算法，整合全球 200 多家航空公司的实时舱位数据、历史运价波动规律与货物时效需求，实现智能匹配。例如：

输入“深圳至鹿特丹 500 只智能手表”运输需求，AI 系统在 30 秒内分析 3 个备选航班：

➢ 航班 A：直飞，时效 2 天，运费 8 000 美元（舱位利用率 75%）

➢ 航班 B：经停 1 次，时效 3 天，运费 6 500 美元（舱位利用率 85%）

➢ 航班 C：直飞，时效 1.5 天，运费 9 500 美元（舱位利用率 90%）

系统根据货物价值与时效敏感度，优先推荐航班 C，通过边际成本分析证明：虽运费增加 1 500 美元，但提前交付可减少客户违约金 2 000 美元，净收益 500 美元。

2.动态运价预测模型

基于 LSTM 构建的运价预测系统，纳入燃油价格、季节因素、供需关系及突发事件等变量。

例如，检测到中东局势紧张导致油价上涨 5%，系统自动调整“深圳—纽约”航线运价，预测未来 30 天上涨 12%，提示货代提前与客户锁定价格，避免成本激增。某货代应用该模型后，旺季运价谈判周期从 4 小时缩短至 30 分钟，价格误差控制在 ±3%。

（二）AI三维智能配载与安全管理

1.智能配载算法

采用深度学习的三维装箱算法，输入货物尺寸、重量及飞机货舱参数，10秒内生成最优堆码方案。

（1）重心控制

要求整体重心偏移≤3%，通过模拟不同堆码方式的力矩分布，确保飞行中货物的稳定性。

（2）空间利用率

空间利用率较人工配载提升15%。以B777货舱为例，单次航班可多装载12立方米货物，增收运费1 800美元。

2.危险品智能管控

（1）智能风险评估

AI系统基于危险品数据库与历史事故案例，输入货物属性与运输条件，实时评估风险等级。例如，在某批次高容量锂电池运输中，AI识别出高温环境下热失控风险上升30%，自动触发预警。

（2）隔离与防护策略

根据风险等级，AI生成最优隔离方案，如将锂电池与易燃物隔离距离设为≥2米，并配置自动灭火装置。系统模拟不同隔离场景下的事故扩散范围，确保货舱安全性。

（三）智能跟踪与应急响应

1.全链条实时跟踪

（1）多源数据融合

通过整合RFID标签、卫星定位、航司信息系统数据，实现货物从发货人仓库至收货人手中的全程可视。以“北京—伦敦”运输为例，货物位置更新频率从1小时/次提升至15分钟/次，信息准确率达98%。

（2）数字孪生货舱

通过构建货舱三维虚拟模型，实时映射货物状态。当某包裹倾斜角度超过15°，系统自动提醒机组人员检查，防止货物损坏。

2.AI应急决策系统

异常事件识别：利用图像识别监测货物冒烟、起火等异常，结合传感器数据，系统识别准确率达 95%，响应时间缩短至 2 秒内。

应急方案生成：一旦触发异常，AI 在 10 秒内从 50 多个预案库中筛选出最优方案，如遇货舱冒烟，启动通风、灭火程序，并规划就近备降机场，联动地面消防、医疗资源。

（四）AI 赋能客户服务优化

1. 智能客服与预测服务

（1）自然语言处理（NLP）客服

客户咨询货物状态时，NLP 模型在 0.5 秒内理解意图，从历史数据中提取精准答案，问题解决率达 85%，较人工客服效率提升 60%。

（2）需求预测与主动服务

AI分析客户历史订单、季节因素，预测某电商客户下月货运需求增长 20%，提前调配舱位，主动推送优惠套餐，客户满意度提升 12%。

2. 个性化物流方案定制

（1）客户画像构建

基于货主行业、运输品类、时效偏好等 100 个以上的特征构建画像，如“高科技企业，高值电子产品，48 小时达”。

（2）定制方案生成

根据画像，AI 从航线规划、包装方案、保险策略等维度生成个性化方案，如为高值电子产品推荐全程温控运输，投保航空运输一切险，满足差异化需求。

# 【任务实施】

全班每 5~6 人为一组，设 1 名组长，由组长带领本组同学担任王明的角色，按下述步骤完成该票航空货物运输的组织。

步骤一：接受委托

2025 年 5 月 2 日，环航货代在接受君威设备的委托后，向客户报价。君威设备请王明代为填写国际货物托运书，由君威设备签字确认并加盖公章。

请根据商业发票和装箱单填制国际货物托运书。

上海环航货运代理有限公司

*IATA*

SHANGHAI HUANHANG FORWARDER CO., LTD

国际货物托运书

SHIPPER'S LETTER OF INSTRUCTION　　REF NO.: HH18050201

<table>
<tr><td colspan="4">始发站<br>DEPARTURE AIRPORT</td><td colspan="4">到达站<br>DESTINATION AIRPORT</td><td colspan="2">供承运人用<br>FOR CARRIER ONLY</td></tr>
<tr><td colspan="8">路线及到达站<br>ROUTING AND DESTINATION</td><td>航班/日期<br>FLIGHT/DATE</td><td>航班/日期<br>FLIGHT/DATE</td></tr>
<tr><td>至<br>TO</td><td>第一承运人<br>BY FIRST CARRIER</td><td>至<br>TO</td><td>承运人<br>BY</td><td>至<br>TO</td><td>承运人<br>BY</td><td>至<br>TO</td><td>承运人<br>BY</td><td colspan="2">已预留吨位<br>BOOKED</td></tr>
<tr><td colspan="8">收货人姓名及地址<br>CONSIGNEE'S NAME AND ADDRESS</td><td colspan="2" rowspan="2">运费<br>CHARGES</td></tr>
<tr><td colspan="8">另行通知<br>ALSO NOTIFY</td></tr>
<tr><td colspan="5">托运人账号<br>SHIPPER'S ACCOUNT NUMBER</td><td colspan="5">托运人姓名及地址<br>SHIPPER'S NAME & ADDRESS</td></tr>
<tr><td colspan="3">托运人声明的价值<br>SHIPPER'S DECLARED VALUE</td><td colspan="2" rowspan="2">保险金额<br>AMOUNT OF INSURANCE</td><td colspan="5" rowspan="2">所附文件<br>DOCUMENTS TO ACCOMPANY AIR WAYBIIL</td></tr>
<tr><td>供运输用<br>FOR CARRIAGE</td><td colspan="2">供海关用<br>FOR CUSTOMS</td></tr>
<tr><td>件数<br>NO. OF PACKAGES</td><td colspan="2">实际毛重<br>ACTUAL GROSS WEIGHT (kg)</td><td>运价类别<br>RATE CLASS</td><td>计费重量<br>CHARGEABLE WEIGHT</td><td>费率<br>RATE CHARGE</td><td colspan="4">货物名称及重量（包括体积或尺寸）<br>NATURE AND QUANTITY OF GOODS (INCL. DIMENSIONS OF VOLUME)</td></tr>
<tr><td></td><td colspan="2"></td><td></td><td></td><td></td><td colspan="4"></td></tr>
<tr><td colspan="10">在货物不能交于收货人时，托运人指示的处理方法<br>SHIPPER'S INSTRUCTIONS FOR UNDELIVERABLE CARGO</td></tr>
<tr><td colspan="10">处理情况（包括包装方式、货物标志及号码等）<br>HANDLING INFORMATION (INCL. METHOD OF PACKING IDENTIFYING MARKS AND NUMBERS ETC.)</td></tr>
</table>

托运人证实以上所填全部属实并愿遵守托运人的一切载运章程

THE SHIPPER CERTIFIES THAT PARTICULARS ON THE FACE HEREOF ARE CORRECT AND AGREES TO THE CONDITIONS OF CARRIAGE OF THE CARRIER

| 托运人签字：<br>SIGNATURE OF SHIPPER | 日期：<br>DATE | 经手人：<br>AGENT | 日期：<br>DATE |
|---|---|---|---|

步骤二：审核单证

王明将填写好的国际货物托运书交给君威设备确认无误后，对其提供的单据进行审核。

步骤三：预配舱

单证审核完毕后，2025年5月3日，王明开始申请合适的舱位。他对上海—柏林航线上所有的出运货物进行统计，包括上海祥源科技有限公司的一批电视机元器件、上海达威设备有限公司的一批五金件和上海科贸进出口有限公司的一批办公用品。他按照四个客户的要求以及货物的__________，综合考虑各航空公司__________________________，制定______________，并对每票货物配上________________。

步骤四：预订舱

根据预配舱方案，王明按照航班、日期打印出__________、件数、重量、体积，向航空公司预订舱位。

步骤五：接单接货

1.接单

完成预订舱工作后，王明于2025年5月3日送交已经审核确认的托运书及相关单证至航空公司，航空公司在接单后将电脑中的收货记录与收货凭证进行核对，保证__________。

2.接货

王明与君威设备约定送货的时间和地点，君威设备在收到通知后，及时将3台化学分析仪器送至环航货代的仓库。仓库业务员李辉在接到设备后，对其进行了称重和丈量，粘贴标记、标签，并根据________和________清点了货物，同时检查了__________是否符合运输要求，并将信息反馈给王明。

步骤六：制单

王明需要根据国际货运委托书填制航空货运单，包括主运单和分运单。

请代王明签发航空货运单（分运单）给君威设备。（略）

该票货物为贵重货物，其最低运费按公布最低运费的200%收取。其运价公布如下：

Routing：SHANGHAI，CHINA TO BERLIN，GERMANY

Commodity：PRECIOUS METAL DETECTOR

Gross Weight：3 pieces，18.6kg/piece

Dimensions：42cm×38cm×22cm

公布运价如下：

| | | | |
|---|---|---|---|
| SHANGHAI | CY | | SHA |
| RENMINBI | CNY | | kg |
| BERLIN | EUR | M | 630.00 |
| | | N | 79.97 |
| | | 45 | 60.16 |
| | | 100 | 53.19 |

请依据所给信息，按下述步骤计算运费。

1.计算体积重量

由已知信息可计算出该票货物体积为______$cm^3$，则该票货物的体积重量为______kg。

2.比较该票货物的体积重量与实际毛重

由于该票货物实际毛重为______kg，因此该票货物的计费重量为______kg。

3.计算航空运费

该票货物适用运价为________CNY/kg，因此计算出航空运费为________CNY。

4.计算较高重量分界点运费并与步骤三的结果相比较

采用较高重量分界点计算出航空运费为__________CNY。

取二者中较低者，因此，航空运费为__________CNY。

5.将上步结果与步骤四最低运费相比较

该票货物最低运费为____________CNY，取二者中高者，因此，该票货物的航空运费为__________________CNY。

步骤七：配舱

王明在收到货物清点无误的反馈信息后，核对货物数量、重量、体积等信息与托运单是否一致，若一致则可以____________，若有差别则需要____________。

步骤八：订舱

2025年5月4日，王明正式向航空公司提出运输申请并订妥舱位，向航空公司吨控部门领取并填写了__________。航空公司根据订舱单信息合理安排航班和舱位，并给王明签发__________，同时给予__________，表示订舱成功。

步骤九：报关报检

2025年5月5日，环航货代报关员张强携带报关委托书、报关单及报关所需其他单据，到上海吴淞海关办理出口申报，经海关查验，并现场对货物进行清点，确认数量及所贴标签无误后，在主运单上加盖海关监管章。

步骤十：出仓单

王明根据__________制作出仓单，作为出口仓库制订出库计划的依据，并给予交接部门作为收货凭证和制作国际货物交接清单的依据。

步骤十一：提板箱与装货

王明根据订舱计划向航空公司申领板、箱并办理相应的手续。同时，安排君威设备托运的3台化学分析仪器进行板箱装载。

步骤十二：签单

王明将货运单送至航空公司进行签单。航空公司再次审核运价等信息，确认后，航空公司正式接受货物。

步骤十三：交接发运

王明将单、货交至航空公司，航空公司按照航班顺序安排航班运输装机。

步骤十四：后续工作

与航空公司完成交接发运的工作后，王明还需要____________________，若有异常及时通知君威设备公司。此外，王明还需要分别与____________________进行相关费用的结算。

步骤十五：任务实施完成

## 【任务测评】

任务测评5-2

### 一、选择题

1.填制航空货运单的主要依据是（　　）。

A.商业发票　　B.销售合同　　C.装箱单　　D.国际货物托运书

2.由航空货运代理公司办理集中托运业务时签发给每一发货人的运单称为（　　）。

A.航空分运单　　B.航空主运单　　C.航空货运单　　D.国内航空分运单

3.由航空公司签发的航空运单均称为（　　）。

A.航空分运单　　B.航空主运单　　C.航空货运单　　D.国内航空分运单

4.航空货运代理人与承运人结算的费用包括（　　）。

A.航空运费　　B.地面运输费　　C.佣金　　D.服务费

5.（　）是航空公司不允许做的行为。

A.代替托运人填写国际货物托运书　　B.代替托运人报关报检

C.审核航空货运业务相关单据　　D.填制航空货运单

6.国际航空货运出口流程中用到的单据有（　　）。

A.出仓单　　B.装箱单　　C.航空货运单　　D.国际货物交接清单

## 二、判断题

1.预订舱是航空货物出口运输代理业务程序中必不可少的环节。（　　）

2.凡出具分运单的货物都要制作分标签，填制分运单号码和货物到达城市或机场的三字代码。（　　）

3.只有航空公司签单确认后才允许将单、货交给航空公司。（　　）

## 【项目小结】

本项目系统讲解航空货物运输的核心知识与操作流程，涵盖认识航空货运方式、组织航空货物运输两大任务。通过理论学习与人工智能赋能案例分析，深入理解航空运输在高时效、高价值货物运输中的核心地位，掌握航空器与空港设施、货物分类、运输组织流程及运费核算方法，重点突出人工智能技术在智能订舱、三维配载、动态路径优化及全链条跟踪中的应用，提升航空货运业务的智能化操作与管理能力。

【项目综合题】

“寰宇速运”是一家主营国际高端物流服务的公司，近期承接两项紧急空运业务：

业务A（国际冷链）：从德国法兰克福运输一批疫苗（恒温2℃~8℃、价值千万欧元）至上海浦东国际机场，要求全程温控精准、48小时内门到门交付，实时追踪每一环节环境数据。

业务B（精密仪器）：从日本东京成田机场运送10台高精度半导体光刻机（单件重3.5吨、防震等级MAX）至深圳宝安国际机场，要求零振动损伤、72小时通关完成。

作为“寰宇速运”的智慧运输运营总监，你需要统筹规划以下业务：

1.针对业务A（疫苗冷链）：

传统航空冷链运输的核心风险是什么？为何必须选择全货机而非客机腹舱运输？列举3项关键支持设备。

2.针对业务B（精密仪器）：

解释为何必须采用“全流程减震方案”？说明空运中可能引发设备损坏的3类物理因素。为何普通集装板无法满足需求？应选用何种特殊装载设备？

基于本项目所学，你认为以“AI+航空货运”为核心的智慧模式，将对国际供应链带来哪些深远影响？

# 项目六　集装箱运输与多式联运

【学习目标】

知识目标

（1）能够列举2~3种不同种类的集装箱。

（2）能够正确阐述集装箱标志代表的内容。

（3）能够正确描述集装箱货物的交接地点和方式。

（4）能够正确阐述国际多式联运提单的主要内容。

（5）能够正确描述国际多式联运费用的计算与核收方法。

（6）能够正确阐述国际多式联运货运代理业务流程。

能力目标

（1）能够正确识读集装箱标志。

（2）能够根据业务要求，正确计算国际多式联运费用。

（3）能够根据货主要求进行国际多式联运货运代理业务操作。

（4）能够根据具体业务要求，正确填制国际多式联运提单。

素养目标

（1）关注“一带一路”倡议等党中央重大决策，具有民族自信心、自豪感。

（2）具备积极主动、友善、团队意识强、富有责任心、组织协调能力强等素质。

（3）具有良好的吃苦耐劳、团队协作、组织协调和创新能力。

【项目导入】

李京是北京新洋多式联运有限公司（以下简称“新洋联运”）综合运输部的新员工。2025年5月3日，新洋联运接受北京仁和设备有限公司（以下简称“仁和设备”）的委托，欲通过海铁联运的方式出口一批发电机到美国洛杉矶。

综合运输部周经理将这项工作交给李京。要想顺利完成该项工作，李京首先需了解国际多式联运和集装箱运输的相关知识。那么，李京具体要了解哪些关于国际多式联运的知识呢？他又应如何具体进行该项业务的操作呢？

# 任务一　认识集装箱运输方式

## 【任务描述】

集装箱运输是目前国际贸易中最为常见的进出口运输手段，我们经常在集装箱堆场看到不同公司的集装箱，为了便于集装箱在国际运输中的识别、管理和交接，便于单据编制和信息传输，国际标准化组织于1995年12月通过了《货运集装箱——编码、识别和标记》(ISO 6346：2022)，该标准明确地规定了集装箱的内容、标记字体的尺寸、标记的位置等。

下面，我们具体了解一下集装箱的基础知识，以及集装箱在多式联运中所起到的作用吧！

## 【任务解析】

本任务主要认识集装箱的种类和标志，学习集装箱的装箱方式、集装箱货物的交接地点与交接方式。

# 【知识链接】

集装箱运输就是将货物装在集装箱内，以集装箱作为一个货物集合（成组）单元，进行装卸、运输（包括船舶运输、铁路运输、公路运输、航空运输以及这几种运输方式的联合运输）的运输工艺和运输组织形式。

集装箱运输是对传统的以单件货物进行装卸运输工艺的一次重要革命，是当代世界最先进的运输工艺和运输组织形式，是件杂货运输的发展方向，是交通运输现代化的重要标志。

由于集装箱运输具有巨大的世界社会效益和经济效益，因而现代化的集装箱运输热潮已遍及全世界。各国都把集装箱运输的普及和发展看作该国运输现代化进程的标志，国际航运中心的评估也以集装箱装卸中转量的规模作为基本要素之一。

目前，集装箱运输已进入以国际远洋船舶运输为主，以铁路运输、公路运输、航空运输为辅的国际多式联运为特征的新时期。

## 一、了解集装箱

集装箱又称“货柜”或“货箱”，是一种货物运输设备，具有一定的强度、刚度和规格，专供周转使用，便于使用机械装卸。

微课6-1

认识集装箱

集装箱应满足以下要求：

1.具有足够的强度，可长期反复使用；

2.适合使用一种或多种运输方式运送，途中转运时，箱内货物不需要换装；

3.具有快速装卸和搬运的装置，特别便于从一种运输方式转换到另一种运输方式；

4.便于货物装满和卸空；

5.具有$1m^3$及以上的容积。

（一）集装箱运输的优点

集装箱运输的特点主要是将单件杂货集中成组装入箱内，采用大型装卸机械，发挥多式联运的系统化的长处，实现门到门的运输，使船主与货主两方受益。其主要优点如下：

1.提高装卸效率，减轻劳动强度。单件货物集中成组装卸，减少了原有单件货物装卸运输多次的重复作业。采用大型机械和自动化作业也大大提高了装卸的效率，减轻了劳动强度。

2.减少了装卸所需要的时间和费用，加速了车船周转。对船方来说，减少装卸时间，提高船舶的周转率和减少装卸费用，受益自然不少。对货主来说，减少运输时间，意味着减少商品在运输过程中所支付的费用，大量节省商品必要的库存数量，亦可使商品及时投放市场，满足用户需要。

3.保证货物完整无损，避免货损货差。采用集装箱运输以后，一方面减少装卸搬运的次数；另一方面集装箱实际上起着一个强度较大的外包装作用，所以货物不容易被盗，损坏率也可以大幅度降低。而干货集装箱具备基础水密性（符合 ISO 1496-1 喷淋测试），可防止一般雨水渗入，但长途海运仍需有防潮包装，以避免凝露风险。

4.节省包装费用，简化理货手续。使用集装箱后，一些货物可以简化包装。因为集装箱有很高的强度，货物放在集装箱内与外界没有接触，很安全，所以货物本身的包装除了规格要求标准化外，在强度上可以大大降低要求，节省包装材料，节约了包装费用。

此外，采用集装箱后，原来对单件货物的查验标志、理货交接等烦琐手续即可以大大简化。如开展“门到门”运输，更可以减少承托运之间的交接手续，提高运输效率。

5.减少营运费用，降低运输成本。采用集装箱运输以后，船舶在港口装卸时间大幅度减少，船舶周转次数成倍增加，因而运输成本大大降低。

（二）开展集装箱运输的条件

集装箱运输虽然有很多优点，但开展集装箱运输必须具备一些基本条件，其中最主要的是两个基本条件：

1.要有稳定而量大的集装箱货源。由于集装箱运输都是定期班轮运输，开航日期、开航时间、停靠港口是固定的，如果货源不足或很少，将可能造成经营亏损。而货源充足且稳定的前提是一国或地区的经济发达程度高、工业化程度高、对外贸易额高。

2.要有良好的基础设施。开展国际集装箱运输的基础设施除了集装箱船舶、集装箱外，主要还有两个方面：一是要有快速装卸集装箱的现代化大型专业化集装箱港口或码头；二是要有发达的内陆运输系统，以保证进口集装箱及时疏运和出口集装箱及时集运。这就要求一国的公路、铁路、内河运输能满足集装箱运输的要求。

## 二、认识集装箱的种类

（一）按制造材料分

微课6-2
集装箱的选择与需用量的确定

1.铝合金集装箱。铝合金集装箱外板和结构材料是用铝合金制成的，其角柱和角配件以及其他主要骨架用钢材制造。

2.钢集装箱。钢集装箱大部分外板和结构材料是用钢板和钢材制造的。

3.玻璃钢集装箱。玻璃钢集装箱大部分外板用玻璃纤维加强的塑料胶合板制造，也称为加强塑料胶合板集装箱，其特点是重量轻、强度大，以前是空运集装箱用这种材料制造，现在逐步也用在集装箱船上。

（二）按用途分

1.干杂货集装箱。干杂货集装箱是适用于装载各种干杂货，包括日用百货、干食品、机械、仪器、医药及各种贵重物品等。

2.冷藏集装箱。冷藏集装箱是带有冷冻机或能够与船上冷冻机连接进行冷冻的设备，能保持一定的冷却温度，主要供运输各种冷冻货使用。

3.通风集装箱。通风集装箱主要是运输不需要冷藏而需要通风的水果、蔬菜以及活家禽牲畜等。

4.液体集装箱。液体集装箱也称罐式集装箱。它是一种在箱子的框架内设有一个圆筒形的罐，用以运输液体货，如散装食油、工业用油或其他液体货物。

5.散装集装箱。散装集装箱供运输谷类等粉粒状货物用，装货时从箱顶开口处装入，卸货时利用倾斜装置使箱倾斜，打开端口，卸出货物。

6.开顶集装箱。开顶集装箱是一种没有箱顶的箱子，使用时需用篷布盖顶。

7.框架式集装箱（Platform Container）。框架式集装箱的特点是没有箱顶和侧壁的，仅有连接在底板上的端壁或角柱。通常运载一些机械、钢管、设备等货物。

8.平板式集装箱。平板式集装箱只有底部平板结构，底板较普通集装箱厚的装载货物的设备，一般用于装载一些超长、超高、超宽的货物。

9.牲畜集装箱。牲畜集装箱专门用于装运动物的特殊集装箱，具有通风良好，并带有喂料、除粪装置的箱子。

10.汽车集装箱。汽车集装箱是供运输汽车而制造的集装箱，结构简单，通常只设有框架与箱底。

（三）智能集装箱

1.智能集装箱的核心技术

智能集装箱是基于物联网（IoT）、传感器网络、边缘计算和区块链技术的数字化运输单元，通过实时数据采集（如位置、温湿度、震动）与云端分析，实现货物状态全程监测、异常预警、自主决策及供应链协同管理，并满足跨境贸易的可信溯源需求。其核心技术包括：

（1）物联网感知层

智能集装箱部署温湿度传感器、振动传感器、GPS定位及RFID标签，实时采集货物环境与位置数据。

（2）边缘计算层

智能集装箱内置微处理器，对传感器数据进行预处理，如异常温度自动报警，减少云端数据传输压力。

（3）云端平台层

智能集装箱通过边缘计算设备实时采集传感器数据，由AI算法（如LSTM模型的神经网络）分析历史模式，预测设备失效风险并生成分级维护指令；同时，基于私有区块链（如Hyperledger）的电子铅封系统，将铅封操作全程加密存证，支持海关、货主等多方通过智能合约验证货物的完整性。

2.智能集装箱的核心功能

（1）货物状态实时监控

温控集装箱搭载PID（Proportional-Integral-Derivative，比例-积分-微分）智能调节系统，运输荔枝等鲜活货物时，可自动维持5℃±0.5℃环境，货损率较传统集装箱降低80%。

危险品集装箱内置气体浓度传感器，当检测到锂电池热失控释放的CO气体超过500ppm时，10秒内触发声光报警并推送至管理平台。

（2）智能安全管理

电子铅封通过区块链技术实现开锁记录上链，任何非法开启将导致铅封ID失效并生成事件哈希值，货主可通过手机App查询铅封状态变更记录。

防倾覆监测系统通过三轴陀螺仪实时监测集装箱倾斜角度，当倾斜超过 15° 时自动向港口调度发送预警，避免堆码坍塌风险。

（3）能源与能耗优化

太阳能供电集装箱在顶部部署柔性光伏板，日均发电量 5kWh，可满足传感器与通信模块 7 天连续工作，减少传统柴油发电机使用频率。

AI 能耗模型根据航线气候数据自动调节制冷功率，某海运公司应用后，冷藏集装箱能耗降低 18%，年节省电费 1 200 美元 /箱。

3.智能集装箱的应用场景

（1）跨境生鲜运输：温湿度传感器+AI 温控算法，运输途中自动调节通风量。

（2）跨境电商拼箱：RFID 货物追踪+三维装载算法，自动生成拼箱方案。

（3）危险品多式联运：气体传感器+区块链电子单证，全程运输数据不可篡改。

4.智能集装箱对传统运输的革新

（1）运输效率提升

某物流公司使用智能集装箱后，货物在途跟踪响应时间从 24 小时缩短至 15 分钟，客户查询效率提升 90%。

（2）成本优化

预测性维护系统提前 7 天预警制冷设备故障，使维修成本下降 35%，非计划停航时间减少 60%。

（3）绿色低碳

太阳能供电集装箱每年减少柴油消耗 1.2 吨，$CO_2$排放减少 3.8 吨 / 箱，助力航运企业实现碳中和目标。

5.技术发展趋势

（1）5G + 边缘计算

部署 5G 模组的智能集装箱可实现 4K 视频监控数据实时回传，边缘服务器在港口本地处理设备控制指令，响应延迟＜20ms。

（2）数字孪生集成

基于 BIM（Building Information Modeling，建筑信息模型）技术构建集装箱数字孪生体，模拟不同运输场景下的货物状态变化，如极端温度下药品稳定性预测。

（3）能源互联

智能集装箱可作为港口微电网的储能单元，在靠港期间向岸电系统供电，提升港口能源利用效率15%。

## 三、认识集装箱标志

微课6-3

认识集装箱标志

国际标准化组织规定的标记有必备标记和自选标记两类。部分企业或地区可能额外增加与作业相关的标记。具体来说，集装箱上有箱主代号；箱号或顺序号、核对数字；集装箱尺寸及类型代号。

### （一）必备标记

#### 1. 识别标记

识别标记包括箱主代号、顺序号和核对数字。

（1）箱主代号。国际标准化组织规定，箱主代号由四个大写的拉丁文字母表示，前三位由箱主自己规定，第四个字母一律用U表示。

（2）顺序号，又称箱号，由6位阿拉伯数字组成。如有效数字不是6位时，则在有效数字前用“0”补足6位。如“053842”。

（3）核对数字。核对数字是用来核对箱主代号和顺序号记录是否准确的依据。它位于箱号后，以一位阿拉伯数字加一方框表示。

#### 2. 作业标记

作业标记包括以下三个内容：

（1）额定重量和自重标记。额定重量即集装箱总重，自重即集装箱空箱质量（或空箱重量）。根据ISO 668的标准，集装箱的额定重量（总重）和自重（空箱重量）应以千克（kg）标示，磅（lb）可作为可选补充单位，但非强制要求。

（2）空陆水联运集装箱标记。由于该集装箱的强度仅能堆码两层，因此国际标准化组织对该集装箱规定了特殊的标志，该标记为黑色，位于侧壁和端壁的左上角，并规定标记的最小尺寸为：外框≥260 mm（高）×400 mm（长），字体高度≥100 mm。

（3）登箱顶触电警告标记。该标记为黄色底黑色三角形，带有闪电符号和“DANGER HIGH VOLTAGE”（“危险高压”）文字，一般设在罐式集装箱顶部及登顶扶梯入口处，以警告登顶者有触电危险。

（二）自选标记

1.识别标记

（1）国家和地区代号，如中国用CN；美国用US。

（2）尺寸和类型代号（箱型代码）。

2.作业标记

（1）超高标记，该标记要求在黄色底上标出黑色数字和边框，此标记贴在集装箱每侧的左下角，距箱底约0.6m处，同时贴在集装箱主要标记的下方。凡高度超过2.6m的集装箱均应贴上此标记。

（2）国际铁路联盟标记。凡符合《国际铁路联盟条列》规定的集装箱，可以获得此标记。该标记是在欧洲铁路上运输集装箱的必要通行标记。

（三）通行标记

集装箱在运输过程中能顺利地通过或进入他国国境，箱上必须贴有按规定要求的各种通行标志，否则必须办理烦琐证明手续，延长了集装箱的周转时间。

集装箱上主要的通行标记有；安全合格牌照、集装箱批准牌照、防虫处理板、船级社检验徽标及国际铁路联盟标记等。

## 四、了解集装箱的装箱方式

微课6-4

了解集装箱的装箱方式

集装箱货物在流转过程中，流转形态分为两种：一种为整箱货，另一种为拼箱货。

（一）整箱货

整箱货（Full Container（Cargo）Load，FCL）是指由货方（或其代理）负责装箱、计数并填制装箱单，由货方或承运人施加封志的集装箱货物，通常对应单一发货人和单一收货人。

国际公约或各国海商法没有整箱货交接的特别规定，而承运人通常根据提单正面和背面的印刷条款以及提单正面的附加条款——例如，“SAID TO CONTAIN（S.T.C.）”“Shipper’s Load and Count and Seal（S.L.&C.&S.）”术语是国际海运提单（Bill of Lading，B/L）中常见的“不知条款”（Unknown Clauses 或 Disclaimer Clauses）——承担在箱体完好和封志完整的状况下接受并在相同的状况下交付整箱货的责任。在目前的海上货运实践中，班轮公司主要从事整箱货的货运业务。

（二）拼箱货

拼箱货（Less than Container（Cargo）Load，LCL）是指由承运人的集装箱货运站负责装箱和计数，填写装箱单，并加封志的集装箱货物，通常每一票货物的数量较少，因此装载拼箱货的集装箱内的货物会涉及多个发货人和多个收货人。承运人负责在箱内每件货物外表状况明显良好的情况下接受并在相同的状况下交付拼箱货。在目前的货运实践中，主要由拼箱集运公司从事拼箱货的货运业务。

货运代理人可以从事拼箱货的运输业务，但此时其身份也发生了变化。货运代理人参与拼箱货的运输业务，为小批量货物提供了快速和高效率的运输服务，有效填补了集装箱化运输模式下零星货物运输的市场空白。

（三）整箱货与拼箱货比较

整箱货与拼箱货的比较见表6-1。

表6-1 整箱货与拼箱货之比较

| 项目 | 整箱货 | 拼箱货 |
|---|---|---|
| 货主数量 | 一个货主 | 多个货主 |
| 装箱人 | 货主 | 货运站、集拼经营人、NVOCC（无船承运人） |
| 制装箱单加封 | 货主 | 货运站、集拼经营人、NVOCC |
| 货物交接责任 | 只要箱子外表状况良好、关封良好即可交接 | 要看货物的实际情况（如件数、外观、包装等） |
| 提单 | 加注不知条款，如：<br>①SLAC（货主装箱、计数）<br>②SLACS（货主装箱、计数并加封）<br>③SBS（据货主称）<br>④STC（据称箱内包括） | SLAC、SLACS、SBS、STC等不知条款无效 |
| 流转程序 | ①发货人<br>②装货港码头堆场<br>③海上运输<br>④卸货港码头堆场<br>⑤收货人 | ①发货人<br>②发货地车站、码头货运站<br>③装货港码头堆场<br>④海上运输<br>⑤卸货港码头堆场<br>⑥收货地车站、码头货运站<br>⑦收货人 |

## 五、集装箱货物的交接地点与方式

### （一）集装箱的交接地点

微课6-5

选择集装箱运输方式

货物运输中的交接地点是指根据运输合同，承运人与货方交接货物、划分责任风险和费用的地点。目前集装箱运输中货物的交接地点有门（双方约定的地点）、集装箱堆场、船边或吊钩、集装箱货运站。

1.门。门是指收发货人的工厂、仓库或双方约定收、交集装箱的地点，常见于多式联运中。

2.集装箱堆场。集装箱堆场（Container Yard，CY）简称“场”，是交接和保管空箱（Empty Container）和重箱（Loaded Container）的场所，也是集装箱换装运输工具的场所。

3.船边或吊钩。船边或吊钩（Under Ship's Hook）简称“钩”，是指在装/卸货港，货物被船舶吊钩或码头装卸设备吊起或放下的瞬间。此节点常用于界定运输合同中的风险转移、费用分担及承运人责任起止（如提单条款），但需结合具体贸易术语（如Incoterms）或租约规定。

4.集装箱货运站。集装箱货运站（Container Freight Station，CFS）简称“站”，是拼箱货交接和保管的场所，也是拼箱货装箱和拆箱的场所。集装箱堆场和集装箱货运站也可以是同一处。

门、场、钩主要是整箱货（FCL）的交接场所，站主要是拼箱货（LCL）的交接场所。

### （二）集装箱货物的交接方式

根据集装箱货物的交接地点不同，集装箱货物的交接方式理论上可以通过排列组合的方法得到。集装箱货物的交接方式有16种（如图6-1所示）。这里仅介绍大家常见的9种情况，其他情况可以根据以下内容推导。

1.门到门（Door to Door）交接方式。门到门交接方式是指运输经营人由发货人的工厂或仓库接受货物，负责将货物运至收货人的工厂或仓库交付。在这种交付方式下，货物的交接形态都是整箱交接。

2.门到场（Door to CY）交接方式。门到场交接方式是指运输经营人在发货人的工厂或仓库接受货物，并负责将货物运至卸货港码头堆场或其内陆堆场，在CY处向收货人交付。在这种交接方式下，货物也都是整箱交接。

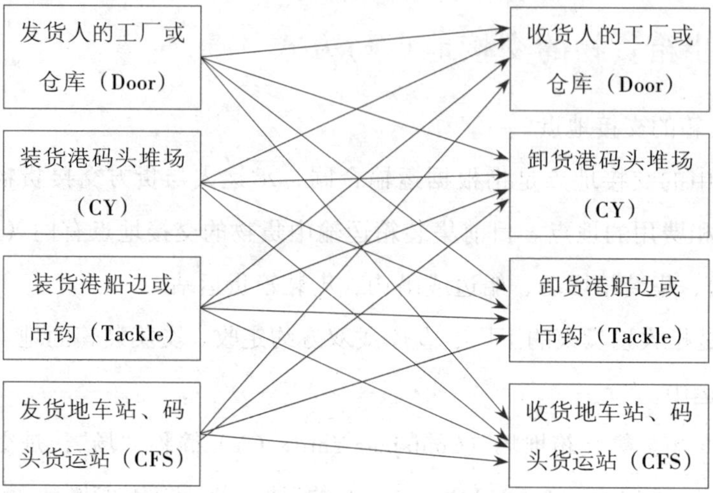


图6-1 16种集装箱货物交接方式

3.门到站（Door to CFS）交接方式。门到站交接方式是指运输经营人在发货人的工厂或仓库接受货物，并负责将货物运至卸货港码头的集装箱货运站或其在内陆地区的货运站，经拆箱后向各收货人交付。在这种交接方式下，运输经营人一般是以整箱形态接受货物，以拼箱形态交付货物。

4.场到门（CY to Door）交接方式。场到门交接方式是指运输经营人在码头堆场或其内陆堆场接受发货人的货物（整箱货），并负责把货物运至收货人的工厂或仓库向收货人交付（整箱货）。

5.场到场（CY to CY）交接方式。场到场交接方式是指运输经营人在装货港的码头堆场或其内陆堆场接受货物（整箱货），并负责运至卸货码头堆场或其内陆堆场，在堆场向收货人交付。

6.场到站（CY to CFS）交接方式。场到站交接方式是指运输经营人在装货港的码头堆场或其内陆堆场接受货物（整箱），负责运至卸货港码头集装箱货运站或其在内陆地区的集装箱货运站，一般经拆箱后向收货人交付。

7.站到门（CFS to Door）交接方式。站到门交接方式是指运输经营人在装货港码头的集装箱货运站及其内陆的集装箱货运站接受货物（经拼箱后），负责运至收货人的工厂或仓库交付。在这种交接方式下，运输经营人一般是以拼箱形态接受货物，以整箱形态交付货物。

8.站到场（CFS to CY）交接方式。站到场的交接方式是指运输经营人在装货港码头或其内陆的集装箱货运站接受货物（经拼箱后），负责运至卸货港码头或其内陆地区的货场交付。在这种方式下货物的交接形态一般也是以拼箱形态接受货物，以整箱形态交付货物。

9.站到站（CFS to CFS）交接方式。站到站的交接方式是指运输经营人在装货码头或内陆地区的集装箱货运站接受货物（经拼箱后），负责运至卸货港码头或其内陆地区的集装箱货运站，（经拆箱后）向收货人交付。在这种方式下，货物的交接方式一般都是拼箱交接。

如果根据集装箱交接时的形态，可以通过排列组合的方法得到集装箱货物的4种交接方式，即：

1.整箱交、整箱接（FCL→FCL）。在9种常见的集装箱交接方式中，门到门、门到场、场到门、场到场属于这种方式。

2.整箱交、拼箱接（FCL→LCL）。在9种常见的集装箱交接方式中，门到站、场到站属于这种方式。

3.拼箱交、整箱接（LCL→FCL）。在9种常见的集装箱交接方式中，站到门、站到场属于这种方式。

4.拼箱交、拼箱接（LCL→LCL）。在9种常见的集装箱交接方式中，只有站到站属于这种方式。

实践中，海运集装箱货物交接的主要方式为：

（1）CY/CY：班轮公司通常承运整箱货，并在集装箱堆场交接，CY/CY是班轮公司通常采用的交接方式。

（2）CFS/CFS：拼箱货（LCL）通常由无船承运人（NVOCC）作为集拼经营人承运，采用CFS/CFS交接方式，即在装货港集装箱货运站（CFS）接受多个货主的货物并拼箱，在目的港（CFS）拆箱后分别交付收货人。

## 【任务实施】

全班每5~6人为一组，设1名组长，由组长带领本组同学担任李京的角色，按下述步骤复习集装箱运输的基本常识。

步骤一：掌握集装箱的特点

简述集装箱的特点，按照用途，集装箱可以分为哪几类？

步骤二：掌握集装箱货物的交接方式

集装箱货物的交接地点有哪些？从交接方式上看，哪几种是不常用的？为什么？

步骤三：对下图中的集装箱标志进行文字说明

步骤四：请阐述5G＋数字孪生技术在智能集装箱中的应用前景

请设计5G＋数字孪生技术在集装箱运输中的应用场景，分析该技术如何实现运输风险的事前预测。

步骤五：任务实施完成

## 【任务测评】

### 一、选择题

任务测评6-1

1.门到门（Door to Door）的集装箱运输最适合于（　　）交接方式。

A.整箱交，整箱接　　B.整箱交，拆箱接

C.拼箱交，拆箱接　　D.拼箱交，整箱接

2.（　　）是集装箱进出港区、场站时，用箱人、运箱人与管箱人或其代理人之间交接集装箱及设备时的关键凭证。

A.B/L　　B.D/R　　C.EIR　　D.CLP

3.班轮公司运输的集装箱货物的交接方式通常是（　　）。

A.CY/CFS　　B.CFS/CFS　　C.CFS/CY　　D.CY/CY

4.以下集装箱货物的交接方式中，（　　）是拼箱接、整箱交的。

A.CY-CY　　B.CFS-CFS　　C.CFS-CY　　D.CFS-Door

5.货主或委托货代到码头堆场提空箱时，通常与堆场业务人员一起对集装箱进行检查，检查的主要内容包括（　　）。

A.集装箱外部是否有损伤、变形、破口等异样

B.集装箱箱门能否270度开启

C.箱内是否清洁

D.附件是否齐全

6. 关于集装箱装箱单（CLP）的表述，正确的是（ ）。

A. 由货运站缮制　　B. 一个集装箱一套装箱单

C. 处理货损索赔事故原始单证之一　　D. 只有拼箱货（LCL）装箱时使用该单证

## 二、判断题

1. 整箱货的装箱单由货运站制作。（ ）

2. 集装箱货物交接类型有两种，交接方式有九种。（ ）

## 三、识图题

对下图中的集装箱标志进行文字说明。

# 任务二　组织集装箱多式联运

## 【任务描述】

李京是北京新洋多式联运有限公司（以下简称“新洋联运”）综合运输部的员工。

2025年2月2日，新洋联运接受北京吉祥设备有限公司（以下简称“吉祥设备”）的委托，欲通过海铁联运的方式出口一批数控机床到加拿大温哥华。该批货物的具体信息见表6-2。

表6-2　出口货物信息表　合同号：XC20250401

| | |
|---|---|
| 出口公司 | 北京吉祥设备有限公司<br>北京市紫金街205号 |
| 进口公司 | VANCOUVER A&M TRADE CO., LTD<br>3215 GRANDVIEW STREET, VANCOUVER, CANADA |
| 货物名称 | 数控机床（DIGITAL CONTROLLED MACHINE） |
| 运输路线 | 北京→上海（铁路）　上海→温哥华（海运） |
| 备　注 | 货物共20件，毛重为2t，体积为20m³，欲装于1个40英尺集装箱内，采用CIF贸易术语，铁路承运人为北京铁路局，海上承运人为中远公司 |

综合运输部周经理将这项工作交给李京。要想顺利完成该项工作，李京首先需了解国际多式联运货运代理在运作过程中所涉及的单证、费用的核算以及具体的操作流程。那么，李京应如何具体进行该项业务的操作呢？

微课6-6

了解国际多式联运

## 【任务解析】

本任务主要认识国际多式联运提单，学习国际多式联运费用的核算，并根据客户要求，完成国际多式联运货运代理业务。

## 【知识链接】

### 一、国际多式联运提单

多式联运提单（Multimodal Transport B/L, MT B/L），是指多式联运经营人对经由两种以上的不同运输方式运输的货物所出具的全程提单，见表6-3。国际多式联运提单既是发货人与多式联运经营人订立的多式联运合同的证明，又是多式联运经营人接管货物的证明和收据，也是收货人提取货物和多式联运经营人交付货物的凭证，还是货物所有权的证明，可以用来结汇、流通和抵押等。

表6-3 多式联运提单

<table>
<tr><td colspan="2">Shipper</td><td colspan="4" rowspan="5">COSCO<br>CHINA OCEAN SHIPPING COMPANY.KJU5826-40<br>COMBINED TRANSPORT<br>BILL OF LADING<br>RECEIVED the goods in apparent good order and condition as specified below unless otherwise stated herein. The Carrier, in accordance with the provisions contained in this document.<br>1. Undertakes to perform or to procure the performance of the entire transport from the place at which the goods are taken in charge to the place designated for delivery in this document, and<br>2. Assumes liability as prescribed in this document for such transport. One original Bills of Lading must be surrendered, duly endorsed, in exchange for the goods or a delivery order.</td></tr>
<tr><td colspan="2">Consignee or Order</td></tr>
<tr><td colspan="2">Notify Address</td></tr>
<tr><td>Pre-carriage by</td><td>Place of Receipt</td></tr>
<tr><td>Ocean Vessel</td><td>Port of Loading</td></tr>
<tr><td>Port of Discharge</td><td>Place of Delivery</td><td colspan="2">Freight Payable at</td><td colspan="2">Number of Original B/L</td></tr>
<tr><td>Container, Seal No. or Marks and Nos.</td><td colspan="2">Number and Kind of Packages</td><td>Description of Goods</td><td>Gross Weight (kg)</td><td>Measurement ($m^3$)</td></tr>
<tr><td colspan="6">SAY ONLY<br>ABOVE PARTICULARS FURNISHED BY SHIPPER</td></tr>
<tr><td rowspan="3">Freight & Charges</td><td colspan="5">IN WITNESS WHEREOF, the number of original Bills of Lading stated above have been signed, one of which being accomplished, the other (s) to be void.</td></tr>
<tr><td colspan="5">Place and Date of Issue</td></tr>
<tr><td colspan="5">Signed for or on Behalf of the Carrier</td></tr>
</table>

多式联运提单的填写说明与海运提单的填写类似，这里不做过多说明。

## 二、国际多式联运费用的核算

（一）多式联运费用的构成

国际多式联运费用包括运杂费用、中转费用和服务费用三项。

1.运杂费用。运费包括海运、陆路、航空、管道等实际发生的运费；杂费则主要包括港务费、集疏运费、货物保管费等。

2.中转费用。中转费用主要包括接驳费、仓储费和包装整理费等。

3.服务费用。服务费用是指联运企业在办理运输业务时支付的劳务费用，一般包括在各个环节实际发生的劳务费用，以及从业人员的工资、固定资产折旧及行政管理费等。

（二）多式联运费用的计算方式

目前，多式联运费用的计算方式主要有单一运费制、分段运费制和混合计费制。

1.按单一运费制计算。单一运费制是指集装箱从托运到交付，所有运输区段均按照一个相同的运费率计算全程运费。一般要求单一费率有相对的稳定性，并且有一定的透明度。由于各区段的运费可能发生变化，因此，确定单一费率时使用的数据应是较长一段时间内各数据的平均值。

2.按分段运费制计算。分段运费制是按照组成多式联运的各运输区段，分别计算海运、陆运（铁路、汽车）、空运及港站等各项费用，然后合计为多式联运的全程运费，由多式联运经营人向货主一次计收。各运输区段的费用，再由多式联运经营人与各区段的实际承运人分别结算。目前，大部分多式联运的全程运费均采用这种计费方式，如欧洲到澳大利亚的国际集装箱多式联运和日本到欧洲内陆或北美内陆的国际集装箱多式联运等。

3.按混合计费制计算，即将预付运费与到付运费相结合。从理论上讲，国际多式联运企业应制定全程运价表，且应采用单一运费制。然而，由于制定单一运费率是一件较为复杂的问题，因此，作为过渡方法，目前有的多式联运经营人尝试采取以下混合计收办法：从国内接受货物地点至到达国口岸采取单一费率，向发货人收取（预付运费）；从到达国口岸到内陆目的地的费用按实际成本确定，另向收货人收取（到付运费）。

（三）多式联运费用常用的核收方式

1.发付，即由发货人在发货地向发运联运服务公司支付一切运输费用。

2.到付，即由收货人在收货地向到达联运服务公司支付一切运输费用。

3.分付，即由发货人在发货地向发运联运服务公司支付发货地发生的杂费和运费，由收货人在收货地向到达联运服务公司支付到达地发生的费用。

微课 6-7

组织国际多式联运代理业务

## 三、国际多式联运货运代理业务操作

国际多式联运业务是在多式联运经营人的组织下完成的，其业务流程见表6-4。

表6-4 国际多式联运货运代理业务流程

| 步骤 | 项目 | 说明 |
|---|---|---|
| 1 | 建立委托关系 | 多式联运经营人根据货主提出的托运申请和自己的运输路线等情况，判断是否接受该托运申请。若接受则与货主议定有关事项（如货物交接方式、时间、地点等），并在场站收据副本上签章，证明接受托运申请。此时多式联运合同即告成立并开始执行 |
| 2 | 提箱准备装货 | • 如果双方协议由发货人自行装箱，则多式联运经营人应签发提箱单，或者租箱公司或分运人将签发的提箱单交给发货人或其代理人，由他们在规定日期到指定的堆场提箱并自行将空箱拖运到货物装箱地点，准备装货<br>• 如果是拼箱货，则由多式联运经营人将所用空箱调运至接受货物集装箱货运站，做好装箱准备 |
| 3 | 出口报关 | 若联运从港口开始，则在港口报关；若从内陆地区开始，应在附近的海关办理报关。一般由托运人办理，也可委托多式联运经营人代办 |
| 4 | 接货并装箱 | • 对于由货主自装箱的整箱货物，发货人应负责将货物运至双方协议规定的地点，在报关后请海关人员到装箱地点进行监装和办理加封事宜。多式联运经营人或其代理人（包括委托的堆场业务员）在指定地点接货即可<br>•如是拼箱货，经营人在指定的货运站接货。验收货物后，代表联运经营人接受货物的人应在场站收据正本上签章并将其交给发货人或其代理人，由货运站按照多式联运经营人的要求进行装箱<br>•无论装箱工作由谁负责，装箱人均需制作装箱单，并办理海关监装与加封事宜 |

续表

| 步骤 | 项目 | 说明 |
| --- | --- | --- |
| 5 | 订舱及安排货物运送 | 经营人在合同订立之后，即应制订合同涉及的集装箱货物的运输计划，该计划包括货物的运输路线，区段的划分，各区段实际承运人的选择确定及各区段衔接地点的到达、起运时间等内容。多式联运经营人要按照运输计划安排洽定各区段的运输工具，与选定的各实际承运人订立各区段的分运合同。这些合同的订立既可由经营人本人或委托的代理人办理，也可请前一区段的实际承运人作为代表向后一区段的实际承运人订舱 |
| 6 | 办理保险 | •在发货人方面，应投保货物运输险。该保险可由发货人自行办理，也可由发货人承担费用请经营人代为办理。货物运输保险可以是全程，也可分段投保<br>•在多式联运经营人方面，应投保货物责任险和集装箱保险，由经营人或其代理人到保险公司办理或以其他形式办理 |
| 7 | 签发多式联运提单，组织完成货物的全程运输 | •多式联运经营人的代表收取货物后，经营人应向发货人签发多式联运提单，证明多式联运经营人已经接管货物，并开始对货物负责，与此同时对本次多式联运的费用进行核算<br>•多式联运经营人有完成和组织完成全程运输的责任和义务。在接货后，要组织实际承运人完成全程中各区段的运输和衔接工作，及时处理运输过程中所涉及的各种服务性工作和运输单据、文件及有关信息 |
| 8 | 货物交付 | 当货物运至目的地后，由目的地代理通知收货人提货。收货人须凭多式联运提单按时提货。目的地代理收回提单后签发提货单，提货人凭提货单到指定堆场或集装箱货运站提取货物。到此整个多式联运完成 |

## 四、多式联运的数字化与智能化

在当前集装箱多式联运领域，数字化与智能化转型已成为提升运输效率、降低成本、改善服务质量的关键驱动力，主要体现在以下多个方面：

1.智能订舱与路径规划

借助大数据与AI算法，智能订舱系统能整合海量运输资源信息，如船期、航班、车次、仓位剩余情况等。当货主输入货物运输需求，包括起运地、目的地、货物重量与体积、运输时效要求等，系统可在短时间内从众多运输方案中筛选出最优组合。以从中国上海运往德国汉堡的货物为例，系统会综合考虑不同运输方式的衔接时间、成本以及可能遇到的风险（如港口拥堵、天气状况），推荐如“上海港海运至鹿特丹港，再经铁路转运至汉堡”的路线，并匹配相应的最优船期和车次。相比传统人工订舱和路径规划，效率提升数倍，且规划的路线可使运输时间平均缩短10%~15%。

2.货物实时追踪与监控

物联网技术在多式联运中广泛应用，通过在集装箱上安装各类传感器（如GPS定位传感器、温湿度传感器、动态传感器等），实现对货物状态和位置的实时追踪与监控。货主、货代、承运人等相关方可以通过专门的平台或App，随时查看集装箱的位置、货物的温湿度环境、是否发生异常震动等信息。比如运输高精密电子设备时，一旦动态传感器检测到异常震动，系统会立即向相关人员发送预警信息，以便及时采取措施避免货物损坏。这种实时追踪与监控功能使货物运输的透明度大幅提高，货损率降低20%~30%。

3.自动化装卸与搬运

自动化技术在港口、铁路场站等多式联运节点得到大量应用。自动化码头利用自动导引车（AGV）、自动化岸桥和自动化堆场设备，实现集装箱的自动装卸和搬运。这些设备通过预设程序和智能控制系统协同工作，能够精准地完成集装箱的抓取、运输和堆放任务。例如，某自动化码头采用AGV进行集装箱水平运输，相比传统人工驾驶车辆运输，效率提升了50%以上，且减少了人为操作失误，提高了作业安全性。

4.智能仓储管理

在多式联运的仓储环节，智能化管理系统利用AI和物联网技术，实现仓库空间的智能利用和货物的高效存储。系统可以根据货物的尺寸、重量、存储要求以及出入库频率等因素，自动规划货物的存储位置。当货物入库时，通过扫描货物标签，系统能够快速确定其最优存储货位，并引导叉车等搬运设备进行存放；货物出库时，系统会根据订单需求，优先安排即将过期或存储时间较长的货物出库。这样不仅提高了仓储空间利用率，还能使货物的出入库效率提升30%~40%。

5.智能调度与协同

多式联运涉及多种运输方式和众多参与方，智能调度系统基于大数据分析和AI算法，能够对运输资源进行优化配置和协同调度。该系统可以实时收集各运输环节的动态信息，如运输工具的位置、状态，货物的装卸进度等，然后根据这些信息及时调整运输计划和资源分配。比如，当某条铁路线路因突发事件而出现拥堵时，系统会自动调整后续货物的运输路线，安排其通过其他线路运输，并协调相关的公路运输和海运环节进行配合，确保整个运输过程的顺畅进行，有效减少因运输延误造成的损失。

6.区块链技术应用

区块链技术为多式联运的数字化发展提供了安全、可信的解决方案。在多式联运中，货物的运输涉及多个环节和诸多文件（如提单、报关单、保险单等），利用区块链的分布式账本和加密技术，这些文件可以以电子形式存储在区块链上，实现数据的不可篡改和共享。例如，电子提单的应用使得货物所有权的转移可以通过区块链进行安全、快速的操作，减少了传统纸质提单流转过程中的烦琐手续和风险。同时，区块链技术还能实现各参与方之间的数据共享和互信，提高了多式联运的整体效率和透明度，降低了交易成本。

7.AI 辅助决策

AI 技术通过对大量多式联运数据的分析，为企业和管理人员提供决策支持。例如，通过分析历史运输数据、市场需求数据、天气数据等，AI 可以预测不同运输路线的拥堵情况、运输成本变化趋势，帮助企业提前制定应对策略。在运输旺季来临前，AI 可以根据历史数据分析预测各条航线和铁路线路的运量需求，指导企业提前调配运输资源，如增加船舶舱位、安排更多车次等，避免因资源不足导致的运输延误，提升企业的市场竞争力。

## 【任务实施】

全班每5~6人为一组，设1名组长，由组长带领本组同学担任李京的角色，按下述步骤分别来完成该票货物的进出口货运代理操作。

步骤一：建立委托关系

2025年2月2日，在接到吉祥设备的委托申请后，新洋联运遂综合考虑了本公司所开辟的运行路线及吉祥设备的运输要求，接受了货主的委托，并与吉祥设备就货物交接方式、时间、地点等有关事项进行了议定，并在场站收据副本上签章。此时多式联运合同宣告成立。

步骤二：提箱准备装货

本次运输的货物为整箱货。李京签好提箱单交给吉祥设备，并告知吉祥设备在2月5日前到指定的堆场提取集装箱号为COSU982341，铅封号为109570的40英尺通用集装箱，准备装货。

步骤三：出口报关

本次运输从内陆地区开始，吉祥设备委托新洋联运在北京海关办理报关。李京于2月8日办理报关手续并在取得海关批准后，将海关关封交给铁路部门。

步骤四：接货并装箱

本次运输由吉祥设备自行装箱，2月9日，海关派相关人员到装箱地点进行监装和办理加封事宜。装箱完成后，吉祥设备将货物运至与李京约定好的新洋联运的1号仓库内。

步骤五：订舱及安排货物运送

李京根据货物的运输要求开始制订运输计划。本票货物运输采取海铁联运的方式，先通过铁路将货物运至上海，再通过海路运至温哥华，承运人分别为北京铁路局（以下简称“京局”）和中远公司。之后，李京联系京局申报订车计划，并向中远订舱。

步骤六：办理保险

由于本票货物运输距离较长，为规避在运输过程中的风险，李京投保了货物责任险和集装箱保险，并为吉祥设备投保了全程货物运输险。

步骤七：签发多式联运提单，组织完成货物的全程运输

在铁路部门审核通过后，李京于2月11日通知吉祥设备按时将货物送往北京—上海的集装专列，并以新洋联运的名义签发了多式联运提单给吉祥设备，同时对本次运输的相关费用进行核算。

请填制本票货物的多式联运提单（见表6-5）。

2月12日货物运抵铁路后，李京将其交于承运人京局，京局在接货后向李京签发本

段运输的运单。2月13日，货物运抵上海港，中远上海分公司组织相关人员对该票货物按计划进行装船，装船完毕后签发海运提单给李京。

作为该票货物的多式联运负责人，李京时刻关注该票货物在铁路及海运段的相关信息并及时反馈给新洋设备。

表6-5　　多式联运提单

<table>
<tr><td colspan="2">Shipper</td><td colspan="5" rowspan="5">COSCO<br>CHINA OCEAN SHIPPING COMPANY.KJU5826-40<br>COMBINED TRANSPORT<br>BILL OF LADING<br>RECEIVED the goods in apparent good order and condition as specified below unless otherwise stated herein. The Carrier, in accordance with the provisions contained in this document.<br>1.Undertakes to perform or to procure the performance of the entire transport from the place at which the goods are taken in charge to the place designated for delivery in this document , and<br>2. Assumes liability as prescribed in this document for such transport. One original Bills of Lading must be surrendered, duly indorsed, in exchange for the goods or delivery order.</td></tr>
<tr><td colspan="2">Consignee or Order</td></tr>
<tr><td colspan="2">Notify Address</td></tr>
<tr><td>Pre-carriage by</td><td>Place of Receipt</td></tr>
<tr><td>Ocean Vessel</td><td>Port of Loading</td></tr>
<tr><td>Port of Discharge</td><td>Place of Delivery</td><td colspan="3">Freight Payable at</td><td colspan="2">Number of Original B/L</td></tr>
<tr><td>Container, Seal No. or Marks and Nos.</td><td colspan="2">Number and Kind of Packages</td><td>Description of Goods</td><td colspan="2">Gross Weight (kg)</td><td>Measurement ($m^3$)</td></tr>
<tr><td colspan="7">SAY　　　　ONLY<br>ABOVE PARTICULARS FURNISHED BY SHIPPER</td></tr>
<tr><td rowspan="3">Freight & Charges</td><td colspan="6">IN WITNESS WHEREOF, the number of original Bills of Lading stated above have been signed, one of which being accomplished, the other (s) to be void.</td></tr>
<tr><td colspan="6">Place and Date of Issue</td></tr>
<tr><td colspan="6">Signed for or on Behalf of the Carrier</td></tr>
</table>

步骤八：货物交付

2月17日，货物运抵加拿大温哥华港，由新洋联运温哥华分部的负责人通知收货人

VANCOUVER A&M TRADE CO., LTD按时提货。A&M TRADE凭正本提单换取提货单后提走了货物。到此整个多式联运完成。

步骤九：AI技术价值分析

请从智能订舱、货物监控、区块链三个角度，说明AI如何解决传统多式联运中的痛点。

---

步骤十：任务实施完成

## 【任务测评】

### 一、单选题

任务测评6-2

1. 由收货人在收货地向到达联运服务公司支付一切运输费用的核收方式是（　　）。

A.发付　　B.到付

C.分付　　D.预付

2. 按照组成多式联运的各运输区段，分别计算各区段费用，然后合计为多式联运的全程运费，由多式联运经营人向货主一次计收的运费计算方式是（　　）。

A.单一运费制　　B.分段运费制　　C.混合计费制　　D.统一运费制

3. 多式联运经营人若接受了货主委托，则须在（　　）签章，证明接受托运申请。

A.多式联运提单　　B.场站收据副本　　C.装箱单　　D.报关单

### 二、多选题

1. 多式联运费用主要包括（　　）。

A.运杂费　　B.中转费　　C.服务费　　D.手续费

2. 多式联运费用的计算方式有（　　）。

A.单一运费制　　B.分段运费制　　C.混合计算　　D.统一运费制

3. 多式联运费用常用的核收方式包括（　　）。

A.发付　　B.到付　　C.分付　　D.预付

## 三、判断题

1.国际多式联运提单可以用来结汇、流通和抵押。（　）

2.按单一运费计算确定的费率所使用的数据应是较长一段时间内各数据的平均值。（　）

3.多式联运提单是多式联运经营人对经由两种以上的不同运输方式运输的货物所出具的全程提单。（　）

**【项目小结】**

本项目围绕集装箱运输与多式联运展开，系统讲解运输方式认知、组织流程及核心操作要点，重点突出人工智能、物联网、区块链等技术在数字化与智能化转型中的应用。通过理论知识阐述与典型案例相结合，帮助学生掌握集装箱标准化运输规则、多式联运组织流程，以及智能技术如何提升运输效率、降低成本、保障货物安全，培养学生具备现代物流需求的综合运用能力。

# 参考文献

[1] 韩杨，刘娜. 物流运输管理实务 [M]. 4版.北京：清华大学出版社，2025.

[2] 杨国荣. 运输管理实务 [M]. 北京：北京理工大学出版社，2022.

[3] 仪玉莉，关艳萍. 运输管理 [M]. 4版.北京：高等教育出版社，2024.

[4] 姜湄. 国际货运代理实务 [M]. 大连：东北财经大学出版社，2025.